COLLOQUIAL
CHINESE

D1037633

The Colloquial Series

Series adviser: Gary King

The following languages are available in the Colloquial series:

Afrikaans
Albanian
Amharic
Arabic (Levantine)
Arabic of Egypt
Arabic of the Gulf
  and Saudi Arabia
Basque
Bulgarian
*Cambodian
*Cantonese
*Chinese
Croatian and Serbian
Czech
Danish
Dutch
Estonian
Finnish
French
German
Greek
Gujarati
Hindi
Hungarian
Indonesian
Italian

Japanese
Korean
Latvian
Lithuanian
Malay
Mongolian
Norwegian
Panjabi
Persian
Polish
Portuguese
Portuguese of Brazil
Romanian
*Russian
Slovak
Slovene
Somali
*Spanish
Spanish of Latin America
Swedish
*Thai
Turkish
Urdu
Ukrainian
*Vietnamese
Welsh

Accompanying cassette(s) (*and CDs) are available for all the above titles.
They can be ordered through your bookseller, or send payment with order to
Taylor & Francis/Routledge Ltd, ITPS, Cheriton House, North Way, Andover, Hants
SP10 5BE, UK, or to Routledge Inc, 29 West 35th Street, New York NY 10001,
USA.

COLLOQUIAL CD-ROMs
Multimedia Language Courses
Available in: Chinese, French, Portuguese and Spanish

COLLOQUIAL
CHINESE

Ping-cheng T'ung
and
D. E. Pollard

London and New York

First published in 1982
by Routledge & Kegan Paul
Reprinted 1987, 1988

Reprinted 1989, 1991, twice in 1994, 1996, 1997, 1999, 2001
by Routledge
11 New Fetter Lane, London EC4P 4EE

Simultaneously published in the USA and Canada
by Routledge
29 West 35th Street, New York, NY 10001

Routledge is an imprint of the Taylor & Francis Group

Set in Times, 9 on 11pt
by Input Typesetting Ltd, London

Printed and bound in Great Britain
by St Edmundsbury Press Ltd, Bury St Edmunds, Suffolk

ISBN 0–415–01860–9 (pbk)
ISBN 0–415–01855–2 (cassette)
ISBN 0–415–00075–0 (book and cassette course)

CONTENTS

COLLOQUIAL CHINESE CASSETTE	vi
INTRODUCTION	1
THE SOUNDS OF MANDARIN CHINESE	8
LESSON ONE	10
LESSON TWO	19
LESSON THREE	29
LESSON FOUR	39
LESSON FIVE	52
LESSON SIX	64
LESSON SEVEN	80
LESSON EIGHT	92
LESSON NINE	106
LESSON TEN	119
LESSON ELEVEN	135
LESSON TWELVE	157
LESSON THIRTEEN	180
LESSON FOURTEEN	198
LESSON FIFTEEN	218
LESSON SIXTEEN	243
LESSON SEVENTEEN	264
ABBREVIATIONS FOR GRAMMATICAL TERMS	288
VOCABULARY	289

■ Colloquial Chinese Cassette   The Sounds of Mandarin Chinese

1 Initials

b	(bo)		j	(ji)
p	(po)		q	(qi)
m	(mo)		x	(xi)
f	(fo)			
			zh	(zhi)
d	(de)		ch	(chi)
t	(te)		sh	(shi)
n	(ne)		r	(ri)
l	(le)			
			z	(zi)
g	(ge)		c	(ci)
k	(ke)		s	(si)
h	(he)			

2 Finals

i	(yi)	u	(wu)	ü	(yu)
a	ia	(ya)	ua	(wa)		
o	io	(yo)	uo	(wo)		
e					
ê	ie	(ye)			üe	(yue)
ai			uai	(wai)		
ei			uei	(wei)		
ao	iao	(yao)			
ou	iou	(you)			
an	ian	(yan)	uan	(wan)	üan	(yuan)
en	in	(yin)	uen	(wen)	ün	(yun)
ang	iang	(yang)	uang	(wang)		
eng	ing	(ying)	ueng	(weng)		
ong	iong	(yong)			
er					

3 Tones

mā	má	mǎ	mà	ma
māo	máo	mǎo	mào	
fāng	fáng	fǎng	fàng	
zhōng	wén	yǔ	diào	
gāo	yáng	qǐ	jiàng	

4 The neutral tone

bēi, zǐ	bēizi
shí, hòu	shíhou
zǎo, chén	zǎochen
dì, fāng	dìfang

5 Tone sandhi

jiǎn, dān	↑	jiǎndān
yǔ, yán	↑	yǔyán
jiě, fāng	↑	jiěfāng
yǐ, zi	↑	yǐzi
shuǐ, guǒ	↑	shuǐguǒ
wǒ, hěn,hǎo	↑	Wǒ hěn hǎo.
zài, jiàn	↑	zàijiàn

6 The retroflex final suffix -r

chàng-ge	↑	chàng-gēr
hǎo-wán	↑	hǎo-wánr
fànguǎn	↑	fànguǎnr
yíkuài	↑	yíkuàir

INTRODUCTION

MANDARIN

The national language of China is known to English speakers as
Mandarin, which corresponds to the old term *guanhua*, 'language
of officials'. In the Republican period (1912–49) it was called *guoyu*,
'national language', a term still in use in some Chinese communities
outside the mainland. In the People's Republic the name for it is
putonghua, 'common language'. It is based on the speech of Peking
(Beijing), but incorporates such elements from the dialects of other
parts of the country as have been accepted into the national modern
written language. These dialects are not our concern, but it might
be said that the linguistically more remote among them are as
mutually unintelligible as, say, English and German. Fortunately,
Chinese children all over the country learn *putonghua* at school,
and it is heard everywhere on radio and television and in the
cinema. But though learnt virtually as a second language by speak-
ers of other dialects, the average person's pronunciation of Man-
darin in the provinces often favours a local standard, rather than
that of Peking: regional accents can be a problem.

ROMANIZATION

Many different systems of transcribing Chinese into Latin script
have been devised. That which has been adopted almost universally
now, by news agencies as well as educational institutions, is known
as *pinyin*. We use it here. *Pinyin* was officially endorsed in China
in 1958, and it is employed there in elementary schools and wher-
ever there is a need to indicate pronunciation. The day is still very
far off, however, when it or any other form of romanization will
replace characters as the normal medium for reading and writing.

WORDS

The Chinese 'word' may be monosyllabic or polysyllabic. Polysyllabic words are easily broken down into their constituent parts (morphemes) by virtue of the fact that each such part has its own graph (character) when written, which makes its meaning immediately apparent. The single-syllable morpheme is thus the basic building block of the Chinese language. As several morphemes may share the same sound, two of a similar meaning are often joined together to make a word recognizable to the ear, like for example *qíguài*, 'strange', made up of *qí*, 'unusual', and *guài*, 'odd'. Otherwise, polysyllabic words are formed by a process of accretion, like *xiàndàihuà*, 'modernization', literally 'present age change'.

Most Chinese still think of their language as consisting of characters rather than words, and indeed there are advantages to this view, the chief one being ease of recognition of the same morpheme when employed in different combinations. The character text of these lessons would help in this respect of understanding word formation, as each character (corresponding to a syllable in *pinyin*) is introduced separately with its own range of meanings. In this text we have space only to deal with whole words.

The finer points of writing *pinyin*, to do with what constitutes units of speech that should be written together, have yet to be settled. In our practice we have been less concerned with good form than with revealing the mechanisms of the language, for example using hyphens to join 'moving parts' to stable elements, and on the other hand keeping apart elements that others join together where we think that might help appreciation of their wider role.

TONES AND INTONATION

As well as having its distinct meaning, each syllable has a given tone. As the incidence of homophones is relatively high, tone plays a vital role in identifying the spoken word, even though the same sound and the same tone still do not guarantee unambiguity. Mandarin has four tones. All fall within the natural pitch range: the voice is not strained to produce especially high or especially low sounds. They are:

1st (marked ‾): pitched high (upper third of the range); level; even in volume; held onto slightly longer than average.

2nd (marked ´): rising from about the middle of the range to peak at the end slightly above the first tone; volume progressively louder; fairly short in duration.

3rd (marked ˇ): low and dipping to nearly the bottom of the range, turning up abruptly at the end; volume decreasing to the bottom of the curve, then picking up for the final up-turn; much longer than average.

4th (marked `): starts high and loud; falls sharply, the volume diminishing with the downward curve; very short in duration.

Some word elements that have only a grammatical function ('particles') are always toneless (or 'neutral' in tone). The second syllable in compound words may also be toneless. Though a 'neutral tone' is unstressed it cannot be entirely without pitch; this is takes from the preceding stressed syllable, compensating for high pitch by being relatively low, and vice versa.

It is very difficult to say two third tones one after the other without interrupting the flow of one's speech. For this reason, the first of them changes to second tone, e.g. *hěn hǎo* is said *hén hǎo*. When three third tones are said together in the same breath, the first two change to second: *wǒ hěn hǎo* is said *wó hén hǎo*. Before any other tone, the third tone does not rise at the end of its downward curve. In effect, then, it is only before a pause that the third tone completes its full contour. In some words, a third tone that has been 'neutered', so to speak, still occasions a change in a proceding third tone: the two elements of *xiáojie*, for example, are separately *xiǎo* and *jiě; jie* has lost its tone, but still converts *xiǎo* to *xiáo*. In such cases we mark the third-tone change, otherwise we do not.

The fourth tone is also modified when followed by another fourth tone: its pitch does not fall to its full extent.

In actual speech individual syllables are rarely given their full tonal value, unless they are isolated for emphasis, and key words in any given construction get more phonetic attention than lesser words, as might be expected. In effect, the sequence of sounds does not follow a step pattern, which would result from each having quotation form, but rather a wave pattern, in which each syllable approximates to the ideal within the limits of an overall rising, or falling, curve. This curve is determined partly by the intonation given to the sentence, which may at one extreme be even and low-keyed, and at the other emotional and high-pitched. But intonation only modifies tones, it does not obliterate them. To describe the relationship between tone and intonation is indeed complex and difficult; in practice, when one speaks Chinese as if one meant it, intonation takes care of itself. The message is, always give a word the tone(s) you learn for it; as fluency increases you will find yourself making the necessary modifications unconsciously.

Tonal values are naturally influenced by speed of delivery; as this cannot be anticipated, our marking of tones must be somewhat arbitrary. In some places we have left tones unmarked to discourage undue emphasis, in others we have marked for identification purposes. The recording should serve as a practical guide.

WORD ORDER

In English, at least in spontaneous utterances, the tendency is to make one's comment first and then say what one is talking about: 'Very nice, this cake.' In Chinese the reverse is the case: one first 'tees up' the topic and then delivers one's comment – the comment being of more moment: 'This cake, very nice.' A similar phenomenon can be observed with limiting phrases and clauses: in Chinese the conditions or particulars are set out before the main business is come to, so you get formulations like this: 'Next week can go'; 'You not want go, not need go'; 'I finish this then go'. In English, by contrast, the natural word order is for the time phrase, the conditional clause, and temporal clause to follow the main verb: 'I can go next week'; 'You needn't go if you don't want to'; 'I'll go after I've finished this'. It is in fact a cardinal rule of Chinese syntax that subordinate elements come before principal elements in a sentence. It would help to embark on this course anticipating this.

CHINESE CHARACTERS

It is necessary to have a general idea of the make-up of characters to understand what is being talked about in Lesson 13. The commonest means of classifying characters is by 'radicals', i.e. the element which, ideally speaking, marks the order of things to which a particular character belongs: trees, for example, have a 'wood' radical; lesser plants have a 'grass' radical; liquids, a 'water' radical. Usually the radical is on the left or at the top of the character. The other part, known as the 'phonetic', gives a clue to the pronunciation. Shifts in pronunciation over time have in many cases opened up a wide gap between the independent sound value of the phonetic and the sound of the character in which it appears as a constituent part. The character for 'cup', for instance, has 'wood' as its radical (as that is what cups were once made of) and a phonetic which when written independently is pronounced *bu*; yet the character as a whole is read *bei*.

The radical and phonetic principle is only one among several underlying the construction of characters, but this is not the place to go into the others.

A separate publication, *Character Text for Colloquial Chinese*, is available as a companion to the present volume from Mr P. C. T'ung, Department of the Far East, School of Oriental and African Studies, University of London, Malet Street, London WC1E 7HP.

THE LAY-OUT OF THE LESSONS

The standard pattern for the lessons follows a seven-fold division:

I   Presentation, which introduces the topic of the lesson or sets the scene.
II Dialogue, directly related to the Presentation.
III Sketches, which are brief dialogues that have their own topics, but rehearse the vocabulary and syntax introduced in the foregoing.
IV Vocabulary; this is arranged according to word classes for the first four lessons, but thereafter following the order of appearance of new words in the lesson. Normally only meanings relevant to present context are given.
V   Grammar. This section is expected to be read as a whole, after acquaintance with the new matter has been made. Mostly the notes refer to practices that are illustrated in more than one place in the text, but where an isolated point has to be ex-

plained the number of the pertinent note is given where the point arises. Sometimes examples of incorrect usage are cited; these are marked with an asterisk.

VI Speech Patterns, which illustrate in a more methodical way the new syntax of the lesson, drawing on all the vocabulary learned to date. The question and answer form is favoured, in order to provide as much context as possible.

VII Exercises.

In addition, the first nine lessons have Expansion Drills; repeating these should give confidence in building up longer and longer sentences, and increase fluency at the same time.

Matching English translations are given for the first three sections. The 'Presentation' passage for the first six lessons has a pidgin English translation to enable the Chinese to be followed more closely. Thereafter the translation of the Presentation is still less idiomatic than that of the dialogues.

All dialogues, presentations and vocabulary recorded on the cassette are marked with a ■ in the margin at the appropriate place.

GENERAL REMARKS

Though all the Chinese in this book is 'sayable', and can readily be turned to use in conversation, the focus for the student will be on those sequential passages devised as dialogues. These are well worth memorizing. Though they take their own direction, they are for the most part the everyday stuff of social intercourse. At the same time, the trends of the dialogues have been determined by the need to introduce various constructions and usages in the order in which we think they will be most assimilable. All the basic syntax of modern spoken Chinese is contained in these pages.

One complication we could have done without arises from the gap that has opened up between 'mainland Chinese' and other kinds of Chinese, principally that spoken in Taiwan. This makes itself felt immediately in the difference in terms of address ('comrade' versus 'Mr, Mrs, Miss'). It cannot be denied that speech habits do now diverge, but they are relatively insignificant at the elementary level. A more important factor is that the backdrop of daily life is not the same. Our own scene switches in and out of the

People's Republic without the setting being announced, but it should always be recognizable.

The grammar notes have been difficult to write, as Chinese is a language notoriously resistant to generalizations. When we are incautious enough to say 'always' we mean 'nearly always', and when we say 'never' we mean 'hardly ever'. Though we hope the notes will help the student to understand what is going on, a more reliable guide to practice are the Pattern Sentences, to which they mostly correspond. The Pattern Sentences should resolve, by force of example, any questions the notes fail to.

It should perhaps be stressed that Chinese words have different axes from the English words we use to translate them, and fall into different patterns. It would therefore be imprudent to make up your own Chinese; you are safe only with the words that are put together for you. However, given the resources of this book, that should not cramp your style too much.

We would be glad to receive suggestions for improvement, or plain complaints.

THE SOUNDS OF MANDARIN CHINESE

Some of the sounds of Mandarin (represented here in their *pinyin* spelling) are so similar to English sounds that they will present no difficulty to the learner. Others are less similar to sounds in English but have a close enough resemblance, and a third group of sounds does not occur in English at all. The IPA (International Phonetic Alphabet) symbols are given below for consonants of this sort.

INITIALS

f, l, m, n, s, y, w	are all roughly the same as in English.
b, d, g	are similar to their English counterparts, but they are not voiced (i.e. the vocal chords do not vibrate when these sounds are produced).
p, t, k	are similar to their English counterparts but are much more heavily aspirated.
h	a voiceless velar fricative, as in lo*ch* [x]
j	an unaspirated voiceless palatal affricate, [tɕ] similar to *g*esture
q	an aspirated voiceless palatal africate, [tɕ'] similar to *ch*eap
x	a voiceless palatal fricative [ɕ], between *sh*ip and *s*ip
z	an unaspirated voiceless dental silibant affricate [ts], similar to ca*ds*
c	an aspirated voiceless dental silibant affricate [ts'], similar to ca*ts*
zh	an unaspirated voiceless retroflex affricate [tʂ], similar to lar*ge*
ch	an aspirated voiceless retroflex affricate [tʂ'], similar to lar*ch*
sh	a voiceless retroflex fricative [ʂ], similar to *sh*rub

r   a voiced retroflex fricative [ʐ], as in *r*ead

FINALS

a	as in *f*a*ther
o	as in m*o*re
e	as in h*e*r
ê	as in th*e*re (this ê occurs by itself, and in *ie, ue*)
i	as in mach*i*ne (in isolation *i* is written as *yi*)
u	as in r*u*le (in isolation *u* is written as *wu*)
ü	like German *ü* (*i* rounded to *u*; in isolation *ü* is written as *yu*)
er	like *err* (American accent)

Where two or more finals follow each other, as in *ai, ia*, etc., they each preserve their original sound value, except in the case of *ian*, where *an* is pronounced more like *en*. In *zhi, chi, shi, ri* the letter *i* represents a sound like *ir* in American 'sir'. In *zi, ci, si* the vowel is pronounced rather like the first syllable of '*u*pon'.

The *–r* suffix, a feature of the Peking dialect, is simply added to some finals, e.g. *zhe – zher, suo – suor*, but 'absorbs' other finals, e.g. *wan – war, hai – har, zhun – zhuer*. However, the spelling practice – which aids recognition – is to add *r* in all cases, hence *wanr, hair, zhunr*.

SPELLING CONVENTIONS

jü, qü, xü are spelt *ju, qu, xu*.
As complete syllables, *üe, üan, ün* are written as *yue, yuan, yun*.
y replaces *i* at the beginning of syllables (*yao*, not *iao*).
w replaces *u* at the beginning of syllables (*wan*, not *uan*).
uei is written as *ui* in finals (*dui*, not *duei*).
iou is written as *iu* in finals (*qiu*, not *qiou*).
uen is written as *un* in finals (*dun*, not *duen*).

Apostrophes are used to mark syllable boundaries where necessary: *pingan* might, for instance, be *ping+an* or *pin+gan*; to show it is the former it is written *ping'an*.

In diphthongs the tone mark is put over the dominant vowel sound: *jiā, duì, lòu, luó, mǎi*.

LESSON ONE

■ I PRESENTATION

1

Tiānqi hěn hǎo!
Weather very good!

Lěng ma?   Bù lěng.
Cold (P)[n.5]?   Not cold.

Rè ma? Bú rè.
Hot (P)? Not hot.

2

Jīntiān zhēn lěng!
Today really cold!

Wǒ hěn lěng, nǐ lěng bu lěng?
I   very cold, you cold not cold?

Wǒ yě hěn lěng.
I   too very cold.

3

Nǐmen bù máng ma?
You   not busy (P)?

Jīntiān bù máng, zuótiān hěn máng,[n.8] nǐmen ne?
Today not busy, yesterday very busy,   you   (P)?

Wǒmen jīntiān yě bù máng.
We   today also not busy.

■ II DIALOGUES

1

A: Zǎo a!	Morning!
B: Zǎo! Tiānqi zhēn hǎo.	Morning! The weather's really nice.
A: Zhēn hǎo, bù lěng bú rè.	Really nice, neither cold nor hot.
B: Nǐmen dōu hǎo ma?	Are you all well?
A: Dōu hǎo. Qǐng zuò, qǐng zuò.	(We're) all well. Please sit down.
B: Hǎo, hǎo!	All right, fine.

2

A: Hǎo a!	Hello!
B: Nǐ hǎo!	Hello to you!
A: Tiānqi zhēn lěng!	The weather's really cold!
B: Zhēn lěng. Nǐmen máng bu máng?	Really cold. Are you busy?
A: Wǒmen dōu hěn máng. Nǐmen ne?	We're all quite busy. What about you?
B: Wǒmen yě dōu hěn máng. Zàijiàn.	We're also all quite busy. Goodbye.
A: Zàijiàn, zàijiàn.	Goodbye, goodbye.

3

A: Zuótiān zhēn rè!	Yesterday it was really hot!
B: Rè?!	Hot?!
A: Nín bú rè a?	You weren't hot?
B: Wǒ bú rè.	(No,) I wasn't hot.
A: Zhēn bú rè ma?	Really not hot?
B: Zhēn bú rè!	(No,) really not hot!

■ III VOCABULARY

Noun (N)
tiānqi   weather

Time words (TW)

jīntiān	today
zuótiān	yesterday

Pronouns (PN)

wǒ	I, me
nǐ	you
nín	you (polite form)
tā	he, she, him, her
wǒmen	we, us
nǐmen	you (plural)
tāmen	they, them

Stative verbs (SV)

hǎo	good; fine, all right
lěng	cold
rè	hot
máng	busy
zǎo	early

Adverbs (A)

hěn	very, quite
bù	not
zhēn	truly, really
yě	also, too, either, as well
dōu	all, both

Particles (P)

ma
ne } see Grammar[n.5.6]
a

Idiomatic expressions (IE)

zǎo!	good morning!
qǐng zuò	please sit down, take a seat.
qǐng	(will you) please
nǐ hǎo!	How do you do? How are you?
zàijiàn	goodbye (lit: 'again see')

IV GRAMMAR

1 The definite article

There is no equivalent in Chinese for 'the'. However, nouns at the head of the sentence normally have definite reference, so they can be understood as having an inbuilt 'the': hence '*Tiānqi . . .*' is 'The weather . . .'.

2 Stative verbs (SV) (Speech Patterns 1, 2)

When adjectives form the predicate, i.e. when they say what the subject is or is not, they function as verbs; there is no additional word for 'to be'. We call them stative verbs. In the affirmative, when no more substantial adverb is to be supplied, they need to be supported by the unstressed adverb *hěn* 'very, quite'. [If not so supported, a contrast is intended.] You will see in V,1 that stative verbs may also be the subject of a sentence, in which case they take on the role of a gerund: *Lěng bù hǎo*, 'Being/to be cold is not good'.

3 Negation

The tone of *bu*, 'not' is fourth, except when the following word is in the fourth tone, when it changes to second: *bù lěng, bú rè*.

4 Saving on words

In the same conversational sequence words once said need not be repeated. This applies both to subjects and objects. These once stated may in English be replaced by a pronoun; in Chinese even this may be unnecessary, and pronouns referring to things are scarcely ever used.

5 The particles 'ma', 'ne' and 'a'

A particle (P) is a part of speech without substantial meaning in itself which gives a slant or aspect to an utterance.

Ma shows that what is said is in the nature of an enquiry (see n. 6).

Ne supplies the means of cutting a question down to a topic. It shows that the same question as that raised previously is to be asked of that new topic. Compare English 'And –?', 'What about –?'.

A may convey a variety of tones of voice. Those relevant in this lesson are a certain heartiness, in the greetings *Hao a!* and *Zao a!*, and doubtful questioning, when one is asking whether one has got something right, as in *Nǐ bú rè a?*, 'You weren't hot?' – is that what you are saying? Following a final *u, ao, ou* the particle *a* acquires an initial *w* sound (*wa*), and it undergoes further changes after other finals, but to assist in identification we spell it consistently as '*a*'.

6 Question forms (Speech Patterns 3)

Questions may be formed by simply adding the query particle *ma* to a statement, without introducing any change in the word order. The overall intonation level of the question thus formed is higher than that of the corresponding declarative sentence.

Another way of framing questions is by offering alternatives from which the other person is to pick one. *Lěng/bu lěng* thus offers a choice between cold/not cold. Choice-type questions have the same intonation pattern as the declarative sentence, a generally even one, with a downward curve at the end. The negative alternative receives less stress.

Third, a question may be formally unmarked but be identified by high intonation and, where it consists of a number of words, by a rising final curve. *Rè?!* has the intonation universally associated with surprise.

7 Answers (Speech Patterns 3)

Questions are most plainly answered by fielding the key word in a question and returning it to the questioner either affirmatively or negatively, without any word for 'Yes' or 'No'.

8 Tense

The Chinese verb, being invariable, does not in itself show tense, nor does tense exist at all in the sense that actions or states have to be ascribed to a position in time (past, present, etc.). What Chinese can show is aspect (completion, duration, etc.), but aspect marking is not mechanical either. In the sentence *Zuótiān wǒmen bù máng*, 'Yesterday we (were) not busy', the time word *zuótiān* provides the context and no refinements are needed.

9 Adverbs (A)

'True' adverbs come immediately before the verb and can only be separated from it by another adverb. They cannot stand on their own without a verb. Those occurring in this lesson are *hěn, yě, bù, dōu* and *zhēn*. When two or more such adverbs occur together, their order is governed by the rule that the modifier is applied directly to the expression to be modified. The sloppiness of English practice with regard to 'all' and 'not' cannot be carried over into Chinese. To say 'All of them aren't busy' would mean, quite logically, to a Chinese speaker that none of them are busy; what is usually intended is 'Not all of them are busy': *Tāmen bù dōu máng*. Another distinction to be noted is that between *bù hěn* – and *hěn bù* –; *bù hěn hǎo*, for instance, starts from the proposition *hěn hǎo* and negates it: 'not very-good'; *hěn bù hǎo*, by contrast, has as its basis *bù hǎo*, resulting in 'very not-good' i.e. very bad.

10 Time words (TW)

Time words may sometimes function as nouns, sometimes as adverbs. As adverbs they must of course precede the verb (except when they are tacked on as an afterthought), but they can come before or after the subject: *Wǒmen zuótiān hěn máng* or *Zuótiān wǒmen hěn máng*. The position at the head of the sentence naturally accords the time word more prominence.

11 And

There is no word for 'and' as a conjunction for clauses (e.g. 'I opened the window *and* looked out'), only for noun constructions (e.g. 'One man *and* his dog'). There being no such clause conjunction, clauses just follow in sequence: *Tiānqi bù lěng bú rè* '(The) weather (is) not cold, (and) not hot'.

12 Number

The plural suffix – *men* is confined to personal pronouns and groups of people.

V SPEECH PATTERNS

1 Contrastive sentences with stative verbs

Pattern: Topic   (neg) SV
      Zuótiān   lěng,
      jīntiān   rè.

1. Lěng bù hǎo, rè hǎo.
2. Tā lěng, wǒ bù lěng.
3. Nǐ máng, wǒ máng, tā bù máng.

2 Stative verbs with adverbial modifiers

Pattern: Topic   (A)   (A)   (A)   SV
      Tiānqi   zhēn   hǎo.
      Tāmen   dōu   bù   hěn   máng.

1. Jīntiān hěn lěng.
2. Tāmen dōu hěn lěng.
3. Wǒmen yě dōu hěn lěng.
4. Tiānqi hěn bù hǎo.
5. Tāmen bù dōu hěn máng.

Contrast: Tiānqi bù hěn hǎo.   Tiānqi hěn bù hǎo.
           Tāmen bù dōu máng.   Tāmen dōu bù máng.

3 Three types of questions

(a) Questions with the interrogative particle ma

Pattern: Statement + P?
　　　　Tiānqi hǎo　ma?

1. A. Jīntiān lěng ma?　　　　B. Hěn lěng.
2. A. Tāmen dōu hǎo ma?　　　B. Dōu hǎo.
3. A. Nǐ bú rè ma?　　　　　　B. Wǒ bú rè.
4. A. Tāmen bù máng ma?　　　B. Máng! Tāmen dōu hěn
　　　　　　　　　　　　　　　 máng.

(b) Choice-type questions

　　　　　Topic　SV　neg SV?
Pattern: Tiānqi hǎo　bu　hǎo?

1. A. Jīntiān lěng bu lěng?　　　B. Bù hěn lěng.
2. A. Nǐmen máng bu máng?　　 B. Wǒmen dōu hěn máng.
3. A. Tā rè bu rè?　　　　　　　B. Tā bú rè.

(c) Follow-up questions

Pattern: Topic 1 + Comment, Topic 2 + *ne*?
　　　　Tāmen　　dōu hǎo,　nǐmen　　ne?

1. A. Nǐ hěn rè ma?　　　　　B. Bú rè, nǐ ne?
2. A. Nǐmen bù máng ma?　　B. Bù máng, nǐmen ne?
3. A. Nǐ lěng bu lěng?　　　　B. Hěn lěng, nǐ ne?

VI　EXPANSION DRILLS

1	Rè.	2	Máng.
	Hěn rè.		Bù máng.
	Tā hěn rè.		Bù hěn máng.
	Tāmen hěn rè.		Wǒ bù hěn máng.
	Tāmen dōu hěn rè.		Wǒmen bù hěn máng.
	Nǐmen yě dōu hěn rè ma?		Wǒmen dōu bù hěn máng.
	Wǒmen yě dōu hěn rè.		Nǐmen yě dōu bù hěn máng ma?
			Wǒmen yě dōu bù hěn máng.

VII EXERCISES

1 Make these sentences negative:

1. Jīntiān tiānqi hǎo.
2. Wǒmen máng, tāmen yě máng.
3. Nǐmen máng ma?
4. Tāmen lěng ma?

2 Make these questions choice-type questions:

1. Jīntiān lěng ma?
2. Tiānqi hǎo ma?
3. Nǐmen rè ma?
4. Tāmen zǎo ma?

3 Translate into Chinese:

1. Are you busy? Yes, we are quite busy.
2. Was the weather good? No, the weather was very bad.
3. Is he cold or not? No, he is not.
4. It's a nice day, neither cold nor hot.
5. None of them is very busy.

LESSON TWO

■ I PRESENTATION

1

Zhè shi Zhāng Huá tóngzhì.
This is   Zhang Hua comrade.

Tā shi Zhōngguó rén.
He is China   person.

Wǒmen dōu jiào tā   lǎo Zhāng.
We   all   call him old Zhang.

Lǎo Zhāng shi Běijīng rén.
Old Zhang is Peking person.

Tā àiren xìng   Wáng, míngzi   jiào Yīngyīng.
He spouse surname Wang, given name call Yingying.

Wǒmen dōu jiào tā   xiǎo   Wáng.
We   all   call her young Wang.

Xiǎo   Wáng shi Shànghǎi rén.
Young Wang is Shanghai person.

2

Zhè shi Zhāng xiáojie.
This is   Zhang Miss.

Nà   shi Wáng xiānsheng, Wáng tàitai.
That is   Wang Mr,   Wang Mrs.

Tāmen dōu shi huáqiáo.
They   all are overseas Chinese.

Tāmen shi něi   guó   huáqiáo?
They   are which country overseas Chinese?

Zhāng xiáojie shi   Yīngguó   huáqiáo;
Zhang Miss   is   England   overseas Chinese;

Wáng xiānsheng,   Wáng tàitai   shi Měiguó   huáqiáo.
Wang Mr,   Wang Mrs   are America   overseas Chinese.

■ II DIALOGUES

1

Zhang:	Shéi a[n.8]?	Who (is it)?
Wang:	Wǒ a!	Me!
Zhang:	Nǐ shi shéi?	Who are you?
Wang:	Wǒ shi lǎo Wáng a!	I am old Wang!
Zhang:	Ò! Lǎo Wáng, shì nǐ a, qǐng jìn, qǐng jìn.	Oh, old Wang, (it) is you, come in, come in.
Wang:	Nǐmen dōu hǎo ba?	You are all well?
Zhang:	Dōu hǎo. Qǐng zuò, qǐng zuò.	All well. Sit down, sit down.
Wang:	Tiānqi zhēn hǎo!	The weather is really nice!
Zhang:	Zhēn hǎo, bù lěng bú rè!	Really nice, neither cold nor hot!

2

A:	Tóngzhì, nǐ xìng shénme?	Comrade, what is your (sur)name?
B:	Wǒ xìng Zhāng.	My surname is Zhang.
A:	Jiào shénme míngzi?	What is your given name?
B:	Zhāng Huá.	Zhang Hua.
A:	Zhāng tóngzhì shénme dìfang rén?	Where are you from, comrade Zhang? (Comrade Zhang (is) what place person?)
B:	Wǒ Běijīng rén.	I (am) from Peking.
A:	Nǐ àiren yě shi Běijīng rén ma?	Your wife is also from Peking?
B:	Bú shi, tā shi Shànghǎi rén.	No, she is from Shanghai.

3

A: Qǐng wèn, nín guì xìng?

Excuse me, what is your (sur)name?

B: Wǒ xìng Wáng, wǒ jiào Wáng Tóng. Nín shi Zhāng tóngzhì ba?

My surname is Wang (King), my full name is Wang Tong (Tom King). You are comrade Zhang?

A: Shì, wó jiào Zhāng Huá. Wáng xiānsheng, nín shi něi guó rén?

Yes, my name is Zhang Hua. Which country are you from, Mr Wang?

B: Wǒ shi Yīngguó rén, zhè shi wǒ tàitai, tā shi Měiguó rén.

I am English, this is my wife, she is American.

A: Wáng fūren, nín hǎo!

How do you do, Mrs Wang.

C: Nín hǎo! Zhāng tóngzhì shì bu shì Shànghǎi rén?

How do you do. Are you from Shanghai, comrade Zhang?

A: Bú shì, wǒ shi Běijīng rén. Wǒ àiren shi Shànghǎi rén.

No, I am from Peking. My wife is from Shanghai.

4

A: Nǐ shi Wáng tóngzhì ba?

You are comrade Wang?

B: Bú shì, wǒ xìng Zhāng.

No, my name is Zhang.

A: Ō, Zhāng tóngzhì, nǐ shì bu shì[n.4] jiào Zhāng Yīng?

Oh, comrade Zhang, is your (full) name Zhang Ying?

B: Bú shì, wǒ míngzi[n.7] jiào Zhāng 'Jīng'.

No, my given name is Zhang 'Jing'.

A: Tāmen dōu jiào nǐ xiǎo Zhāng ba?

They all call you young Zhang (do they)?

B: Bù, tāmen dōu jiào wǒ lǎo Zhāng.

No, they all call me old Zhang.

A: Zhāng tóngzhì shi Běijīng rén ba?

You are from Peking, comrade Zhang?

B: Bú shì, wǒ shi Shànghǎi rén.

No, I am from Shanghai.

A: Nǐ àiren yě shi Shànghǎi rén ba?

Your wife is also from Shanghai?

B: Shénme?! Wǒ àiren?!   What?! My wife?! Who is my
   Shéi shi wǒ àiren?!   wife?!

■ III VOCABULARY

Specifiers (SP)

zhè	this
nà	that

Nouns

tóngzhì	comrade
rén	person
àiren	spouse
xìng	surname
míngzi	given name; full name
xiáojie	young lady; Miss
xiānsheng	gentleman; Mr; husband
tàitai	lady; Mrs; wife
huáqiáo	overseas Chinese
dìfang	place
fūren	madam, Mrs

Classificatory verbs (CLV)

shì	to be; to be so
jiào	call; be called
xìng	be surnamed

Stative verbs

lǎo	old
xiǎo	young; small

Place words (PW)

Zhōngguó	China
Běijīng	Peking

Shànghǎi	Shanghai
Yīngguó	England, UK
Měiguó	America (USA)

Question words (QW)

shéi	who(m) (also pronounced *shuí*)
shénme	what
něi	which

Particle

ba	particle of suggestion or presumption

Interjection (I)

ō/ò	oh (I see)

Idiomatic expressions

qǐng jìn	come in ('please enter')
qǐng wèn	excuse me, (followed by a question)
guì xìng	what is your name? (polite: 'honourable surname')

Surnames

Zhāng
Wáng

IV GRAMMAR

1 Names

The family name (*xìng*) as a rule consists of one character (Wang, Zhang, Li, Liu, etc.).

The given name (*míngzi*) may consist of either one or two characters. A single-character given name is hardly ever said independently of the surname, which leads to the odd formulation: *Wǒ míngzi jiào Zhāng Jīng*, 'My given name is called Zhang (surname) Jing (given name)'. Two-character given names are, for that matter, usually stated together with the surname, too. Name and title are introduced by *shì*; one cannot say **Wǒ jiào Wáng Tóng xiānsheng.*

Surnames come before given names in China, but Chinese abroad often anticipate misunderstanding by following the Western order.

2 Titles

Titles follow names: 'Mr Wang', 'Mrs Wang' and 'Miss Wang' are *Wáng xiānsheng, Wáng tàitai,* and *Wáng xiáojie* respectively. Under the People's Republic, the titles *tàitai* and *xiáojie* were dropped, and *xiānsheng* retained only for those who had earned public respect. Otherwise everyone is called *tóngzhì*, 'comrade'. But foreigners and overseas Chinese who are not comrades are not called *tóngzhì*: for them 'Mr' is *xiānsheng* and 'Miss' is *xiáojie*, as before, while 'Mrs' is now *fūren*. 'Ms' is *nǚshì*.

Less formally, *lǎo*, 'old' and *xiǎo*, 'young' are prefixed to surnames, for both sexes; whether one is *lǎo* or *xiǎo* depends on relative age and seniority within one's working or social group.

Xiānsheng and *tàitai* also served as 'husband' and 'wife', and still do outside the PRC, but within the PRC they have been replaced by the single word *àiren*, 'spouse'.

3 Classificatory verbs (CLV) (Speech Patterns 1, 2)

The verb *shì*, 'to be' acts as a link between the subject and a description of it – usually a way of identifying it: *Tā shi Zhōngguó rén*, 'He is a Chinese'; but the two things linked by *shì* are not always equated. *Shì* is normally unstressed except when alone. It is regularly omitted in standard formulas giving place of origin, age, price, etc.: *Wǒ Běijīng rén*, 'I (am a) Peking person'; but it cannot be omitted where an adverb comes in, as true adverbs cannot be divorced from verbs: *Wǒ bú shi Běijīng rén*, 'I am not a Peking person', '*Tā yě shi Běijīng rén*, 'He is also a Peking person'.

Xìng, 'to be surnamed' performs in the same way as *shì: Wǒ xìng Wáng*, 'I am surnamed Wang'. There is no sense of the passive voice. A surname cannot stand by itself, so if asked for your surname you cannot just reply 'Wang', you have to say *(Wǒ) xìng Wáng*.

Jiào may mean 'be called', when it introduces either the full or the given name (never just the surname), or it may mean, transitively, 'call', as in *Tāmen jiào wǒ lǎo Wáng*, 'They call me old Wang'.

4 'Shì' and 'bú shì'

Apart from acting as a classificatory verb, *shì* is used without a complement to mean 'to be so', 'to be the case'; as such it can answer questions ending in particles (but not choice-type questions); *Shì*, 'It is so'; *Bú shì*, 'It is not so'. So *shì* and *bú shì* overlap with, but are not commensurate with 'yes' and 'no'. *Bú shì* may be shortened to simply *bù*. Accompanying another verb, *shì bu shì* means 'is it the case that?' or 'is it so?', as in *Nǐ shì bu shi jiào Zhāng Yīng?*, 'Is it the case that you are called Zhang Ying?' Alternatively, *shì bu shi* may come at the end of the sentence: *Nǐ jiào Zhāng Yīng, shì bu shi?* 'You are called Zhang Ying, is that so?'

5 Place names

Names of countries, regions, cities, etc. may serve unchanged as adjectives. Examples abound. Most place names are, grammatically speaking, 'place words' (PW), which gives them certain properties that ordinary nouns do not have.

6 Question words (QW) (Speech Patterns 3)

Question words (in this lesson *shéi*, 'who'; *shénme*, 'what'; *něi*, 'which') dispense with the query particle at the end of the sentence. Their use does not entail inversion of the word order, as in English: *Nǐ shi shéi?* 'You are who?' – 'Who are you?'; *Nǐ jiào shénme míngzi?* 'You are called what name?' (In other words, the question word occupies the same slot as the information sought does in the reply.) You will have noticed, however, that *shéi* may come before, as well as after, the verb *shi*, but there is a distinction. If you want to be told about a person, you ask in the normal (Chinese) way,

X shi shéi? If you are not interested in knowing about a person and only want them pointed out, you would ask *Shéi shi X? Shéi shi . . .?* also tends to occur in rhetorical, and open, speculative questions. The same applies to *shénme*.

7 Possessive pronouns

There is a specific form for the possessive pronoun – 'my', 'your', etc. – but the plain form is preferred in the case of relationships, hence simply *wǒ àiren*, 'my husband/wife'. The plain form may also be used of things that directly pertain to one – hence *wǒ míngzi jiào . . .*, 'my name is . . .'

8 The particle 'a'

A is further used: (1) to cushion a question which would otherwise sound too peremptory; (2) in exclamations: *shì nǐ a!*, 'Oh, it's you!' (3) to suggest mildly that something should be obvious: *Wǒ shi lǎo Wáng a!*, 'I am old Wang!' (as you could have told).

9 The particle 'ba' (Speech Patterns 4)

Ba accompanies suggestions. In this lesson it is used to form leading questions, which ask for confirmation of a supposition: *Nǐ shi Zhāng tóngzhì ba?*, 'You are comrade Zhang (I suppose)?'; 'You would be comrade Zhang?'

V SPEECH PATTERNS

1 Sentences with classificatory verbs

Pattern: Nominal Expression (neg) CLV Nominal Expression
        Tā   (bú) shi   Yīngguó rén.

1. Tā xìng Wáng, wǒ bú xìng Wáng.
2. Tā shi Yīngguó rén, nǐ yě shi Yīngguó rén ma?
3. Tā xìng Wáng, míngzi jiào Huázhōng.
4. Tā shi Wáng Huázhōng, Wáng xiānsheng.

2 Sentences with object and complement

Pattern: S   (neg)   V   O   Complement
            Tāmen (bu) jiào tā   xiǎo Wáng.

1. Wǒmen bú jiào tā xiǎo Wáng, wǒmen jiào tā lǎo Wáng.
2. Nǐmen bú jiào ta Zhang xiáojie ma? Bú jiào, wǒmen jiào ta Zhāng tóngzhì.
3. Tā shi Běijīng rén, wǒmen dōu jiào tā 'lǎo Běijīng'.
4. Lǎo Wáng zhēn hǎo, wǒmen dōu jiào tā hǎohǎo xiānsheng. ('Mr Agreeable')

3 Sentences with question words

Pattern: Tā shi *shéi*?   Zhè shi *shénme*?   Tā shi *něi* guó rén?

1. Tā xìng shénme?   Tā xìng Wáng.
2. Tā jiào shénme míngzi?   Tā jiào Wáng Huázhōng.
3. Tā shénme dìfang rén?   Tā Shànghǎi rén.
4. Zhāng xiáojie shi něi guó rén?   Tā shi Měiguó rén.
5. Tā jiào Zhāng shénme?   Tā jiào Zhāng Měi.
6. Tā àiren jiào Wáng shénme-zhōng?   Tā jiào Wáng Huázhōng.
7. Nǐmen jiào tā shénme?   Wǒmen jiào tā lǎo Wáng.

4 Sentences with the particle 'ba'

Pattern: Nín shi Zhōngguó rén *ba*?

1. Nǐmen dōu hǎo ba?   Dōu hǎo, nǐmen ne?
2. Jīntiān bù máng ba?   Jīntiān bù máng, zuótiān hěn máng.
3. Tā bú shi Měiguó rén ba?   Bú shi, tā shi Yīngguó rén.
4. Tāmen dōu shi huáqiáo ba?   Shì, tāmen dōu shi Yīngguó huáqiáo.

VI EXPANSION DRILLS

1   Rén.
              Zhōngguó rén.
           Shi Zhōngguó rén.
        Tā shi Zhōngguó rén.
     Nǐ yě shi Zhōngguó rén ma?

Wǒ yě shi Zhōngguó ren.
Wǒmen dōu shi Zhōngguó ren, tā àiren ne?
Tā àiren yě shi Zhōngguó rén.

2   Yīnghuá.
                                    Jiào Yīnghuá.
                            Míngzi jiào Yīnghuá.
                    Xìng Wáng, míngzi jiào Yīnghuá.
              Tā xìng Wáng, míngzi jiào Yīnghuá.
       Tā àiren xìng Wáng, míngzi jiào Yīnghuá.

VII EXERCISES

1 Answer the following questions as it suits you:

1. Nín guì xìng?
2. Nǐ xìng shénme?
3. Nǐ jiào shénme míngzi?
4. Nǐ shi něi guó rén?
5. Nǐ (shi) shénme dìfang rén?

2 Change these statements into negative questions with the particle
ba:

Example: Tā xìng Zhāng. → Tā bú xìng Zhāng ba?

1. Tā jiào Zhāng Huá.
2. Tā shi Zhōngguó rén.
3. Xiǎo Wáng shi huáqiáo.
4. Zhè shi Shànghǎi.
5. Běijīng hěn rè.

3 Translate into Chinese:

1. How do you do, Mr Wang? You are Chinese, I take it?
2. He is an overseas Chinese. His name is Zhang Zhizhong.
3. Miss Wang's name is Haiying. We all call her young Wang.
4. This wouldn't be Shanghai, would it? No, it's not.
5. Is Mrs Zhang from Peking? Both Mr and Mrs Zhang are from
   Peking.

LESSON THREE

■ **I PRESENTATION**

Wáng xiānsheng, Wáng tàitai shi Yīngguó huáqiáo.
Wang Mr   Wang Mrs are England overseas Chinese.

Wáng xiānsheng ài   hē   kāfēi,
Wang Mr   loves drink coffee,

Wáng tàitai bú ài   hē   kāfēi,
Wang Mrs not love drink coffee,

tā zhǐ ài hē   Zhōngguó chá.
she just love drink China   tea.

Wáng xiānsheng ài   kàn   diànshì,
Wang Mr   loves look at television,

Wáng tàitai bú ài   kàn   diànshì,
Wang Mrs not love look at television,

tā zhǐ ài kàn   Zhōngwén shū.
she just love look at Chinese   books.

Wáng xiānsheng xǐhuan chī wàiguó cài,
Wang Mr   likes   eat foreign food,

Wáng tàitai bù xǐhuan chī wàiguó cài,
Wang Mrs not like   eat foreign food,

tā zhǐ   xǐhuan chī Zhōngguó cài.
she just like   eat China   food.

Wáng xiānsheng hěn xǐhuan xué wàiguó huà,
Wang Mr   very like   learn foreign speech,

Yīngwén, Fǎwén, Déwén, tā dōu huì.
English, French, German, he all knows.

Wáng tàitai bù xǐhuan xué wàiguó huà,
Wang Mrs not like learn foreign speech,

tā zhǐ huì shuō Zhōngguó huà.
she just can speak China speech.

Tā cháng shuō:
She often says:

'Wàiguó rén chī wàiguó fàn, yīnggāi shuō wàiguó huà;[n.2]
'Foreign people eat foreign food should say foreign speech;

Zhōngguó rén chī Zhōngguó fàn, yīnggāi shuō
China people eat China food should say

Zhōngguó huà!'
China speech!'

■ **II DIALOGUE**

Wang:	Jīntiān kāfēi zhēn hǎo, nǐ yě hē yìdiǎnr ba!	Today the coffee is really good, you have some too!
Tai:	Bù hē, wǒ zhè chá hěn hǎo.	I won't have (any), this tea of mine is very good.
Wang:	Kàn bu kàn diànshì?	Are you going to watch television?
Tai:	Bú kàn, wǒ xiǎng kàn diǎnr shū.	No, I feel like doing some reading.
Wang:	Shì Yīngwén shū ma?	Is it an English book?
Tai:	Bú shì, shi Zhōngwén shū, shéi kàn Yīngwén shū?!	No, it's a Chinese book, who (would want to) read an English book?!
Wang:	Péngyou dōu shuō nǐ yīnggāi xué diǎnr Yīngwén.	(Our) friends all say you should learn some English.
Tai:	Wǒ bù xué![n.5] 'Wàiguó rén shuō wàiguó huà, Zhōngguó rén shuō Zhōngguó huà' bú shi hěn hǎo ma?!	I'm not going to learn! 'Foreigners speak foreign languages, Chinese speak Chinese', isn't (that) a good thing?

Wang:	Hǎo, hǎo, bù xué, bù xué. Wǎnshang zuò diǎnr Fǎguó cài hǎo bu hǎo? [n.7]	All right, (you're) not going to learn (any). What about cooking some French food (this) evening?
Tai:	Shéi zuò a? Wǒ bú huì zuò Fǎguó cài, nǐ xiǎng chī nǐ zuò ba! [n.8]	Who is going to cook (it)? I can't cook French food, (if you) want to eat (it) you cook (it)!

III SKETCHES

1

A:	Lǎo Zhāng, hē bu hē chá?	Old Zhang, are you going to have some tea?
B:	Bù hē.	No.
A:	Hē diǎnr kāfēi ba!	Have some coffee!
B:	Bù hē.	No.
A:	Shuǐ ne?	What about water?
B:	Xièxie nǐ, yě bù hē.	Thank you, I won't have (any) either.
A:	Chá, kāfēi, shuǐ, dōu bù hē, nǐ xiǎng hē shénme?	You won't drink tea, coffee, or water, what do you feel like drinking?
B:	Wǒ xiǎng hē diǎnr jiǔ.	I feel like drinking something strong.

2

A:	Qǐng zuò, qǐng zuò! Jīntiān zhēn lěng, hē diǎnr chá ba!	Sit down, sit down. It's really cold today, have some tea!
B:	Xièxie, xièxie. Zhè chá zhēn hǎo, shi Zhōngguó chá ba?	Thank you. This tea is really good, would it be Chinese tea?
A:	Shì, nín cháng hē Zhōngguó chá ma?	Yes, do you often drink Chinese tea?
B:	Cháng hē, wǒ hěn xǐhuan hē Zhōngguó chá.	Yes, I like Chinese tea very much.

A: Nín yě xǐhuan chī
   Zhōngguó cài ma?
B: Hěn xǐhuan.
A: Huì zuò bu huì?
B: Zhǐ huì chī, bú huì zuò!

Do you also like to eat
Chinese food?
Very much.
Can you cook (it)?
(I) can only eat (it), I
can't cook (it)!

■ IV VOCABULARY

Verbs (V)

ài	love
hē	drink
kàn	look at; read
kàn-shū (V-O)	read
xǐhuan	like
chī	eat
chī-fàn (V-O)	eat
xué	learn
huì	know (languages)
shuō	say, speak
shuō-huà (V-O)	speak
xiǎng	think
zuò	do, make
xièxie	thank

Modal verbs (MV)

ài	love to, like to, be keen on
xǐhuan	like to
huì	can, know how to, have capacity for
yīnggāi	should, ought to
xiǎng	want to, plan to, feel like

Nouns

kāfēi	coffee
chá	tea
diànshì	television

Zhōngwén	Chinese language
wén	writing, written word; language
shū	book
cài	vegetables; food (not cereals); dish of food; cuisine
huà	speech, spoken words
Yīngwén	English language
Fǎwén	French language
Déwén	German language
fàn	cooked rice or other cereals; meal
yìdiǎnr, diǎnr	a little, some
péngyou	friend
shuǐ	water
jiǔ	wine, spirits, strong drink

Adverbs

zhǐ	only
cháng, chángcháng	often, habitually

Place words

wàiguó	abroad, foreign parts
Fǎguó	France
Déguó	Germany

Time word

wǎnshang	evening

Idiomatic expression

xièxie	thank you

V GRAMMAR

1 Unmarked co-ordination (Speech Patterns 4, 5)

A number of things or activities of equal status, i.e. whose order may be changed without affecting the grammar, may follow one

after the other without the connection being marked: *Yīngwén,
Fǎwén, Déwén, tā dōu huì*, 'English, French (and) German,
he knows (them) all'; *Chá, kāfēi, dōu bù hěn rè*, 'The tea
(and) coffee (are) both not very hot'. *Dōu*, 'both, all', which
regularly accompanies such lists, *resumes* the series, it cannot an-
ticipate it; being a true adverb, it also has to come close before the
verb, hence the order of the sentence is fixed:

A, B, etc. (subject) *dōu* predicate

The only alternative is to frame co-ordinate clauses: *Tā huì Yīng-
wén, yě huì Fǎwén, yě huì Déwén; Chá bù hěn rè, kāfēi yě
bù hěn rè.* See VI.5.

2 Unmarked subordination

That one proposition depends on another may be conveyed simply
by the order in which they occur. In a series of clauses without any
connecting words the first is always subordinate: (given) X, (then)
Y. So *Wàiguó rén chī wàiguó fàn, yīnggāi shuō wàiguó
huà* means '(Given that) foreigners eat foreign food (then they)
should speak foreign languages'. The unmarked subordinate clause
is often an 'if' clause: *Nǐ xiǎng chī, nǐ zuò ba*, '(If) you want to
eat (it), you cook (it)'.

3 Modal verbs (MV) (Speech Patterns 2)

Modal verbs are auxiliary verbs expressing volition, obligation,
capability, and so on. Those in this lesson are: *ài*, 'love to, like
to'; *xǐhuan*, 'like to' (but not 'would like to'.); *huì*, 'know how
to'; *xiǎng*, 'want to, intend to, would like to'. Modal verbs can be
modified by *hěn*, which then translates as 'very much'.

4 Verb-objects constructions (V-O)

Some forms of activity are expressed in Chinese not as simple verbs
but as verb-object (V-O) constructions. Thus the business of read-
ing is *kàn-shū*, 'look at books', speaking is *shuō-huà*, 'say words',
cooking is *zuò-fàn*, 'do food', eating is *chī-fàn*, 'eat meal'. The
object may be particularized: *shuō Zhōngguó huà*, 'say Chinese

words' – 'speak Chinese', or minimized: *kàn diǎnr shū*, 'look at to a little degree books' – 'do a little reading', or both: *kàn diǎnr Zhōngwén shū*, 'read a little Chinese'. Note that the amplification takes the form of modification of the object, that is, it is contained in the V-O framework; you cannot, for example, say **kàn shū diǎnr*. Naturally, these verbs may take objects other than the general ones.

5 Negation

Bù with an action verb, apart from simply meaning 'not' ('is not', 'do not', etc.) may also convey non-intention – 'not going to': *Wǒ bù xué,* 'I'm not going to learn (it)'. *Bù xiǎng xué,* 'Don't intend to learn/Don't feel like learning' may leave room for argument; *Bù xué* is a flat refusal.

6 Choice-type questions with objects (Speech Patterns 3)

When the verb takes an object (which in the case of a modal verb may be another verb), the negative alternative in a choice-type question may come either before or after the object: *kàn/bu kàn diànshì?*, 'watch/not watch television?', or *kàn diànshì/bu kàn?* 'watch television/not watch?'; (with a modal verb) *Xiǎng/bu xiǎng kàn diànshì?* 'intend/not intend watch television?' or *xiǎng kàn diànshì/bu xiǎng?* 'intend watch television/not intend?'

7 'Hǎo bu hǎo?'

Hǎo bu hǎo is used as an appendage to ask if a proposal is acceptable: *Wǒmen shuō Zhōngguó huà, hǎo bu hǎo?*, 'We'll speak Chinese, is that all right?'

8 The particle 'ba' again

'Ba' may imply that the proposal it is appended to is one that one would merely go along with, perhaps out of indifference or resignation.

VI SPEECH PATTERNS

1 Sentences with action verbs

Pattern: S (A) V   O   (P)
           Tā   kàn   Zhōngwén shū.

1. Nǐmen hē shénme? Tā hē kāfēi, wǒ hē chá.
2. Wǎnshang shéi zuò-fàn? Wǒ zuò, nǐ chī bu chī?
3. Nǐ bú kàn diànshì ma? Bú kàn, wǒ kàn shū.
4. Tā hē Fǎguó jiǔ, nǐ hē něi guó jiǔ? Wǒ hē Déguó jiǔ.
5. Tā àiren chángcháng zuò Zhōngguó cài ma? Bù cháng zuò.

2 Sentences with modal verbs

Pattern: S (A)   MV   V   O   (P)
           Tā   huì shuō   Zhōngguó huà.

1. Nǐ ài hē chá ma? Hěn ài hē.
2. Shéi xiǎng xué Zhōngwén? Tā xiǎng xué, wǒ yě xiǎng xué.
3. Wǒ hěn xǐhuan chī Běijīng cài, nǐ ne? Wǒ zhǐ xǐhuan chī
   Shànghǎi cài.
4. Nǐmen dōu huì shuō wàiguó huà ma? Bù dōu huì.
5. Wǒmen dōu yīnggāi xué zuò-fàn ma? Dōu yīnggāi.

3 Choice-type questions with objects (or complements)

Pattern: S (MV) V O *bu* (MV) V ?
           Tā   kàn diànshì bu kàn? (= Tā kàn bu kàn diànshì?)

1. Tā shi Běijīng rén bu shi? Bú shì, tā shi Shànghǎi rén.
2. Tāmen hē jiǔ bu hē? Bù hē, tāmen dōu bú huì hē.
3. Nǐ huì zuò Zhōngguó cài bu huì? Bú huì (zuò).
4. Tā xiǎng xué Zhōngwén bu xiǎng? Hěn xiǎng (xué).
5. Nǐ xǐhuan kàn Zhōngwén shū bu xǐhuan? Hěn bù xǐhuan (kàn).

4 Sentences with co-ordinated subjects/topics in succession

Pattern: *Nǐ, wǒ, tā,* dōu bú shi Zhōngguó rén.

1. Chá, kāfēi, dōu bù hěn rè.
2. Fǎwén, Déwén, tā dōu huì shuō.

3. Zhōngguó cài, Fǎguó cài, tā dōu bú ài chī.
4. Hē Fǎguó jiǔ, chī Zhōngguó cài, shéi bù xǐhuan?
5. Tā Zhōngwén shū, Yīngwén shū, dōu xiǎng kàn.

5 Co-ordinate clauses with different objects to the same verb

Pattern: S V O₁, yě V O₂
     Wǒ hē jiǔ, yě hē kāfēi.

1. Tā huì shuō Yīngwén, yě huì shuō Fǎwén.
2. Wǒ xiǎng xué Zhōngwén, yě xiǎng xué Déwén.
3. Tā xǐhuan Běijīng, yě xǐhuan Shànghǎi.
4. Tā cháng zuò Fǎguó cài, yě cháng zuò Zhōngguó cài.
5. Wǒ yīnggāi xièxie nǐ, yě yīnggāi xièxie tā.

6 The use of '(yì)diǎnr'

1. Tiānqi zhēn rè, wǒ xiǎng hē diǎnr shuǐ.
2. Péngyou dōu shuō nǐ yīnggāi xué diǎnr Fǎwén.
3. Nǐ huì shuō Zhōngguó huà ma? Huì (shuō) yìdiǎnr.
4. Qǐng nǐ zuò diǎnr Shànghǎi cài, hǎo bu hǎo?
5. Jīntiān wǎnshang nǐ xiǎng zuò shénme? Wǒ xiǎng kàn diǎnr shū.

VII EXPANSION DRILLS

1
         Chá.
       Hē chá.
      Hē diǎnr chá.
     Hē diǎnr Zhōngguó chá.
    Xiǎng hē diǎnr Zhōngguó chá.
   Hěn xiǎng hē diǎnr Zhōngguó chá.
  Dōu hěn xiǎng hē diǎnr Zhōngguó chá.
Wǒmen dōu hěn xiǎng hē diǎnr Zhōngguó chá.

2
        Jiǔ, cài
      Fǎguó jiǔ, Fǎguó cài.
     Ài hē Fǎguó jiǔ, ài chī Fǎguó cài.
    Bú ài hē Fǎguó jiǔ, bú ài chī Fǎguó cài.
   Shéi bú ài hē Fǎguó jiǔ, bú ài chī Fǎguó cài?
Wǒmen dōu ài hē Fǎguó jiǔ, ài chī Fǎguó cài!

VIII EXERCISES

1 Change these statements into choice-type questions, with the object between the affirmative and negative forms of the verb (or modal verb):

Example: Tā hē jiǔ. → Tā hē jiǔ bu hē?

1. Tā shì wàiguó rén.
2. Tā àiren huì shuō Fǎwén.
3. Tā chī Zhōngguó cài.
4. Tā xiǎng kàn diànshì.
5. Tāmen bù yīnggāi hē jiǔ.

2 Give affirmative replies, with *yìdiǎnr* to the following questions:

1. Nǐ huì shuō Zhōngguó huà ma?
2. Tā xiǎng zuò Fǎguó cài ma?
3. Wǒ yīnggāi xué Déwén ma?
4. Nǐmen dōu xiǎng hē kāfēi ma?

3 Translate into Chinese:

1. Does she speak Chinese? Yes, she does.
2. I feel like some tea, how about you?
3. He is very keen on reading Chinese books.
4. She is French, she ought to know how to cook French dishes.
5. I only know a little German.

LESSON FOUR

■ I PRESENTATION

Wǒ yǒu yí wèi péngyou xìng Wáng,
I have a (M) friend named Wang,

shi Shànghǎi rén,
is Shanghai person,

wǒmen dōu jiào tā xiǎo Wáng.
we all call him young Wang.

Xiǎo Wáng huì shuō Shànghǎi huà,
Young Wang can speak Shanghai-speech,

yě huì shuō pǔtōnghuà;
also can speak common-speech;

néng kàn Zhōngwén shū,
can read Chinese books,

yě néng kàn Yīngwén shū.
also can read English books.

Tā xué Yīngwén méi yǒu lǎoshī,
He learns English not have teacher,

zhǐ yǒu liǎng běn zìdiǎn:
only has two (M) dictionaries:

yì běn Yīng-Hàn zìdiǎn,
one (M) English-Chinese dictionary,

yì běn Hàn-Yīng zìdiǎn.
one (M) Chinese-English dictionary.

Tā shuō zhèi liǎng běn zìdiǎn
He says these two (M) dictionaries

jiùshi liǎng wèi lǎoshī.
indeed are two (M) teachers.

Xiǎo Wáng jīnnián sānshi'èr suì,
Young Wang this year 32 years of age,

yǒu sì ge nǚ'ér, méi yǒu érzi.
has four (M) daughters, not have sons.

Yīnwei zhèi sì ge háizi dōu hěn xiǎo,
Because these four (M) children all very small,

suǒyǐ tā zǒngshi hěn máng, hěn lèi.
therefore he always very busy, very tired.

Yǒu[n.3] yí wèi péngyou wèn tā
There was a (M) friend asked him

wèishenme yào shēng zhème duō[n.7] háizi.
why want produce so many children.

Shì bu shì yīnwei xiǎngyào ge érzi?
Is not is because like (M) son?

Xiǎo Wáng shuō: 'Wǒ bù xiǎngyào érzi,
Young Wang said: 'I not like son,

kěshi wǒ fùmǔ yídìng yào ge sūnzi!'
but my parents definitely like (M) grandson!'

■ **II DIALOGUE**

A: Zhēn lèi, zhēn lèi!　　　　I'm really tired, really tired!
B: Hē bēi chá ba. Shì bu shì　Have a cup of tea. Is it
　 yīnwei tiānqi tài rè?　　　because the weather is too
　　　　　　　　　　　　　　hot?

A: Bú shì, shi yīnwei háizi　　No, it's because (my)
　 tài duō.　　　　　　　　children are too many.
B: Nǐ yígòng yǒu jǐ ge?　　　How many have you
　　　　　　　　　　　　　　altogether?

A: Sì ge, dōu shi nǚ'ér.　　　Four, all are daughters.
B: Wèishenme yào shēng　　　Why do you want to produce
　 nàme duō? Shì bu shì　　so many? Is it that you'd like
　 xiǎngyào ge érzi?　　　　a son?

A: Wǒmen bù xiǎngyào érzi, kěshi wǒ fùmǔ yídìng yào ge sūnzi!

We are not intent on a son, but my parents definitely want a grandson!

B: Zhèi ge shi nǐ dà nǚ'ér ba? Jīnnián jǐ suì?

This is your eldest daughter, I take it. How old is she this year?

C: Wǒ wǔ suì.

I am five.

B: Nǐ yǒu jǐ ge mèimei?

How many younger sisters have you?

C: Bù zhīdào.

Don't know.

B: Bù zhīdào?! Wèishenme?

Don't know?! Why?

C: Wǒ mā chángcháng shēng mèimei, wǒ yě[n.8] bù zhīdào tā yígòng yào shēng jǐ ge.

My mum keeps on producing younger sisters, I don't know (either) how many she will produce altogether.

III SKETCHES

1

A: Yígòng yǒu duōshao? Hěn duō ba?

How many are there altogether? Plenty, I expect?

B: Yī, èr, sān, sì, wǔ, liù, qī . . .

One, two, three, four, five, six, seven . . .

A: Yǒu mei yǒu sìshí ge?

Are there forty?

B: Bù zhīdào. Bā, jiǔ, shí, shíyī, shí'èr . . .

Don't know. Eight, nine, ten, eleven, twelve . . .

A: Wǒmen yí ge rén yǒu jǐ ge?

How many each? (We each person have how many?)

B: Nǐ néng bu néng bù shuōhuà? Shísān, shísì, shíwǔ . . . yígòng èrshiqī ge.

Can you keep quiet? Thirteen, fourteen, fifteen . . . altogether twenty-seven.

A: Shénme?! Zhǐ yǒu èrshiqī ge?! Zhème shǎo?!

What?! There are only twenty-seven?! So few?!

B: Wǒmen jiǔ ge rén, sān jiǔ èrshiqī, yí ge rén sān ge. Bù duō yě bù shǎo!

We (are) nine people, three nines (are) 27, three each. Just right! (Not more nor less)

2

A: Nǐ zhīdao nèi liǎng ge rén shi shéi ma?

Do you know who those two people are?

B: Něi liǎng ge?

Which two?

A: Nèi liǎng ge, nǐ kàn! Jiùshi nèi liǎng ge wàiguó rén.

Those two, look! I mean those two foreigners.

B: Ò, tāmen a, yí wèi shi wǒmen Fǎwén lǎoshī, yí wèi shi wǒmen Déwén lǎoshī.

Oh, them: one is our French teacher, the other is our German teacher.

A: Tāmen liǎng wèi dōu huì shuō Zhōngguó huà ma?

Can they both speak Chinese?

B: Dōu huì. Tāmen zǒngshi shuō Zhōngguó huà, hěn shǎo shuō Fǎwén, yě hěn shǎo shuō Déwén.

Yes, They always speak Chinese, very rarely French, likewise very rarely German.

A: Wèishenme?

Why?

B: Yīnwei Fǎwén lǎoshī bú huì shuō Déwén, Déwén lǎoshī yě bú huì shuō Fǎwén.

Because the French teacher can't speak German, and the German teacher can't speak French.

■ IV VOCABULARY

Numbers[n.2] **(NU)**

yī	one (2nd tone before 4th, 4th tone before 1, 2, 3)
èr	two
liǎng	two (used with measures), a couple of
sān	three
sì	four
wǔ	five
liù	six
qī	seven ⎱ optionally 2nd tone
bā	eight ⎰ before 4th tone
jiǔ	nine
shí	ten

Measures[n.1] (M)

wèi	polite classifier for persons
běn	classifier for books
nián	year
suì	year of age
gè	general classifier
bēi	cup of, glass of
tiān	day

Nouns

pǔtōnghuà	common language, lingua franca, Mandarin
lǎoshī	teacher
zìdiǎn	dictionary
Hàn	Han dynasty; majority people in China; Chinese (in certain combinations)
nǚ'ér	daughter
érzi	son
háizi	child
fùmǔ	father and mother (fùqin + mǔqin)
sūnzi	grandson
mèimei	younger sister
mā	mum, mother (familiar)

Stative verbs

pǔtōng	common, ordinary
lèi	tired, weary; fatiguing
duō	many, much
dà	big; grown up; eldest (child)
shǎo	few, little

Verbs

yǒu	have; exist; there is/are
shēng	give birth to, produce; be born
xiǎngyào	desire
yào	want; ask for
zhīdao	know (note tone in neg: bù zhīdào)

Movable adverbs (MA)

yīnwei	because
suǒyǐ	therefore
wèishenme	why (because of what?)
kěshi	but
yígòng	altogether

Adverbs

méi	negator for 'yǒu'
jiù(shi) (= jiù+shì)	(be) precisely, exactly, indeed
zǒng(shi) (= zǒng+shì)	always
zhème	so (this-wise); also pron. 'zème'.
nàme	so (that-wise); also pron. 'nème'.
yídìng	definitely, certainly
tài	too, excessively

Modal verbs

néng	can, be capable of
yào	want to; be about to, will

Time word

jīnnián	this year

Question words

jǐ	how many? (small numbers)
duōshao	how many? (large numbers)

V GRAMMAR

1 Measure words (M) (Speech Patterns, 1,2)

When nouns are numbered or pointed to as 'this' or 'that', they carry a classifier related to the class of the noun: *shū*, 'book', for example, carries the classifier *běn*, 'volume': *zhèi běn shū*, 'this book'. Similar constructions in English are 'fifty *head of* cattle', 'two *rounds of* toast (or ammunition)'. There are over 50 such special classifiers in common use in Chinese. However, the all-purpose classifier *ge* (4th tone, but usually unstressed) can double for most of them. Standard measures of volume, weight, space, time, etc., container measures (such as *yì bēi*, 'a cup of'), and other kinds of measures share the property of combining with numbers and demonstratives, so we bracket classifiers with them as 'measures' (M). Once the noun has been identified, the measure word can be used independently of it, again like 'fifty head', 'two rounds': *sān běn, yí ge* (not just *sān or *yí). There are also a few words that qualify as measures that do not normally have a following noun; they include *tiān*, 'day'; *nián*, 'year'; *suì*, 'year of age': *sān tiān, yí suì*.

Occasionally the measure is omitted between a demonstrative and a noun: *zhè chá hěn hǎo*, 'this tea is very good'. In that example it is the kind of tea that is meant, not any amount that can be measured. However, in other cases a measure could well be used, as with *zhè rén*, 'this person', instead of *zhèi ge rén*. This phenomenon is more common with topics, and seems particularly called for when the comment is to be delivered with some feeling. Another permitted omission is that of *yí* before the measure word, in the interest of rapid flow. But *yí* is only omitted when it is used, unstressed, in the sense of 'a', not when it means 'one': *wǒ fùmǔ yídìng yào (yi) ge sūnzi*.

Orthodoxy maintains that the demonstrative adjectives should be pronounced *zhèi* and *nèi (zhèi ge rén, nèi wèi xiānsheng)*, and the pronouns should be pronounced *zhè* and *nà (zhè shi shéi? nà shi wǒ mèimei)*, but practice is not uniform.

2 Numbers (NU)

The number 1–10 are listed in the vocabulary. For 2 there are two words: *èr* is used in counting and compound numbers; *liǎng* is used for two of anything (similar to 'a couple of'). In compound numbers units are added to the tens, so 12 is shí'èr (10+2). For multiples of ten, the multiplier precedes *shí*, 'ten'; 20 then is *èrshí*

(2×10); 22 is *èrshi'èr* (2×10+2). *Shí* tends to lose its tone when multiplied.

3 The verb 'yǒu'

Yǒu covers both possession and existence: 'to have' and 'there is/ are' (cf. French 'il a' and 'il y a'). *Yǒu* is unique among Chinese verbs in being negated by *méi*: always *méi yǒu*, never **bù yǒu*.

An important function of *yǒu* is to introduce a noun of indefinite reference in the head position in a sentence: *Yǒu yí wèi péngyou wèn tā* . . . '[There was] a friend (who) asked him . . .'; *Yǒu rén shuō* . . ., '[There was] a person (who) said . . .'; *Yǒu yì tiān* . . ., 'One day . . .'.

4 Pivotal constructions (Speech Patterns 4)

Consider these two sentences: *Wǒ yǒu yí wèi péngyou xìng Wáng*, and *Tāmen qǐng wǒ chī Fǎguó cài*; making allowance for the fact that Chinese verbs are invariable in form, they match the English 'I have a friend named Wang' and 'They are inviting me to eat French food'. As such, they present no difficulty to English speakers. But the similarity may disguise the mechanism at work. In the Chinese the pivotal function of *péngyou* and *wǒ* can be discerned: *péngyou* is cast as the object of *yǒu* in the first half, then faces round to be the subject of *xìng*; similarly, *wǒ* is the object of *qǐng* but the subject of *chī*. English and Chinese part company when English resorts to a relative clause: 'I have a friend who has nine sons'; in Chinese the pivotal device still serves: *Wǒ yǒu yí ge péngyou yǒu jiǔ ge érzi*. Compare also *Méi yǒu rén bù xǐhuan chī Zhōngguó cài*, 'There is not a person (who) does not like to eat Chinese food'.

5 How many?

Both *jǐ* and *duōshao* mean 'how many?'. *Jǐ* applies to small numbers (except in a few formulas) and *duōshao* applies where the number is known or expected to be over 10. Grammatically they differ in that *jǐ* always combines with a measure word, whereas after *duōshao* the measure word may be omitted: *jǐ ge rén?*

duōsho (ge) rén? *Jǐ* and *duōshao* are question words; if the sentence in which they occur ends with the query particle *ma*, it does not relate to the question of how many. For instance, if the question is asked, *Nǐ zhīdao tāmen yǒu jǐ ge háizi ma?*, then *ma* makes a question of *nǐ zhīdao* – 'do you know?' The alternative phrasing, *Tāmen yǒu jǐ ge háizi, nǐ zhīdao ma?*, makes the relationship clearer.

6 Indirect questions (Speech Patterns 3)

In indirect questions the clause carrying the question is inserted in the outer frame, as if it were being quoted: *Tā wèn wǒ 'shéi yǒu zìdiǎn'*, 'He asked me "who has a dictionary" ' – not that such punctuation is actually used. The direct quotation form is modified when the construction is a pivotal one: *Tā wèn wǒ yào bu yào kàn diànshì*, 'He asked me (if) I wanted or not to watch television' – where *wǒ* doubles as the object of *wèn* and the subject of *yào* (as opposed to *Tā wèn wǒ 'nǐ yào bu yào . . .'*). This sentence also illustrates the rule that the embedded question has to be of the choice-type: it cannot be formed with *ma*. You can also see that there is no equivalent in Chinese of 'if' or 'whether'. The overall intonation pattern of an indirect question is the falling one of a statement, not pitched high as direct questions are.

7 'Duō' and 'shǎo'

Duō 'many' and *shǎo* 'few' must themselves be modified when they modify a noun, so never **duō rén* or **shǎo rén*, but *hěn duō/shǎo rén, nàme duō/shǎo rén*, etc.

8 'Yě'

Yě, 'also', does no more than betoken recognition of something in common; its use does not depend upon strict verbal parallels. In the Dialogue when the little girl says *Wǒ yě bù zhīdào tā yào shēng jǐ ge*, she concedes that she shares her questioner's ignorance, but she is not ignorant of precisely the same thing.

9 The part/whole relationship

When part and whole are mentioned together (e.g. 'two out of my three teachers'), the whole figures as topic ('as to . . .') and the part follows as the immediate subject of the predicate: *Wǒ nèi sān wèi lǎoshī, liǎng wèi hěn lǎo, yí wèi bú tài lǎo,*' (As to, of) my three teachers, two are very old, one is not too old'.

10 Movable adverbs (MA)

MAs, unlike 'true' adverbs, need not come immediately before the verb (or another adverb); they may come before the subject/topic.

VI MEASURES

gè: yí ge rén; liǎng ge péngyou; sān ge dìfang; sì ge háizi; wǔ ge shénme?

wèi: liù wèi péngyou; qí wèi lǎoshī; bá wèi huáqiáo; jiǔ wèi tóngzhì; jǐ wèi xiáojie?

běn: jiǔ běn shū; shí běn zìdiǎn

bēi: liǎng bēi chá; yì bēi kāfēi; sān bēi jiǔ

suì: qīshí suì

nián: èrshiwǔ nián

tiān: shísì tiān

VII SPEECH PATTERNS

1 Quantification of nouns

Pattern: Number Measure Noun
        sān   ge   rén

1. Tā yǒu liǎng ge Zhōngguó péngyou, dōu xìng Wáng.
2. Nǐ yào jǐ běn zìdiǎn?   Sān běn.
3. Tāmen yǒu jǐ ge háizi?   Liǎng ge, yí ge qí suì, yí ge jiǔ suì.
4. Tāmen yào duōshao běn?   Liùshí běn.
5. Wǒ xiǎng hē bēi chá.   Qǐng zuò, qǐng zuò!
6. Nǐmen yǒu duōshao rén?   Sìshibá ge.
7. Yígòng duōshao tiān?   Shíwǔ tiān.

2 Specification of nouns

Patterns:

SP	NU	M	N
(a) zhè			chá
(b) zhèi	(yì)	bēi	chá
(c) nèi	sān	bēi	kāfēi

1. Zhè chá hěn hǎo. (Contrast: Shéi yào hē zhèi bēi chá?)
2. Nèi běn zìdiǎn bú shi Hàn-Yīng zìdiǎn, nǐ yǒu Hàn-Yīng zìdiǎn méi you? Wǒ méi yǒu, tā yǒu yì běn.
3. Zhèi ge rén shuō zhèi ge hǎo, nèi ge rén shuō nèi ge hǎo; nǐ shuō něi ge hǎo? Zhèi ge, nèi ge, dōu bù hǎo.
4. Wǒ hěn xǐhuan nèi liǎng běn shū, nǐ ne? Něi liǎng běn shū?
5. Zhèi liǎng bēi jiǔ, yì bēi nǐ hē, yì bēi wǒ hē, hǎo bu hǎo? Wǒ bú huì hē, dōu qǐng nǐ hē ba.
6. Nǐ nèi sì wèi péngyou dōu huì shuō pǔtōnghuà ma? Liǎng ge huì, liǎng ge bú huì.

3 Indirect questions

1. Tā wèn wǒ shéi yǒu zìdiǎn.
2. Wǒ wèn tā lǎo Wáng huì shuō Yīngwén bu huì, tā shuō bù zhīdào.
3. Tā bù zhīdào něi wèi shi Wáng lǎoshī.
4. Wǒ wèn tā nà shi shénme, tā shuō (nà) shi diànshì.
5. Nǐ zhīdao tā wèishenme yào shēng zhème duō háizi ma?
6. Tā bù shuō tā shi něi guó rén, suǒyǐ wǒmen bù zhīdào tā shi něi guó rén.

4 Sentences with the pivotal construction

Pattern:

Sub	Verb	Obj			
		Sub		Verb	(Obj)
Shéi	qǐng	wǒ		hē	chá?
Wǒ	yǒu ge	péngyou		xìng	Wáng.

1. Tā wèn wǒ huì bu huì shuō pǔtōnghuà. (Contrast: Tā wèn wǒ xiǎo Wáng huì bu huì shuō pǔtōnghuà.)
2. Wǒ yǒu ge péngyou jiào lǎo Wáng, tā yǒu ge nǚ'ér zǒngshi xǐhuan shuō-huà.

3. Jīntiān wǎnshang tāmen yào qǐng wǒ chī Déguó cài.
4. Yǒu rén shuō tā yǒu jiǔ ge érzi, bāshiyí ge sūnzi.   Shéi?
5. Tā cháng shuō méi yǒu rén bù xǐhuan chī Zhōngguó cài, kěshi wǒ jiù bù xǐhuan.

VIII   EXPANSION DRILLS

1	2
yī	shí
yī èr	shí jiǔ
yī èr sān	shí jiǔ bā
yī èr sān sì	shí jiǔ bā qī
yī èr sān sì wǔ	shí jiǔ bā qī liù
yī èr sān sì wǔ liù	shí jiǔ bā qī liù wǔ
yī èr sān sì wǔ liù qī	shí jiǔ bā qī liù wǔ sì
yī èr sān sì wǔ liù qī bā	shí jiǔ bā qī liù wǔ sì sān
yī èr sān sì wǔ liù qī bā jiǔ	shí jiǔ bā qī liù wǔ sì sān èr
yī èr sān sì wǔ liù qī bā jiǔ shí	shí jiǔ bā qī liù wǔ sì sān èr yī

IX   EXERCISES

1 Answer these questions on the basis of the Presentation:

1. Xiǎo Wáng shi shénme dìfang rén?
2. Tā huì shuō pǔtōnghuà bu huì?
3. Tā yǒu mei yǒu Yīngwén lǎoshī?
4. Xiǎo Wáng jīnnián duōshao suì? Yǒu jǐ ge háizi?
5. Tā wèishenme zǒngshi hěn máng, hěn lèi?
6. Tā wèishenme yào shēng nàme duō háizi?

2 Replace whichever word is appropriate in these sentences with the word in brackets and make any attendant changes called for:

Example: Wǒ yǒu yì běn Zhōngwén shū. (péngyou)→Wǒ yǒu yí ge Zhōngguó péngyou.

1. Nǐ yǒu jǐ wèi Yīngwén lǎoshī? (zìdiǎn)
2. Tā yào chī liǎng ge cài. (chá)
3. Lǎo Wáng bú yào háizi. (yǒu)
4. Tā méi yǒu wàiguó péngyou. (yào)

5. Tā shuō nèi ge hǎo. (něi)
6. Nǐ bú yào Fǎwén shū, wǒ yě bú yào Fǎwén shū. (yǒu)

3 Translate into Chinese:

1. She is going to treat me to a cup of tea.
2. None of these three people is English.
3. Of these five dictionaries, three are English-Chinese
   and two are Chinese-English.
4. No one can drink six glasses of this wine.
5. How many Chinese books have you got? Fifty altogether,
   I suppose.
6. Nobody knows who she is.
7. He asked me whether I was a teacher.
   He asked me whether you were a teacher.

LESSON FIVE

▪ I PRESENTATION

Lǎo   Zhāng jiā   jīntiān wǎnshang yǒu   kèren.
Old   Zhang family today   evening   have guests.

Tāmen qǐng shéi? Tāmen qǐng lǎo Lǐ jiā.
They   invite who? They   invite old Li family.

Lǐ jiā   yígòng   yǒu wǔ   kǒu(r) rén:
Li family altogether has five (M)   people:

lǎo Lǐ, tā àiren gēn sān   ge   háizi.
old Li, his wife and three (M) children.

Lǎo Zhāng gēn lǎo Lǐ shi lǎo tóngxué,
Old Zhang and old Li are old fellow-students,

yě   shi hěn hǎo   de$^{n.2}$péngyou.
also are very good (K) friends.

Tāmen liǎng jiā   de háizi   yě   dōu shi hǎo péngyou.
They   two   families (K) children also all are good friends.

Lǎo Zhāng de àiren jīntiān xiǎng mǎi yì   zhī jī,
Old Zhang (K) wife today   plans buy one (M) chicken,

yì   tiáo yú, gēn yìdiǎnr qīngcài$^{n.4}$
one (M) fish, and some   greens.

Tā yào   zuò sì   ge cài,
She wants do   four (M) dishes,

liǎng ge lěng de, liǎng ge rè de,
two   (M) cold (K), two (M) hot (K),

hái yào   zuò yí ge tāng.
extra wants do one (M) soup.

Lǎo Zhāng hěn xǐhuan hē   jiǔ,
Old Zhang very likes   drink wine,

tā qǐng   tā àiren mǎi liǎng píng,
he requests his wife buy two bottles,

tā àiren shuō qián   bú gòu,   bù kěn   mǎi.
his wife says money not enough, not willing buy.

Lǎo Zhāng shuō qǐng rén   chī-fàn méi[n.5]   jiǔ bù xíng,
Old Zhang says invite people eat food not (have) wine not viable,

wèn tā àiren mǎi bàn tiáo yú,
asks his wife buy half (M) fish,

mǎi yì píng jiǔ,   kě bu kěyǐ.
buy one bottle wine, can not can.

Tā àiren shuō: 'Hǎo   ba, wǒ mǎi yì   píng,
His wife says: 'All right (P), I buy one bottle,

kěshi wǎnshang nǐ   bù zhǔn   chī yú!'[n.8]
but evening you not allowed eat fish!'

■ II DIALOGUE

Zhang: Zěnmeyàng, jīntiān xiǎng   Well then, what food are
        mǎi diǎnr shénme cài?   you intending to buy
                                       today?

Wife: Wǒ xiǎng mǎi yì zhī jī, yì   I was planning to buy a
        tiáo yú gēn yìdiǎnr   chicken, a fish and some
        qīngcài: sì ge cài yí ge   greens: four dishes (and)
        tāng, zěnmeyàng?[n.6]   one soup, what do you
                                       think?

Zhang: Hǎo a. Jǐ ge lěng de, jǐ ge   Fine. How many cold ones,
        rè de?   how many hot ones?

Wife: Liǎng ge lěng de, liǎng ge   Two cold ones, two hot
        rè de.   ones.

Zhang: Jiǔ ne?   What about wine?

Wife: Lǎo Lǐ gēn tā àiren dōu   Old Li and his wife (both)
        bú huì hē jiǔ, mǎi jiǔ shéi   don't drink, (if we) buy
        hē?   wine who will drink it?

Zhang:	Qǐng rén chī-fàn, bù néng méi jiǔ, mǎi liǎng píng ba!	(If we) invite people to eat, we can't be without wine, let's buy two bottles!
Wife:	Jiǔ nàme guì, wǒ de qián bú gòu.	Wine is so expensive, I haven't got enough money.
Zhang:	Qián bú gòu?! Bù mǎi yú xíng bu xíng?	Not enough money?! Would it be all right not to buy fish?
Wife:	Liǎng jiā de háizi dōu ài chī yú, méi yú bù xíng.	The children of both families love to eat fish, it won't do not to have fish.
Zhang:	Nàme, mǎi bàn tiáo yú, mǎi yì píng jiǔ, kě bu kěyǐ?	In that case, could (we) buy half a fish and one bottle of wine?
Wife:	Hǎo ba, wǒ mǎi yì píng, kěshi wǎnshang nǐ bù zhǔn chī yú!	All right, I'll buy one bottle, but (this) evening you're not allowed to eat fish!

III SKETCHES

1

A: Zěnmeyàng, máng ma? Chōu zhī yān ba. Wǒ zhè bāo shi Fǎguó yān.	How are things, busy? Have a cigarette. This packet of mine is French.
B: Chōu-yān?! Duìbuqǐ, qǐng nǐ kànkan nèi sì ge dà zì.	What, smoke?! Sorry, take a look at those four big words.
A: Shénme?! 'Bù zhǔn chōu-yān'!	What?! 'Smoking is not allowed'!
B: Duì! Zhèi ge dìfang bù zhǔn chōu-yān. Nǐ kànkan shū ba.	That's right! You're not allowed to smoke here. Why don't you read a book?
A: Nèi běn shū shi shéi de? Wǒ kànkan kěyǐ ma?	Who does that book belong to? Would it be all right if I read it?
B: Něi běn? Shi zhèi běn xiǎo shū ma?	Which one? Is it this little one (you mean)?
A: Bú shì, shi nèi běn dà de.	No, I mean that big one.

B: Nà shi lǎo Zhāng de, nǐ
xiān wènwen tā ba.

That belongs to old Zhang,
you'd better ask him first.

A: Zhèi zhī bǐ shi nǐ de ba?
Wǒ yòngyong kěyǐ ma?

This pen is yours? Is it all
right if I use it?

B: Bǐ yě shi lǎo Zhāng de.

The pen is old Zhang's, too.

A: Zhèi fèn bào yě shi tā de
ma?

Is this paper his as well?

B: Bào shi wǒ de, nǐ kàn ba!
– Shi zuótiān de.

The paper is mine, go ahead
and read it! – It's yesterday's.

2

A: Lǐ xiānsheng, nèi wèi
shi . . .

Mr Li, that gentleman is . . .

B: Nèi wèi a, tā shi wǒ
péngyou Qián Hàn.

That gentleman? He is my
friend, Qian Han.

A: Ò! Tā jiùshi Qián Hàn a!
Nǐmen shi lǎo péngyou
ba?

Oh, he's QIAN HAN! You
are old friends, I take it?

B: Shì a, wǒmen shi sānshí
nián de lǎo péngyou.

Certainly, we are old friends
of thirty years (standing).

A: Qián xiānsheng zǒngshi
nàme máng ma?

Is Mr Qian always so busy?

B: Tā zǒngshi nàme máng,
suǒyǐ wǒmen dōu jiào tā
dà máng rén.

Yes he is, so we all call him
'busy bee'.

A: Yǒu rén shuō tā bù hē
jiǔ, kěshi nǐ kàn . . .

People say he doesn't drink,
but look . . .

B: Ò, nǐ bù zhīdào a?! Tā bù
hē jiǔ shi bù kěn hē
pǔtōng de jiǔ. Jīntiān de
jiǔ zhème hǎo, tā hái kěn
bù hē ma?

Oh, don't you know? (The
reason for) his not drinking is
(that) he's not willing to
drink ordinary wine; (seeing
that) today's wine is so good,
would he still be prepared
not to drink?

■ IV VOCABULARY

jiā (N)	family; home
kèren (N)	guest

qǐng (V)	invite
Lǐ (surname)	
kǒu (M)	measure for members of family
(N)	mouth
gēn (C/CV)[n.1]	along with; and
tóngxué (N)	fellow-student (can be used as title)
de (K)	marker of subordination[n.2]
mǎi (V)	buy
zhī (M)	measure for birds and some animals (among other things)
jī (N)	chicken
tiáo (M)	measure for fish and various long narrow things
yú (N)	fish
qīngcài (N)	green vegetables
hái(shi) (A)	in addition; still, yet
tāng (N)	soup
píng (M)	bottle of, vase of
qián (N)	money
gòu (SV)	enough
kěn (MV)	be willing to, agree to
xíng (SV)	pass muster, be OK
bàn (NU/M)	half, half of
kěyǐ (MV)	be permissible; can, may
zhǔn (V)	allow, be allowed
zěnmeyàng (IE)	what's it like? how's things? what do you think? Well then, . . .
guì (SV)	dear, expensive
nàme (IE)	in that case
chōu (V)	draw out; smoke (cigarettes)
yān (N)	smoke; cigarette, tobacco
chōu-yān (V-O)	smoke
zhī (M)	for pens, cigarettes, etc.
bāo (M)	a package, packet
duìbuqǐ (IE)	sorry, pardon me, excuse me
zì (N)	written character, (monosyllabic) word
duì (SV)	correct; that's right
xiān (A)	first, in advance, before
bǐ (N)	pen

yòng (V/CV)	use; using, by means of, with
fèn (M)	copy (of newspaper)
bào (N)	newspaper
(V)	to report

V GRAMMAR

1 Marked co-ordination

Though we have seen that co-ordination need not be marked, it is perfectly possible to use a 'conjunction' (C) like *gēn* to join two nominal constructions or complete a series of the same: *Lǎo Lǐ gēn lǎo Wáng*, 'Old Li and old Wang'; *yì zhī jī, yì tiáo yú gēn yìdiǎnr qīngcài*, 'a chicken, a fish, and some vegetables'. The true meaning of *gēn,* translated as 'and', is 'along with'; if that is remembered, the temptation to use *gēn* to join clauses will be resisted. Though in this lesson *gēn* appears only as a marker of co-ordination, its chief function is that of a coverb (CV). Coverbs assist the main verb of the predicate in the same way as prepositions do in English. More about that later.

2 'De' as subordinating marker (K) (Speech Patterns 1(b), 2(b))

De indicates that the word or phrase preceding it is subordinate to the nominal construction that comes after it. The formula, then is:

X – de + nominal construction

in which 'X' describes or restricts the following noun. In *hěn hǎo de péngyou*, 'very good friends', *hěn hǎo* is marked as descriptive of *péngyou*; in *wǒ de qián*, 'my money', *qián* is marked as restricted to *wǒ* (personal pronouns + *de* amount to possessive pronouns). Adjectives (particularly monosyllabic ones) may 'fuse' with nouns as compounds: *hǎo péngyou*, 'good friends'; but when the adjectives are in turn modified, *de* must link them to the noun: *hěn hǎo de péngyou, zhème hǎo de péngyou* (except for *duō*, 'many', and *shǎo*, 'few', where the *de* is optional). In general, if the modifier (which may range from one word to whole clauses) is felt to be detachable from the noun modified, *de* comes in as a link marker.

To recapitulate, *de* is not felt to be needed:

1. Where personal pronouns modify words denoting people in close relationship to them.
2. Where the modifier is the name of a country, a language, or a place of origin.
3. Where the modifier and the modified fuse together into one concept or mental image: if one says *dà yú* one is thinking of a 'big-fish' as a form of life; if one says *dà de yú* one is thinking of a fish that in this instance is big.

Other distinctions may derive from the peculiarities of particular words: *jiā*, for example, has two meanings, 'family' and 'home'; in *Lǎo Zhāng jiā* it means 'family', in *Lǎo Zhāng de jiā* it can only mean 'home'.

When one modifier that takes *de* is added to another modifier that takes *de*, normally only the final *de* is retained (see VI, 1(b), 5 for an example).

3 Nominalization with 'de' (Speech Patterns 1(c), 2(c))

As well as marking subordination in a nominal construction, *de* MAKES constructions nominal in the absence of a following noun: *lěng de*, 'cold one(s)'; *rè de*, 'hot one(s)'; *wǒ de*, 'one(s) of me' – 'mine'; *shéi de*, 'one(s) of who?' – 'whose?'. In all these cases the noun would be understood and it would be tedious to repeat it, but a check can be made that one is on the right lines by supplying it: *tā yào zuò sì ge cài, liǎng ge lěng de (cài), liǎng ge rè de (cài); zhèi fèn bào shi jīntiān de (bào)*, 'this paper is today's (paper)' – see VI, 1(c). If the noun is not so readily to hand, the expression ending in *de* may be used in the generalized sense of 'things' or 'ones': *guì de bù yídìng hǎo*, 'dear things are not necessarily good'.

4 'Yìdiǎnr'

Yìdiǎnr, 'a little, some' (often reduced to *diǎnr*, as we have seen), plays a necessary part as a measure for things hard to quantify, like *yìdiǎnr qīngcài*, 'some greens'. But out of politeness it is also used rather freely as what might be called a 'mollifier' – to indicate that people should only go to 'a little' trouble, 'a little' expense, etc. So in II, Mr Zhang dresses up his question, *Jīntiān xiǎng mǎi shénme cài?*, 'What food do you intend to buy today?' by adding *diǎnr* to *shénme cài* – 'a little of what food?'

5 Contractions (Speech Patterns 4)

Méi yǒu 'not have' may be reduced to *méi* where an object follows, hence *méi jiǔ bù xíng*, 'not to have wine won't do', but never simply, say, **wǒ méi*.

Modal verbs of two syllables when repeated to make choice-type questions may reserve the second syllable for the repeat: *nǐ xǐhuan bu xǐhuan hē kāfēi?* 'do you like to drink coffee?' may be reduced to *nǐ xǐ bu xǐhuan hē kāfēi?*; but in that case, *xǐ bu xǐhuan* cannot be split by an object. This facility also extends to main verbs of two syllables, but does not apply right across the board.

6 Tail-end questions

In English it is common enough to put forward a proposal and seek a reaction by adding 'all right?', 'how's that?', and so on. In Chinese the practice is even more common, being less restricted as to tone of voice. Favourite cues are *hǎo bu hǎo?*, 'all right?'; *xíng bu xíng?*, 'OK?'; *kěyǐ bu kěyǐ?*, 'can do?'; *zěnmeyàng?*, 'how's that?'

7 Reduplication (Speech Patterns 3)

Reduplication (*kànkan, wènwen*, etc.) confers upon a verb what has been called the 'tentative aspect'. It tends to minimize the action, hence is used to refer modestly to one's own activities: *wǒ hěn xiǎng xuéxue*, 'I'd very much like to learn-learn' (have a go at learning); and to prevail not too importunately upon another – in other words to form a mild imperative: *nǐ wènwen lǎo Zhāng ba*, 'you ask-ask old Zhang'. There are circumstances where the verb *has* to be reduplicated – where for instance the action involves re-starts and repetition.

With monosyllabic verbs, *yi* 'one' can come between the verb and its reduplicate: *kàn-yi-kan*, etc.

8 Voice

Verbs in Chinese are indeterminate as to voice, that is to say it might only be context that decides whether an action is being done by the subject or done to the subject. In this lesson *bù zhǔn* occurs both in the sense of 'not allow' and 'not be allowed'.

VI SPEECH PATTERNS

1 Nouns modified by other nouns

(a) more often without de

Pattern: N   N
        Wǒ mèimei bù xǐhuan zuò-fàn.

1. Tā tàitai zǒngshi shuō qián bú gòu.
2. Lǎo Zhāng jiā yígòng yǒu bā kǒur rén.
3. Tā huì shuō Zhōngguó huà, yě néng kàn Zhōngwén bào.
4. Shànghǎi rén dōu ài chī yú ma?
5. Tā àiren bù zhǔn tā hē wàiguó jiǔ, yě bù zhǔn tā chōu wàiguó yān.
6. Jīntiān méi yǒu jī tāng, qīngcài tāng xíng bu xíng? Qīngcài tāng wǒ bù hē.

(b) usually with de

Pattern: N   *de* N
        Wǒ mèimei de àiren hěn xǐhan zuò-fàn.

1. Lǎo Wáng de tàitai zǒngshi shuō qián bú gòu.
2. Wǒ gēn tā shi èrshí nián de lǎo péngyou, kěshi bù zhīdào tā shi shénme dìfang rén.
3. Zhè shi jīntiān de bào ba, wǒ kànkan kěyǐ ma?
4. Nà bú shi tāmen jiā de háizi, nà shi tāmen jiā kèren de háizi.
5a. Lǎo Zhāng jiā de nèi liǎng ge háizi dōu hěn hǎo.
  b. Lǎo Zhāng jiā nèi liǎng ge háizi de míngzi dōu hěn hǎo.

(c) where the modified noun is understood

Pattern: Zhèi bēi kāfēi shi shéi *de*?

1. Něi bāo shi ni de? Zhèi bāo shi wǒ de, nèi bāo yě shi wǒ de, zhèi liǎng bāo dōu shi wǒ de.
2. Nèi liǎng zhī jī dōu shi tāmen de ma? Dōu shi.
3. Zhèi bàn píng jiǔ bú shi nǐ de ba? Bú shi, shì wǒ tóngxué lǎo Wáng de.
4. Zhèi fèn bào shi jīntiān de bu shi? Bú shi, shì zuótiān de.
5. Duìbuqǐ, zhèi ge shi wǒ de. Nǐ de? Shéi shuō shi nǐ de?

2 Nouns modified by stative verbs

(a) more often without de

Pattern: SV   N
    Tā yǒu yí ge xiǎo diànshì.

1. Tāmen lěng tiān hē kāfēi, rè tiān hē chá.
2. Dà yú chī xiǎo yú, xiǎo yú chī shénme?
3. Tā méi yǒu hěn duō qián, kěshi hái yào hē hǎo jiǔ, chōu hǎo yān.
4. Hǎo rén hěn shǎo, hǎo shū yě bù duō, zhè huà duì bu duì? Hěn duì.

(b) usually with de

Pattern: SV *de*   N
    Tā yǒu yí ge hěn xiǎo de diànshì.

1. Zhè shi yì běn hěn pǔtōng de shū, wèishenme bù zhǔn wǒ kàn?
2. Wèishenme tāmen dōu xiǎng chōu nàme guì de yān?
3. Wǒ bù zhīdào tāmen liǎng ge rén shi hěn hǎo de péngyou.
4. Tā xiǎng mǎi yì zhī bú tài guì de bǐ.

(c) where the modified noun is understood

Pattern: Dà *de* shi wǒ de, xiǎo *de* shi tā de.

1. Xiǎng hē shénme? Lěng de yě yǒu, rè de yě yǒu. Wǒ xiǎng xiān hē bēi chá.
2. Hǎo de shi tā de, bù hǎo de yě shi tā de.
3. Zhèi ge shi guì de, guì de bù yídìng hǎo.
4. Wáng jiā de liǎng ge nǚ'ér, dà de bá suì, xiǎo de liù sui.
5. Tāmen jiā lǎo de, xiǎo de, yígòng shí'èr kǒur rén.

3 Sentences with reduplicated verbs

1. Wǎnshang xiǎng zuò shénme? Xiǎng kànkan diànshì.
2. Zhè shi shénme yú? Wǒ yě bù zhīdào, wènwen lǎo Zhāng ba.
3. Duìbuqǐ, wǒ xiǎng wènwen nín, zhèi ge Zhōngguó huà jiào shénme? Zhōngguó huà jiào 'zìdiǎn'.
4. Nǐ huì zuò Zhōngguó cài ma? Bú huì, kěshi hěn xiǎng xuéxue.
5. Nǐ wèishenme yào qǐng tā chī-fàn? Tā chángcháng qǐng wǒ, wǒ yě yīnggāi qǐngqing tā.
6. Nǐ qǐng wǒ hē jiǔ, wǒ yīnggāi xièxie nǐ. Bú xiè, bú xiè.

4 Choice-type questions with two-syllable modal verbs

Patterns: a. Wǒ *kě(yǐ) bu kěyǐ* chī yú?
b. Wǒ *kěyǐ* chī yú *bu kěyǐ*?

1. Nǐ xǐ bu xǐhuan hē kāfēi? Hěn xǐhuan.
2. Tā yīng bu yīnggāi hē nàme duō jiǔ? Hěn bù yīnggāi.
3. Wǒ kě bu kěyǐ kànkan nín de bào? Kěyi, kěyi.
4. Wǒ wèn tā xǐ bu xǐhuan zhèi ge dìfang, tā bù kěn shuō.

VII EXPANSION DRILLS

1
        Jī.
       Chī jī.
      Xiǎng chī jī.
     Tā xiǎng chī jī.
    Tā xiǎng chī jǐ zhī jī?
    Tā xiǎng chī qī zhī jī.
   Wǎnshang tā xiǎng chī qī zhī jī.
Jīntiān wǎnshang tā xiǎng chī qī zhī jī.

2
          Yú.
         Yǒu yú.
       Tāmen yǒu yú.
     Tāmen yǒu bù shǎo yú.
    Tāmen yǒu duōshao tiáo yú?
  Tāmen shuō tāmen yǒu jiǔshíjiǔ tiáo yú.
Tāmen shuō tāmen yígòng yǒu jiǔshíjiǔ tiáo yú.

VIII EXERCISES

1 Into which of the gaps below should the marker 'de' go?

1a. Zhōngguó ( ) rén bú ài hē lěng ( ) tāng.
 b. Zhōngguó ( ) rén bú ài hē bú rè ( ) tāng.
2a. Wǒ ( ) péngyou xiǎng mǎi yì běn hǎo ( ) zìdiǎn.
 b. Wǒ ( ) hǎo ( ) péngyou xǐang mǎi yì běn hěn hǎo ( ) zìdiǎn.
3a. Tā ( ) mèimei bù hē rè ( ) kāfēi.
 b. Tā ( ) mèimei ( ) àiren bù hē hěn rè ( ) kāfēi.
4a. Lǎo Wáng ( ) àiren yào zuò yì tiáo dà ( ) yú.
 b. Lǎo Wáng ( ) àiren yào zuò yì tiáo hěn dà ( ) yú.
5a. Tā ( ) huà bú shi pǔtōng ( ) rén ( ) pǔtōnghuà.
 b. Tā ( ) huà shi Shànghǎi ( ) rén ( ) pǔtōnghuà.

2 Make up choice-type questions which might draw forth the following answers:

Example: Tā bù xǐhuan xué Yīngwén.→Tā xǐ bu xǐhuan xué Yīngwén?

1. Wǒ hěn xǐhuan hē jī tāng (chicken soup).
2. Jīntiān wǎnshang wǒ kěyǐ bú kàn diànshì.
3. Tā yīnggāi xué diǎnr Zhōngwén.
4. Zhèi sān ge rén kěyǐ yòng wǒde zìdiǎn.
5. Tāmen bù yīnggāi shēng nàme duō háizi.

3 Translate into Chinese:

1. Mrs Wang only drinks hot tea.
2. What is the name of Mr Wang's eldest son?
3. Who does this very expensive pen belong to?   A friend of Mr Li.
4. Which of these two dictionaries is yours?   Mine is the little one; the big one belongs to my younger sister.
5. As we are having guests this evening my wife is going to buy a big fish.

LESSON SIX

◼ I PRESENTATION

Míngtiān   shi wǒmen jiā   lǎo èr[n.2] de shēngrì,
Tomorrow is   our   family old two (K) birthday,

wǒmen xiǎng mǎi ge dōngxi gěi tā.[n.2]
we   plan buy (M) thing give him.

Lǎo èr   jīnnián shíwǔ suì,
Old two this year 15   years-of-age,

mǎi dōngxi gěi tā   zhēn bù róngyì:
buy thing   give him truly not easy:

tā xǐhuan de, wǒmen bù xiǎng gěi;
he likes (K), we   not plan give;

wǒmen xiǎng gěi de, tā bù yídìng   xǐhuan.
we   plan give (K), he not necessarily like.

Jīnnián   wǒ shuō sòng tā   yí ge xiǎo shōuyīnjī,
This year I   say give him a (M) little radio,

kěyǐ tīngting   xīnwén, yě kěyǐ tīngting   yīnyuè.
can listen-listen news,   also can listen-listen music.

Wǒ tàitai shuō shōuyīnjī tài guì,
My wife says radio   too dear,

xiànzài tiānqi   zhème lěng, yīnggāi sòng tā yí jiàn máoyī.
now   weather so   cold, should give him a (M) sweater.

Shōuyīnjī shì[n.5]   hěn guì, děi[n.12] sānshi kuài   qián,
Radio   to be sure   very dear, costs 30   pieces money,

kěshi máoyī yě bù piányi, hǎo de yě[n.8] yào èrshi duō.
but   sweater also not cheap, good (K) 'also' costs 20   plus.

Wǒmen jiā   de shìqing, dà de tīng wǒ de,
Our   family (K) matters, big (K) heed me (K),

xiǎo de tīng wǒ tàitai de;
little (K) heed my wife (K);

mǎi háizi   de dōngxi dāngrán shi xiǎo shì,
buy children (K) things of course is   small matter,

tàitai shuō mǎi máoyī jiù mǎi máoyī ba!
wife says buy sweater then buy sweater (P).

■ II DIALOGUE

A: Míngtiān lǎo èr shēngrì,
 nǐ shuō mǎi shénme gěi
tā?

Tomorrow (is) Second Son's
birthday. What do you
suggest we buy for him?

B: Mǎi dōngxi gěi tā zhēn
nán!

Buying something for him is
a real headache!

A: Shì bù róngyì! Tā xǐhuan
de, wǒmen bù xiǎng gěi;
wǒmen xiǎng gěi de, tā
bù yídìng xǐhuan.

(It's) not easy, right enough.
What he likes we're not
inclined to give him; what
we're inclined to give him he
won't necessarily like.

B: Mǎi ge xiǎo shōuyīnjī gěi
tā zěnmeyàng?

How would it be if we bought
a little radio to give him?

A: Shōuyīnjī tài guì, wǒ
xiǎng děi sānshi kuài ba!

Radios are too expensive, I
think (they) must cost 30
yuan!

B: Shōuyīnjī shì bù piányi,
kěshi hěn yǒu-yòng: kěyǐ
tīng xīnwén, yě kěyǐ tīng
yīnyuè.

Radios aren't cheap,
admitted, but (they) are very
useful: (you) can listen to the
news, and listen to music too.

A: Yàoshi tā tiāntiān tīng
yīnyuè, hái yǒu shíjiān
niàn-shū ma?

If he listened to music every
day, would he still have time
to study?

B: Nàme nǐ shuō mǎi shénme
ne?[n.10]

Then what do you suggest
(we) buy?

A: Mǎi jiàn máoyī ba.

Let's buy a sweater.

B: Wǒmen qùnián gěi tā de
bù yě shi máoyī ma?

Wasn't it also a sweater we
bought him last year?

A: Qùnián shi qùnián,
jīnnián shi jīnnián.
Xiànzài tiānqi zhème
lěng, yí jiàn máoyī gòu
ma?

Last year was last year, this
year is this year. The weather
is so cold now, is one sweater
enough?

B: Dāngrán bú gòu. Hǎo hǎo
hǎo, nǐ shuō mǎi máoyī
jiù mǎi máoyī ba!

Of course it's not enough. All
right, all right, if you say
(we) should buy a sweater,
then let us buy a sweater!

III SKETCHES

1

A: Nín yào mǎi shénme?

What do you want to buy?

B: Wǒ zhèi liǎng ge háizi,
lǎo dà yào mǎi yì běn
Yīng-Hàn zìdiǎn, lǎo èr
yào mǎi yì běn dìtú.

(Of) these two children of
mine, the eldest wants to buy
an English-Chinese
dictionary, the second son
wants to buy an atlas.

A: Wǒmen yǒu liǎng zhǒng
Yīng-Hàn zìdiǎn: zhèi
zhǒng xiǎo de qí kuài
bàn, nèi zhǒng dà de
shí'èr kuài.

We have two kinds of
English-Chinese dictionaries;
this small kind is 7½ yuan,
that big kind is 12 yuan.

B: Kànkan kěyǐ ma?

Would it be all right to take a
look?

A: Dāngrán kěyǐ.

Of course it would.

B: Dà de zì duō, jiù mǎi dà
de ba.

The big one has more words.
Let's buy the big one then.

A: Hǎo. Nín hái yào mǎi
dìtú shì bu shi? Zhèi běn
zěnmeyàng? Zhǐ yào liù
kuài sān máo wǔ.

Very well. You want to buy
an atlas as well, don't you?
How about this one? It only
costs six yuan thirty-five.

B: Lǎo èr, nǐ kànkan, xíng
bu xíng?

Second son, have a look, will
it do?

C: Xíng, wǒmen lǎoshī yòng de jiùshi zhèi zhǒng.

Yes, the one our teacher uses is just this kind.

B: Hǎo, jiù mǎi zhèi běn. Yígòng duōshao qián?

All right, we'll buy this one then. How much altogether?

A: Zìdiǎn shí'èr kuài, dìtú liù kuài sān máo wǔ, yígòng shíbā kuài sān máo wǔ.

The dictionary is 12 *yuan*, the atlas is 6 *yuan* 35, altogether 18 *yuan* 35.

B: Yì wǔ, yì shí, shíwǔ, èrshí,[n.11] gěi nǐ èrshi kuài.

(One) five, (one) ten, fifteen, twenty, here's twenty *yuan*.

A: Xièxie, zhǎo nín yí kuài liù máo wǔ.

Thank you, here's one *yuan* 65 change. (lit: give-in-change to you . . .)

2

A: Píngguǒ zěnme mài?

How are the apples sold?

B: Sì máo wǔ yì jīn, liǎng jīn bā máo. Nín yào jǐ jīn?

Forty-five cents a catty, two catties for 80. How many catties do you want?

A: Yì jīn yǒu jǐ ge?

How many to the catty? (One catty has how many?)

B: Dà de yì jīn zhǐ yǒu sì ge, xiǎo de yǒu wǔ ge.

(As to) big ones, there are only 4 to the catty, (as to) small ones, there are 5.

A: Wǒ mǎi liǎng jīn ba, huài de bú yào.

I'll buy two catties. I don't want any bad ones.

B: Wǒmen mài de shuǐguǒ méi you huài de, gègèr dōu hǎo. Liǎng jīn èr liǎng xíng bu xíng?

(As to) the fruit we sell, there are no bad ones, every one is good. Would two catties two ounces be OK?

A: Xíng. Duōshao qián?

Yes. How much money?

B: Bā máo wǔ.

Eighty-five cents.

A: Wǒ méi língqián, gěi nǐ yì zhāng wǔ kuài de, xíng ma?

I haven't any change. I'll give you a five *yuan* one (i.e. note), all right?

B: Xíng. Zhǎo nín sì kuài yī máo wǔ. Zàijiàn!

OK. Four *yuan* fifteen change. Goodbye.

A: Zàijiàn!

Goodbye.

■ IV VOCABULARY

míngtiān (TW)	tomorrow
shēngrì (N)	birthday
dōngxi (N)	thing
gěi (V)	give
róngyì (SV)	easy
sòng (V)	give (as present); send, deliver
shōuyīnjī (N)	radio receiver
tīng (V)	listen to; heed
xīnwén (N)	news
yīnyuè (N)	music
xiànzài (TW)	now
jiàn (M)	piece, item
máoyī (N)	sweater, woolly
děi (MV)	must; need to
(V)	cost (money); take (time)
kuài (M)	unit of currency (wr. *yuan*); piece, lump
piányi (SV)	cheap
shìqing (N)	matter
dāngrán (MA)	of course
jiù (A)	then (introduces a consequence or conclusion)
nán (SV)	difficult
yǒu-yòng (=SV)	useful (lit: have use)
yàoshi (MA)	if
tiāntiān (TW)	day after day, everyday
shíjiān (N)	time
niàn (V)	read (aloud); study an academic subject
niàn-shū (V-O)	study (read books)
qùnián (TW)	last year
dìtú (N)	map, atlas
zhǒng (M)	kind, sort, type
máo (M)	$^1/_{10}$ of *yuan* (wr.*jiǎo*)
zhǎo (V)	look for; give as change
píngguǒ (N)	apple
zěnme (QW)	how? what?
mài (V)	sell
jīn (M)	catty (500 gr.)

huài (SV)	bad
shuǐguǒ (N)	fruit
liǎng (M)	ounce (50 gr.)
líng (NU)	zero, nil
língqián (N)	change, odd coins
zhāng (M)	sheet of
Rénmínbì (N)	'People's Currency'
rénmín (N)	the people
yuán (M)	basic unit of currency
jiǎo (M)	$^1/_{10}$ of *yuan* (written)
fēn (M)	$^1/_{100}$ of *yuan*, cent

V GRAMMAR

1 Verbal expressions in series

A sequence like *wǒmen xiǎng mǎi ge dōngxi gěi tā*, 'we intend buy a thing give him' should by now cause no alarm. Technically speaking, *mǎi ge dōngxi* and *gěi tā* are known as 'verbal expressions in series'. The relationship between verbal expressions that are in series is not explicitly indicated; what is envisaged by the speaker may simply be a sequence of events in the order in which they occur – in this case the buying comes before the giving. Further definition involves judgments which may be somewhat arbitrary. However, it is reasonably clear that the logical relationship between them is often one of purpose – the first action(s) being performed in order to realize the second or last. Purpose appears to be uppermost in the example given.

More examples of these series will be given in Lesson 9, Speech Patterns 1.

2 Naming of children within the family

Sons and daughters are generally referred to by parents and those of the parents' generation not by their given names but by numerical terms based on the order of their birth, all carrying the prefix *lǎo*. The oldest child is the exception, being called *lǎo dà*; the rest follow regularly: *lǎo èr, lǎo sān*, and so on. *Lǎo èr* is identified in the text as male, but could equally be female.

3 The subordinating marker 'de' (contd) (Speech Patterns 6)

In Lesson 5 it was explained that *de* links descriptive (or restrictive) expressions to nouns, or nominal constructions. The principle was demonstrated by means of minimal phrases that would not appear too out of place to English speakers. In this lesson we introduce modifiers that consist of verbs, verbs with objects, and complete clauses. The framework of modification in Chinese (X-*de* noun) accommodates these more complex modifiers without change; it is English that has to make shift, with relative clauses. Some examples: *tā xǐhuan de dōngxi*, 'he-likes-*de* things' – 'the things he likes'; *ài hē jiǔ de rén*, 'fond-of-drinking-wine-*de* people' – 'people who are fond of wine'; *wǒmen qùnián gěi tā de dōngxi*, 'we-last-year-give-him-*de* thing' – 'the thing that we gave him last year'. To sum up with a rule of thumb, that which answers the question 'what kind of –?' comes before the relevant noun and is linked to it by *de*.

4 Nominalization with 'de' (Speech Patterns 6(d))

Everyday terms for those who ply certain trades or belong to certain groups are frequently made up of the verb and object denoting the activity, plus *de*. It may be presumed that the 'missing noun' is *rén*: 'person(s) who . . .'. *Mài-bào-de*, for instance, is '(someone who) sells papers' – a newsvendor.

A special case of a – *de* expression, amounting to an idiom, is *tīng (X) de*, 'heed (someone's) (?views)' – 'be/do as someone says'. Presumably it derives from the verb – object construction *tīng-huà*, 'heed words' – 'obey', but the object is left vague.

5 'Shì' with stative verbs

We have seen that stative verbs act as the main verb in the predicate: *shōuyīnjī hěn guì*, 'radios are very dear'. If *shì* is added, it is not as a superfluity. *Shōuyīnjī shì hěn guì* means 'radios, it is the case, are very dear'. What *shì* does here is to stress the fact of being dear (and incidentally it is pronounced with stress). As such it commonly occurs where a point is granted, only for a 'but' to follow: *shōuyīnjī shì hěn guì, kěshi máoyī yě bù piányi*, 'radios are, granted, very dear, but sweaters are not cheap either'.

6 Money (Speech Patterns 1)

The basic unit of currency in China is the *yuán* (¥), referred to colloquially as *kuài* 'piece, lump'. Correspondingly, 1/10 of a *yuán* is formally *jiǎo* and informally *máo*. *Fēn* for 1/100 of a *yuán* is common to both registers. A detailed comparative table is set out in VI, 1. In the spoken language, the last unit of currency in a compound sum need not be particularized; when it is not, it is assumed to be the next lower unit after the one that is mentioned. For example, in *Liǎng kuài wǔ*, 'two *yuan* five', the 'five' must refer to *máo*; in *bā máo wǔ*, 'eight *mao* five', the 'five' must be five *fēn*. If there is no figure for an intermediate unit, its absence is marked by *líng*, 'zero', e.g. *bá kuài líng wǔ fēn* 'eight *yuan*, zero (*mao*), five *fen*'; in these cases the last unit (here *fēn*) must be specified.

The word *qián* (money) is customarily added after sums of a single denomination, e.g. *wǔ kuài qián, sān fēn qián*. The word 'to cost', used in relation with sums of money, is variously *děi* or *yào*, both meaning 'need', or *mài* 'sell (for)'. For *děi* see n. 12 below.

7 Over and odds (Speech Patterns 4)

'Over' a certain amount is expressed as the amount plus *duō*, '(and) more'. The *duō* refers back to the preceding unit. Given that numbers of things always take measures, that leaves two possible positions for *duō*: either number – measure – *duō*, when the *duō* represents a fraction of the unit of measurement, e.g. *liǎng suì duō*, 'two years-of-age and more' – but less than three *suì*; or number – *duō* – measure, when the number is a multiple of ten and the *duō* represents a lesser full number, e.g. *èrshi duō kuài*, '20 and more *yuan*' – but less than 30. The unusual combination *èrshi kuài duō* would mean '20 yuan and more' – i.e. between 20 and 21. See VI. 4 (a).

Bàn, 'half' functions similarly to *duō* when it is an additional fraction: *qí kuài bàn*, '7 yuan (and a) half'. But when it restricts the measure, it comes, as it must, before it: *bàn píng jiŭ*, 'half a bottle of wine'. *Yí bàn*, 'one half' is, by contrast, a free word, but whatever it is half of is stated in advance: *Tā de shū, yí bàn shi Yīngwén de*, '(Of) his books, one half are English ones' (see note on part/whole relationship, Lesson 4).

8 'Yě' as 'still'

Apart from meaning 'also', *yě* can also mean 'still' when it serves to offset a concession. In this usage it may combine with *kěshi*, 'but', as in . . . *kěshi hǎo de máoyī yě yào èrshi duō*, 'but good sweaters still cost over 20'.

9 Reduplication of measure words (Speech Patterns 7)

Reduplication expands the reference of measure words from limited to limitless numbers – to all that there are. Hence *tiāntiān*, 'day after day', 'every day'; *běnběn*, 'volume upon volume', 'every volume'. This facility is available only to measure words of one syllable; and, as a further restriction, the reduplicated measure may not stand at the end of a sentence; while you can say *wǒ mǎi yì běn*, you may not say **wǒ mǎi běnběn*: the right order for the latter is *Wo běnběn dōu mǎi*. Notice that the second syllable does not lose its tone in the case of reduplicated measure words; it may also take an *-r* ending, according to choice.

10 The particle 'ne' in questions

Ne may be appended to already complete questions. It might convey that the question takes into account what has gone before, in which case it readily combines with *nàme*, 'then', or it might serve more particularly to press a point.

11 Numbers again

The rule that two of anything is *liǎng* rather than *èr* does not apply in all cases. *Liǎng*, 'ounce' attracts *èr*, presumably to avoid repetition of the same sound (indeed the same character). Some other measure words tolerate either *liǎng* or *èr*: it is possible, for instance to say *èr wèi xiānsheng* as well as *liǎng wèi xiānsheng*.

Liǎng cannot be left suspended at the end of a multiple sum: not **wu kuài liǎng*, but *wǔkuài liǎng máo* or *wǔ kuài èr*.

In studious enumeration, *yī* 'one' may be prefaced to single digits. In this lesson money is counted out in notes of five yuan as *yì wǔ*, 'one five', *yì shí*, 'one ten', but without *yī* thereafter: *shíwǔ*, *èrshí*, etc.

12 The MV 'děi'

Děi, 'must, have to' has as its negative *bú yòng*, 'need not' or *bú bì*, 'not bound to' (not yet introduced). 'Must not' is variously expressed as *bù zhǔn*, *bù kěyǐ*, 'not permitted', *bù néng*, 'cannot', etc. *Děi* is used for 'cost' (money) and 'take' (time) only if the expense is not easily afforded: compare *Zhèi zhǒng shōuyīnjī děi wǔshí kuài.* 'This type of radio costs (as much as) ¥50' with *Zhèi zhǒng shōuyīnjī zhǐ yào wǔ kuài,'* . . . only costs ¥5'. *Děi* does not stand on its own as a reply to a question: *Nǐ děi mài ma? Děi mài.*

VI SPEECH PATTERNS

1 Units of currency

RMB (rénmínbì)	Spoken	Written
Basic unit (*yuan*)	kuài	yuán
1/10 yuán	máo	jiǎo
1/100 yuán	fēn	fēn

RMB ¥	0.05	wǔ fēn (qián)	wǔ fēn
	0.10	yì máo (qián)	yì jiǎo
	0.85	bā máo wǔ (fēn)	bā jiǎo wǔ fēn
	1.00	yí kuài (qián)	yì yuán
	1.20	yí kuài èr (máo)/yí kuài liǎng máo	yì yuán èr jiǎo
	2.50	liǎng kuài bàn/liǎng kuài wǔ (máo)	èr yuán wǔ jiǎo
	4.73	sì kuài qī máo sān (fēn)	sì yuán qī jiǎo sān fēn
	10.06	shí kuài líng liù fēn	shí yuán líng liù fēn
	10.50	shí kuài bàn/shí kuài wǔ máo	shí yuán wǔ jiǎo
	37.41	sānshiqī kuài sì máo yī (fēn)	sānshiqī yuán sì jiǎo yì fēn
	90.05	jiǔshi kuài líng wǔ fēn	jiǔshi yuán líng wǔ fēn

N.B. Spoken and written styles must not be married together, as in e.g. *sān yuán èr máo.

STAMPS: 5 fēn; 10 fēn; 20 fēn; 50 fēn; 70 fēn

2 Asking prices (Amount per unit)

(a) Zhèi běn shū (mài/yào) duōshao qián?/ jǐ kuài qián?/jǐ máo qián?/jǐ fēn qián?

(b) Píngguǒ duōshao qián yì jīn?/Píngguǒ yì jīn duōshao qián?/Yì jīn píngguǒ duōshao qián?

(c) Zhèi zhǒng yān duōshao qián yì bāo?/Zhèi zhǒng yān yì bāo duōshao qián?

(d) Píngguǒ zěnme mài? 1. Yì jīn sì máo wǔ./Sì máo wǔ yì jīn.
    2. Yí ge yì máo./Yì máo yí gè.

Jiǔ zěnme mài? 1. Wǔ kuài bàn yì píng./Yì píng wǔ kuài bàn.
    2. Liǎng máo èr yì bēi./Yì bēi liǎng máo èr.

Yú zěnme mài? 1. Yì tiáo wǔ máo./Wǔ máo yì tiáo.
    2. Yì jīn bā máo sì./Bā máo sì yì jīn.

3 Goods at certain prices (noun constructions)

1a. liǎng kuài qián de píngguǒ
 b. liǎng kuài qián yì jīn de píngguǒ
2a. bá kuài qián de jiǔ
 b. bá kuài qián yì píng de jiǔ
3. yí kuài qián yì zhī de jī
4. yì máo qián yì bēi de chá
5. qī máo wǔ yì bāo de yān

4 'Duō' and 'bàn'

(a) duō

1. NU – M – *duō*
(a) yí ge duō (píngguǒ)
(b) liǎng suì duō
(c) sān bēi duō (jiǔ)
(d) sì máo duō (qián)
(e) wǔ kuài duō (qián)
(f) wǔshiwǔ kuài duō

2. NU – *duō* – M
(a) èrshi duō wèi (kèren)
(b) sānshi duō jiàn (máoyī)
(c) shí duō běn (dìtú)
(d) bāshi duō zhī (bǐ)

(b) bàn

1. *ban* – M
(a) bàn píng jiǔ
(b) bàn tiáo yú
(c) bàn jīn shuǐguǒ
(d) sān ge bàn-tiáo yú (3 half-
 fishes)

2. NU – M – *bàn*
(a) sān zhī bàn (jī)
(b) sì ge bàn
(c) wǔ suì bàn
(d) liù jīn bàn (píngguǒ)
(e) qí kuài bàn (qián)
(f) jiǔshiwǔ kuài bàn

3. *yí bàn*

(a) Tā de shū, yí bàn shi Yīngwén de.
(b) Chī-fàn de qián, yì rén gěi yí bàn.
(c) Tā mǎi de nèi wǔshi ge píngguǒ, yí bàn bù néng chī.

5 Sentences with both direct and indirect objects

Pattern: S   V   indO   dirO
          Wǒ xiǎng sòng tā   yìdiǎnr dōngxi.

1. Tā zhǐ kěn gěi wǒ liǎng máo qián.
2. Tā méi yǒu shōuyīnjī, wǒmen sòng tā yí ge shōuyīnjī zěnmeyàng?
3. Nǐ xiǎng bu xiǎng gěi tā nàme duō ne? Wǒ zhǐ xiǎng gěi tā yí bàn.
4. Nǐ shuō sòng tā shénme ne? Sòng tā liǎng bāo yān ba.
5. Yàoshi tā bù gěi wǒmen dōngxi, wǒmen jiu bù gěi tā qián.

6 Modification of nouns by clauses with 'de'

(a) Pattern: S   (MV)   V   *de*   N
              Tā   xǐhuan de   dōngxi dōu hěn guì.

1. Nǐ zhīdao de (shìqing) zhēn duō.
2. Wǒ kàn de zhèi sān běn shū dōu shi lǎo Wáng de.
3. Wǒmen dōu ài chī tā zuò de yú.
4. Tā yào zhǎo de (dōngxi) bú shi zhèi ge.
5. Nǐ shuō de shi Zhōngguó huà ma?
6. Tā shuō de nèi zhǒng shì(qing) méi rén ài tīng.

(b) Pattern: (MV) V   O   *de*   N
              Huì shuō Zhōngguó huà de Yīngguó rén duō bu duō?

1. Ài hē jiǔ de rén yídìng méi qián.
2. Kàn bào de nèi ge rén shi wǒ péngyou.
3. Xǐhuan tīng yīnyuè de rén dōu zhīdao nèi ge dìfang.
4. Mài shū de nèi wèi lǎo xiānsheng zǒngshi méi shíjiān zuò tā xǐhuan zuò de shì.
5. Wèishenme mǎi dōngxi de rén zhème duō? Zhèi ge dìfang de dōngxi piányi.
6. Bú kàn bào de rén dāngrán bù zhīdào zhèi tiáo xīnwén.

(c) Pattern: S   V (indirect) O *de* N
              Wǒmen qùnián gěi   tā   de dōngxi yě shi máoyī.

1. Tā bú tài xǐhuan chī wǒmen gěi tā de nèi zhǒng shuǐguǒ.

2. Tāmen sòng wǒ de dōngxi méi yǒu hǎo de.
3. Zhè shi tā gěi nǐ de qián ba? Nǐ zěnme zhīdao?
4. Nǐ zuótiān wèn wǒ de huà, wǒ xiànzài kěyǐ wèn tā ma? Dāngrán kěyǐ.
5. Lǎoshī gěi wǒmen de shū jiù shi zhèi běn.

(d) Clausal expressions which have become independent nouns

1. mài-bào-de (newsvendor)
2. sòng-bào-de (paperboy)
3. zuò-fàn-de (cook)
4. yào-fàn-de (beggar)
5. mài-yú-de (fishmonger)
6. bào-xīnwén-de (news announcer)

7 Reduplication of measure words

1. Tā tiāntiān wǎnshang dōu yào hē liǎng bēi. (*hē liǎng bēi*, 'have a few drinks')
2. Wǒ mǎi de píngguǒ gègèr dōu shi huài de.
3. Tāmen niánniánr dōu yào sòng wǒ yì píng jiǔ.
4. Zhèi ge dìfang jiājiā dōu yǒu diànshì.
5. Lǎo Zhāng nèi wǔ ge háizi, gègèr huì zuò-fàn.
6. Xué Zhōngwén de rén tiāntiān wǎnshang dōu děi niàn-shū.

VII EXPANSION DRILLS

1
> Píngguǒ.
> Dà píngguǒ.
> Mǎi dà píngguǒ.
> Yào mǎi dà píngguǒ.
> Tā yào mǎi dà píngguǒ.
> Tā yào mǎi hěn duō dà píngguǒ.
> Tā yào mǎi jiǔshijiǔ jīn dà píngguǒ.
> Tā yào mǎi jiǔshijiǔ jīn jiǔ kuài qián yì jīn de dà píngguǒ.

2
> Shì.
> Shìqing.
> Pǔtōng shìqing.

Hěn pǔtōng de shìqing.
Yí jiàn hěn pǔtōng de shìqing.
Shì yí jiàn hěn pǔtōng de shìqing.
Tā shuō de shi yí jiàn hěn pǔtōng de shìqing.
Tā zuótiān shuō de shi yí jiàn hěn pǔtōng de shìqing.

VIII EXERCISES

1 Translate this table into connected speech:

	Article	qty	¥
e.g.	máoyī	2	55.60

Máoyī liǎng jiàn wǔshiwǔ kuài liù.
or Liǎng jiàn máoyī wǔshiwǔ kuài liù.

zìdiǎn	4	6.64
shōuyīnjī	1	30.00
jiǔ	8	43.44
dìtú	3	37.20
yú	10	2.50
bào	5	0.45
shū	27	90.08
chá	2	0.12
píngguǒ	6	2.85
yān	5	3.05

2 Incorporate the information given in sentence (a) into sentence
(b), using a modifying *de* clause

Example: a. Tā xiǎng kàn nèi běn shū. } → Tā xiǎng kàn de nèi
         b. Nèi běn shǔ hěn róngyì. }   běn shū hěn róngyì.

1 a. Nèi ge rén ài chī shuǐguǒ.
   b. Wǒ zhīdao nèi ge rén shi shéi.
2 a. Tā yào yòng nèi běn zìdiǎn.
   b. Nèi běn zìdiǎn shi wǒde.
3 a. Nèi ge rén huì shuō Shànghǎi huà.
   b. Tā hěn ài chī Shànghǎi cài.
4 a. Tāmen mài Zhōngguó dìtú.
   b. Zhōngguó dìtú hěn guì.

5 a. Tā yào gěi wǒ yí ge shōuyīnjī.
  b. Nèi ge shōuyīnjī bú tài hǎo.
6 a. Nèi zhǒng yú sān máo wǔ yì jīn.
  b. Wǒ bú yào mǎi nèi zhǒng yú.
7 a. Nèi ge háizi tiāntiān sòng bào.
  b. Tā yǒu liǎng ge mèimei.

3 Translate into Chinese:

1. We all love the chickens she cooks.
2. Is what you are reading difficult? No, it isn't.
3. Can I have a look at the radio you bought? Yes, of course.
4. How much altogether for these three books? Twelve *yuan* sixty-five.
5. The old gent who sells newspapers is very rich.
6. The atlas he wants to buy costs two *yuan* fifty.
7. What I want to know is whether he speaks German.
8. I'd like to read every book he has.

LESSON SEVEN

■ I PRESENTATION

Lǎo Sūn de péngyou xiǎo Wáng yǐqián hěn pàng, dàjiā dōu jiào tā pàngzi.

Sun's friend Wang was formerly very fat, everybody called him 'fatty'.

Hěn duō rén zhǐ zhīdao tā jiào pàngzi, bù zhīdào tā xìng shénme, jiào shénme.

Lots of people just knew he was called 'fatty', they didn't know his real name.

Xiǎo Wáng yīnwei tài pàng le, zǒngshi juéde lèi.

Because Wang was too fat, he always felt tired.

Měi tiān zhǐ xiǎng chī-fàn shuì-jiào, bù xiǎng zuò biéde shì.

Every day he just wanted to eat and sleep, he didn't want to do other things.

Hòulái yǒu wèi péngyou jiāo tā dǎ tàijíquán, qíngxing jiu wánquán bù yíyàng le:

Later on a friend taught him to do *taijiquan*, and the situation became completely different:

rén yě shòu le, jīngshen yě hǎo le.

his person got thin and his spirit good.

Yǐqián bù xǐhuan gōngzuò, xiànzài tā yí ge rén zuò liǎng ge rén de shì;

Previously he did not like to work, now on his own he does two men's work;

yǐqián měi dùn chī wǔ wǎn fàn hái juéde è, xiànzài liǎng wǎn jiu[n.5] bǎo le.

before at each meal he ate five bowls of rice and still felt hungry, now he's full with two bowls.

Lǎo Sūn suīrán rén[n.3] bú pàng, yě chángcháng juéde jīngshen bù hǎo.

Though Sun is not fat, he still often feels enervated.

Tā běnlái hěn xiǎng xuéxue
tàijíquán, kěshi xiànzài bù
gǎn le.

To begin with he was very
keen on having a go at
taijiquan, but now no longer
dares.

Xiǎo Wáng wèn tā
wèishenme.

Wang asked him why.

Tā shuō: 'Nǐ běnlái hěn pàng,
dǎda tàijíquán jiu shòu le,
dāngrán hěn hǎo;

He said: 'You were fat to
begin with, through practising
taijiquan you have got thin,
of course that is a good thing;

wǒ xiànzài zhǐ yǒu[n.4] sìshi duō
gōngjīn, yàoshi zài shòu,
kǒngpà wǒ zhèi ge rén jiu
méi yǒu le!'

I am now only 40-odd kilos;
if I get any thinner, I'm
afraid there won't be
anything left of me!'

■ **II DIALOGUE**

Wang:	Ēi, lǎo Sūn, nǐ bú rènshi wǒ le? Wǒ shi xiǎo Wáng a!	Hey, Sun old man, don't you recognize me anymore? I am young Wang!
Sun:	Shénme?! Pàngzi xiǎo Wáng! Nǐ zěnme . . .	What? Young fatty Wang! How come you . . .
Wang:	Shòu le, shì bu shì?	I've got thin, isn't that so?
Sun:	Shì a, nǐ yǐqián bú shi hěn pàng ma?	Indeed, weren't you very fat before?
Wang:	Yǐqián shì hěn pàng, yǒu bāshiwǔ gōngjīn, xiànzài tiāntiān dǎ tàijíquán, zhǐ yǒu liùshi gōngjīn le. Rén shòu le, jīngshen yě hǎo le.	Before I *was* very fat, I weighed 85 kilos, now I practise *taijiquan* every day, and am only 60 kilos. My figure is slimmer and I feel better in spirit.
Sun:	Wǒ rén suīrán hěn shòu, kěshi chángcháng juéde lèi, méi jīngshen.	Though I'm quite thin, I often feel tired, and lacking in energy.
Wang:	Nǐ yě kěyǐ dǎda tàijíquán a!	You too can have a go at *taijiquan*!

Sun:	Wǒ běnlái hěn xiǎng xuéxue, kěshi xiànzài bù gǎn le.	I was keen to give it a try to begin with, but now I don't dare.
Wang:	Wèishenme?	Why?
Sun:	Nǐ běnlái hěn pàng, dǎda tàijíquán jiu shòu le, dāngrán hěn hǎo. Wǒ xiànzài zhǐ yǒu sìshi duō gōngjīn, yàoshi zài shòu, kǒngpà wǒ zhèi ge rén jiu méi yǒu le!	You were fat to begin with, and practising *taijiquan* has made you thinner, which is of course a good thing. I'm now only 40-odd kilos; if I get any thinner, I'm afraid there won't be anything left of me!

III SKETCHES

1

A: Zǎo a!	Morning!
B: Zǎo! Tiānqi lěng le.	Morning! It's turned cold.
A: Shì a, mǎi dōngxi de rén yě shǎo le.	Very true, the shoppers are fewer as well.
B: Mǎi dōngxi de rén shǎo le, bú shi yīnwei tiānqi lěng ba?	The fact that shoppers are fewer wouldn't be because of the weather being cold (would it)?
A: Nà shi yīnwei shénme?	What would it be because of then?
B: Kǒngpà shi yīnwei dōngxi guì le.	I'm afraid it's because things have got dear.
A: Dōngxi shì guì le. Qùnián píngguǒ sān máo èr yì jīn, xiànzài wú máo sì le.	Things have gone up, it's true. Last year apples were 32 cents a catty, now they're 54.
B: Zuótiān yú mài bā máo wǔ yì jīn, jīntiān mài yí kuài le.	Yesterday fish was selling for 85 cents a catty, today it's selling for a *yuan*.
A: Dōngxi guì le, kěshi wǒmen de qián háishi yíyàng.	Things have got dearer, but our money is still the same.

B: Suǒyǐ xiànzài měi dùn wǒ
zhǐ néng chī yì wǎn fàn le!

So now at every meal I can
only eat one bowl of rice!

2

A: Zěnmeyàng, nǐmen dōu
hǎo ma?

Well then, are you all well?

B: Dōu hǎo, nǐmen ne?

Yes, and you?

A: Wǒmen yě dōu hǎo. Nǐ
fùqin hái zuò-shì ma?

We're all well too. Is your
father still working?

B: Tā xiànzài tài lǎo le, bù
néng gōngzuò le.

He's too old now, he can't
work any more.

A: Shì bu shi hái ài hē liǎng
bēi?

Does he still enjoy a couple
of drinks?

B: Jiǔ zhème guì, tā yě bù
cháng hē le.

With drink being so
expensive, he doesn't drink
much either.

A: Yān hái chōu ba?

He still smokes, I expect?

B: Wǒ mā bù zhǔn tā chōu,
tā yě bù gǎn chōu le.

My mam doesn't let him
smoke, (so) he doesn't dare
to smoke either.

A: Nǐ mǔqin shēntǐ hái nàme
hǎo ba?

Your mother's health is still
as good as ever?

B: Tā xiànzài pà pàng, bù
gǎn chī dōngxi, suǒyǐ
shēntǐ bú nàme hǎo le.

She's afraid of putting on
weight now, and doesn't dare
to eat, so her health is not so
good any more.

A: Nǐ mèimei hái jiāo-shū
ma?

Does your younger sister still
teach?

B: Tā bù jiāo le. Tā shuō
jiāo-shū zhèi zhǒng
gōngzuò tài lèi le.

She's given up teaching. She
says the job of teaching is too
fatiguing.

■ IV VOCABULARY

yǐqián (TW)	before, previously
pàng (SV)	fat (of persons)
dàjiā (N)	everyone
pàngzi (N)	fat person
le (P)	modal particle indicating change of state

juéde (V)	to feel, sense
měi (SP)	each, every
shuì-jiào (V-O)	sleep
bié(de) (SP)	other, alternative
hòulái (MA)	afterwards, later on (refers to past events)
jiāo (V)	teach
jiāo-shū (V-O)	teach
dǎ (V)	hit; fight; play (cards, or some ball games)
tàijíquán (N)	a form of exercise remotely resembling shadow-boxing
qíngxing (N)	situation, state of affairs
wánquán (SV/A)	complete; completely
yíyàng (SV/A)	the same; equally
shòu (SV)	thin, slim
jīngshen (N/SV)	spirit, vitality; spruce, smart, lively
gōngzuò (N/V)	work; to work
dùn (M)	meal; bout; spell
wǎn (N/M)	bowl; bowl of
è (SV)	be hungry
bǎo (SV)	be full, replete
suīrán (MA)	although
běnlái (MA)	originally, in the first place
gǎn (MV)	dare to
gōngjīn (M)	kilo (gōng, prefix for metric units)
zài (A)	again; further, progressively
kǒngpà (MA)	I'm afraid; perhaps
ē̄, ēi, āi (I)	hey! oi!
rènshi (V)	recognize, know
nà (MA)	then, in that case (= nàme)
fùqin (N)	father
zuò-shì (V-O)	work (not limited to occupation)
mǔqin (N)	mother
shēntǐ (N)	body; health
pà (V)	fear, dread, be afraid of

V GRAMMAR

The modal particle 'le' (Speech Patterns 1, 2)

The particle *le* at the end of a clause adds a degree of comment to the reporting of events or the description of a state of affairs. As it occurs in this lesson, it indicates: (1) that something has gone to the extreme, that limits have been reached or passed; in this usage it regularly combines with the adverb *tài*, 'too'. (2) that there has been a progression, either in the shape of a new situation arising or of the speaker newly catching on to what is happening. The word *xiànzài*, 'now', pairs naturally with *le* when it has this force, but even when *xiànzài* is absent, 'now' may be needed in English to convey the sense; with negatives, 'no more', 'no longer' may be called for. If the development is envisaged rather than actual, 'now' would be replaced by 'then'. Used in conjunction with stative verbs, *le* marks a change of state: *tā hěn pàng*, 'he is fat'; *tā pàng le*, 'he has got fat'. Sometimes the inclination may be to use the comparative form in English to mark the progression ('he is fatter'), but there is no such mechanism at work in the Chinese. Notice that *le* cancels the need for a supporting *hěn* with stative verbs; if *hěn* is used, it is really meant.

2 Correlative conjunctions (Speech Patterns 3)

Chinese abounds with matching pairs of conjunctions for sealing the relationship between clauses. Most have close parallels in English, like *suīrán* . . ., *kěshi/yě* . . ., 'although . . ., but/still . . .'; *yàoshi* . . ., *jiù* . . ., 'if . . ., then . . .'; *yīnwei* . . ., *suǒyǐ* . . ., 'because . . ., therefore . . .'. Some need slight adjustment, like . . . *yě* . . ., . . . *yě* . . ., 'also . . . also . . .'='both . . ., and . . .'. Others need considerable adjustment, like *zhǐ* . . ., *bù* . . ., 'only/just . . ., not . . .', which translates as something positive, followed by 'but not . . .', e.g. above: *Hěn duō rén zhǐ zhīdao tā jiào pàngzi, bù zhīdào tā xìng shénme jiào shénme*, 'Lots of people (just) knew he was called "tubby", but not what his surname or given name was'. If one of the pair of conjunctions is dispensed with, in English it is more often the second; in Chinese the one introducing the second, follow-up clause is more often retained. Note that of these *yě* and *jiù* are true adverbs and therefore come immediately before the verb, so after the subject, if there is one, e.g. always *Yàoshi* . . ., *wǒ jiù* . . ., never **Yàoshi* . . ., *jiù wǒ* . . .

3 'rén'

Apart from standing independently as a word meaning 'person(s)', *rén* is used in relationship to a given individual in the sense either of physical person or of personality. Grammatically, this *rén* may be detached from the reference to this individual; or the two may be in apposition: *wǒ zhèi ge rén*, 'I, this (physical) person' or 'the kind of person that I am'; or it may be the subject of a predicate that comments on the major sentence subject or topic. This last construction, known as a subject-predicate predicate (S-P P), can be illustrated with the sentence *Lǎo Sūn rén bú pàng*. *Lǎo Sūn* is the subject/topic of the major sentence: '(As to) old Sun'; *rén bú pàng* '(his) person is not fat' forms a comment on *Lǎo Sūn*, but as a unit is itself made up of a subject (*rén*) and a predicate (*bú pàng*). More example of the S-P P construction will be given in Lesson 9, Speech Patterns 5.

4 'Yǒu' with measurements and quantities

Formulas giving age, weight, dimensions etc. may not include a verb: *tā sì suì*, 'he is four years old'; *wǒ wǔshí gōngjīn*, 'I am 50 kilos'. *Yǒu*, 'have' may be introduced into this formula, in which case it may have the connotation 'as much as': *Wǒ yǐqián hěn pàng*, *yǒu bāshiwǔ gōngjīn*, 'I previously was very fat, (was) "as much as" 85 kilos'. At other times it does not seem to add anything at all, it just 'announces' the figure. However, when an adverb is present its use is obligatory: *Wǒ méi yǒu wǔshí gōngjīn; tā zhǐ yǒu sì suì.*

5 'Jiu' and minimal requirements

Following a number *jiu* implies that the number is small: *Liǎng wǎn jiu bǎo le*, '(Just) two bowls, then full'.

VI SPEECH PATTERNS

1 Sentences with modal particle 'le' indicating change of state

(a) Pattern: SV *le*
    Tā yǐqián hěn shòu, xiànzài zěnme zhème pàng le?

1. Zhōngwén hěn nán ma?   Wǒ xiànzài juéde bú tài nán le.
2. Wáng jiā yǒu jǐ ge háizi?   Liǎng ge, dōu dà le.
3. Píngguǒ huài le ma?   Tā mǎi de shí gōngjīn píngguǒ dōu huài le!
4. Huì shuō pǔtōnghuà de rén duō bu duō?   Yǐqián hěn shǎo, xiànzài duō le.
5. Mǎi ge xiǎo shōuyīnjī děi duōshao qián?   Xiànzài piányi le, èrshiwǔ kuài jiu gòu le.
6. Xiànzài nǐ hái è ma?   Bú è le.

(b) Pattern: Neg V   (O)   *le*
    Tā zěnme bù   xué Zhōngwén le?

1. Zài chī yí kuài yú ba!   Bù le, xièxie nín, wǒ bù chī le.
2. Tā bú pà tā fùqin ma?   Yǐqián hěn pà, xiànzài bú tài pà le.
3. Nín hái yǒu biéde shì ma?   Méi yǒu le.
4. Nǐ de hǎo péngyou lǎo Zhāng zěnmeyàng?   Lǎo Zhāng?! Tā bú shi wǒ de péngyou le.
5. Tāmen yǒu bá ge háizi, hái yào shēng ma?   Tāmen shuō bù shēng le, shéi zhīdao!
6. Nǐmen chī-fàn ba! Bú yào shuō-huà le!   Hǎo, bù shuō le.

(c) Pattern: MV V   (O)   *le*
    Tā bù gǎn xué tàijíquán le.

1. Nǐ huì dǎ tàijíquán ma?   Yǐqián huì, xiànzài bú huì le.
2. Tā xǐhuan tīng yīnyuè ma?   Yǐqián bú tài xǐhuan, xiànzài hěn xǐhuan le.
3. Tāmen jiā de háizi dōu ài kàn diànshì ma?   Xiànzài dà le, bú nàme ài kàn le.
4. Diànshì zhème guì, nǐ bù xiǎng mǎi le ba?   Bù xiǎng mǎi le, yǒu ge shōuyīnjī jiu xíng le.
5. Nǐmen dōu huì shuō Zhōngguó huà le ba?   Dōu huì shuō yìdiǎnr le, kěshi hái bú rènshi Zhōngguó zì.

6. Nǐ zěnme bù hē le?   Wǎnshang děi jiāo-shū, bù néng zài hē le.

(d) The three above patterns illustrated by means of contrast:

1a. *Qīngcài piányi, jī gēn yú dōu hěn guì.*
  b. Tiānqi rè le, *qīngcài piányi le.*
2a. Tāmen zhǐ mài shū, *bú mài dìtú.*
  b. Mǎi dìtú de rén shǎo le, tāmen *bú mài dìtú le.*
3a. Tā shi lǎo Lǐ de péngyou, wǒ *bú rènshi tā.*
  b. Xiǎo Wáng xiànzài zhème pàng, wǒ wánquán *bú rènshi tā le.*
4a. Tā xiǎng xué xīnwén, *bù xiǎng xué yīnyuè. (xīnwén* here means 'journalism')
  b. Tā běnlái xiǎng xué yīnyuè, xiànzài *bù xiǎng xué le.*
     Tā běnlái xué yīnyuè, xiànzài *bù xiáng xué le.*
5a. Tà àiren méi yǒu gōngzuò, tāmen *méi yǒu qián.*
  b. Tāmen yǐqián hěn yǒu qián, kěshi tiāntiān chī hǎo de, hē hǎo de, hòulái jiu *méi yǒu qián le.*
6a. Tā fùqin shi pàngzi, tā *bú shi pàngzi.*
  b. Tā xiànzài zhǐ yǒu sìshi gōngjīn le, *bú shi pàngzi le.*

2 Modal particle 'le' used to show 'excessiveness'

1. Xiǎo Zhāng (yǒu) bāshiwǔ gōngjīn, tài pàng le.
2. Zhèi zhǒng shōuyīnjī tài pǔtōng le, jiājiā dōu yǒu.
3. Tā zuò de nèi zhǒng gōngzuò tài róngyì le, wǒ yě huì zuò.
4. Duìbuqǐ, wǒ tài lèi le, wǒ xiǎng shuì-jiào le.
5. Tā tài ài kàn diànshì le, méi yǒu yì tiān wǎnshang bú kàn.
6. Wǒ tài xiǎng chī yú le, jīntiān néng bu néng mǎi yì tiáo?
7. Tā yí ge rén zuò shí ge rén de shì, jīngshen tài hǎo le.
8. Xièxie nín, wǒ tài bǎo le, bù néng zài chī le!

3 Sentences with adverbs used as correlative conjunctions

(a) zhǐ . . ., bù/méi . . .

1. Tā zhǐ huì shuō, bú huì zuò.
2. Zhèi ge dìfang zhǐ yǒu kāfēi méi yǒu chá.
3. Tāmen zhǐ mài yú, bú mài biéde.
4. Zhǐ zhǔn tā dǎ rén, bù zhǔn rén dǎ tā.

(b) yě . . . yě . . .

1. Dàjiā dōu xiǎng xué Yīngwén; wǒmen yě xiǎng xué, tāmen yě xiǎng xué.
2. Tā xǐhuan chī wàiguó cài; Fǎguó cài yě chī, Déguó cài yě chī.
3. Tiānqi hǎo, wǒmen yě gōngzuò; tiānqi bù hǎo, wǒmen yě gōngzuò.
4. Zhèi ge dìfang zhǐ yǒu zhèi zhǒng shuǐguǒ; nǐ chī yě kěyǐ, bù chī yě kěyǐ.

(c) suīrán . . ., kěshi . . .

1. Suīrán tā fùmǔqin dōu shi Zhōngguó rén, kěshi tā bú huì shuō Zhōngguó huà.
2. Dōngxi suīrán hěn guì, kěshi hái yǒu hěn duō rén mǎi.
3. Gōngzuò suīrán hěn máng, kěshi dàjiā de jīngshen dōu hěn hǎo.
4. Wǒ suīrán měi tiān kàn bào, kěshi bú kàn zhèi zhǒng xīnwén.

(d) yàoshi . . ., jiù . . .

1. Yàoshi tā kěn shuōshuo nèi tiān de qíngxing, nà jiu tài hǎo le.
2. Yàoshi nǐ bù zhǔn wǒ kàn diànshì, wǒ jiu bù zhǔn nǐ tīng shōuyīnjī.
3. Zhème zuò kǒngpà bù xíng ba?   Yàoshi tā shuō xíng jiu xíng.
4. Yàoshi nǐ méi língqían, jiu gěi wǒ yì zhāng shí kuài de ba.

(e) yīnwei . . ., suǒyǐ . . .

1. Yīnwei tā yǒu hěn duō Zhōngguó péngyou, suǒyǐ xiǎng xué diǎnr Zhōngwén.
2. Yīnwei tā tài ài tīng yīnyuè le, suǒyǐ méi shíjiān niàn-shū.
3. Tā yīnwei shēntǐ bù hǎo, suǒyǐ hěn pà wǎnshang gōngzuò.
4. Tā mài de shuǐguǒ dōu shi huài de, suǒyǐ méi rén mǎi.

VII EXPANSION DRILLS

1   Bù zhīdào.
                                  Wánquán bù zhīdào.
                          Wǒmen wánquán bù zhīdào.

Wǒmen sān ge rén wánquán bù zhīdào.

Zhè qíngxing, wǒmen sān ge rén wánquán bù zhīdào.

Tā de qíngxing, wǒmen sān ge rén wánquán bù zhīdào.

Tā yǐqián de qíngxing, wǒmen sān ge rén wánquán bù zhīdào.

2   Hěn hǎo.

Jīngshen hěn hǎo.

Tā de jīngshen hěn hǎo.

Tā dǎ quán, suǒyǐ tā de jīngshen hěn hǎo.

Tā dǎ tàijíquán, suǒyǐ tā de jīngshen hěn hǎo.

Tā měi tiān dǎ tàijíquán, suǒyǐ tā de jīngshen hěn hǎo.

Tā měi tiān wǎnshang dǎ tàijíquán, suǒyǐ tā de jīngshen hěn hǎo.

Yīnwei tā měi tiān wǎnshang dǎ tàijíquán, suǒyǐ tā de jīngshen hěn
hǎo.

VIII EXERCISES

1 Answer these questions on the basis of the Presentation and
Dialogue:

1. Wèishenme lǎo Sūn bú rènshi xiǎo Wáng le?
2. Wèishenme yǐqián dàjiā dōu jiào xiǎo Wáng pàngzi?
3. Wèishenme hòulái xiǎo Wáng de qíngxing wánquán bù yíyàng
   le?
4. Xiǎo Wáng yǐqían xǐhuan gōngzuò ma? Xiànzài ne?
5. Xiǎo Wáng xiànzài měi dùn chī jǐ wǎn fàn? Yǐqián ne?
6. Lǎo Sūn jīngshen bù hǎo, shì bu shi yīnwei tài pàng le?
7. Lǎo Sūn xiànzài yǒu duōshao gōngjīn?
8. Lǎo Sūn wèishenme bù gǎn xué tàijíquán le?

2 Extend these sentences by adding clauses beginning with *xiàn-
zài* and ending with *le* to show that the situation has changed:

Example: Wǒ yǐqián bú huì shuō Zhōngguó huà. →
         Wǒ yǐqián bú huì shuō Zhōngguó huà, xiànzài huì shuō
         le.

1. Zhèi jiàn shì wǒ yǐqián bù zhīdào.
2. Lǎo Wáng yǐqián hěn pàng.
3. Yǐqián tā tiāntiān dǎ tàijíquán.

4. Tā yǐqián bù cháng kàn diànshì.
5. Xiǎo Zhāng yǐqián ài chī yú.
6. Yǐqián tāmen mài Zhōngwén shū.
7. Tā yǐqián yǒu hěn duō wàiguó péngyou.
8. Yǐqián tā cháng chī qīngcài, shēntǐ hěn hǎo.

3 Make sentences using the following adverbs as correlative conjunctions:

1. zhǐ . . . bù . . .
2. yě . . . yě . . .
3. suīrán . . . kěshi . . .
4. yàoshi . . . jiù . . .
5. yīnwei . . . suǒyǐ . . .

4 Translate into Chinese:

1. It's got very hot.
2. He is no longer my English teacher.
3. Once I could do *taijiquan*, now I can't.
4. Everything has become expensive now.
5. I don't care to read the papers any more.
6. You can have it. I don't want it any more.
7. He has had enough of teaching Chinese.
8. This television set no longer belongs to me.
9. It's too cold for us to work any more.
10. The book he gave me was too difficult.

LESSON EIGHT

■ I PRESENTATION

Nánshān Rénmín Gōngshè
yígòng yǒu wǔ ge
qìxiàngzhàn.

Nanshan People's Commune
altogether has five weather
stations.

Zuì xiǎo de nèi ge zài dà
shān-li, zhǐ yǒu yí ge
qìxiàngyuán jiào xiǎo Zhāng,
shi wǒ de lǎo tóngxué.

The smallest one is in the
mountains, it has only one
weatherman (who) is called
Zhang (and who) is an old
schoolmate of mine.

Zhèi ge qìxiàngzhàn suīrán
zhǐ shi yì suǒr pǔtōng de
fángzi,
kěshi qiántou yǒu hú, hòutou
yǒu shù, zuǒ-yòu liǎng
biānr[n.2] dōu shi zhúzi,
fēngjǐng hěn měi.

Although this weather station
is only an ordinary house,

yet there is a lake in front,
trees behind, and (left and
right) on both sides it is all
bamboos: the scenery is
beautiful.

Xiǎo Zhāng hěn xǐhuan zhèi
ge dìfang, kěshi tā yí ge rén
zài shān-li, méi yǒu péngyou.

Zhang is very fond of this
place, but he is alone in the
mountains, without friends.

Zuìjìn xiě xìn gěi wǒ gēn xiǎo
Wáng, qǐng wǒmen zhèi liǎng
ge chéng-li rén qù wánr.

Recently he wrote to me and
Wang, asking us two city
people to go and relax.

Zuótiān tiānqi hěn hǎo, wǒ
gēn xiǎo Wáng juédìng qù
kànkan tā.

Yesterday the weather was
very good, I and Wang
decided to go and see him.

Wǒmen liǎng ge rén dōu shi
dìyī cì[n.4] qù.

We were both going for the
first time.

Dàjiā dōu shuō shān-li de lù
bù hǎo zhǎo, běnlái yīnggāi
xiān wènwen bié rén zěnme
zǒu, xiǎo Wáng shuō tā yǒu
dìtú, kàn dìtú jiu xíng le.

Everybody said the hill paths
were not easy to find,
actually we ought to first ask
(others) how to go; Wang said
he had a map, (if) he read
the map it would be all right.

Tā shi xué dìlǐ de,[n.6] wǒ
dāngrán děi tīng tā de,
kěshi . . .

He was a geographer, I
naturally had to do as he
said, but . . .

■ II DIALOGUE

A: Xiǎo Wáng, wǒ tài è le,
bù néng zài zǒu le.
B: Kuài dào le, kuài dào le.
Éi! Dìtú-shang zěnme méi
yǒu zhèi suǒr fángzi a?
A: Qìxiàngzhàn yīnggāi zài
běibianr, kěshi něibianr
shi běi a?
B: Wǒ xiànzài yě bù zhīdào
fāngxiàng le. Ě! Nǐ kàn,
nèibianr yǒu ge xiǎoháir,
wǒmen qù wènwen tā.
A: Xiǎo péngyou, zhè shi
shénme dìfang?
C: Zhè shi wǒ jiā.
B: Zhè shān-li shì bu shi yǒu
ge qìxiàngzhàn?
C: Wǒmen lǎoshī shuō yǒu.
A: Nǐ zhīdao zài nǎr ma?
C: Wǒmen lǎoshī shuō jiù zài
hú-bianr.
B: Něi ge hú-bianr? Nèi ge
hú zài shénme dìfang ne?
C: Wǒmen lǎoshī shuō nèige
hú jiào Xiǎomínghú, zài
běibianr.

Wang, I am starving, I can't
go any further.
We're almost there, almost
there. Eh! How come this
house isn't on the map?
The weather station ought to
be to the north, but which
way is north?
I'm not sure of the direction
myself any more. Eh, look,
there's a little kid over there,
we'll go and ask him.
What is this place, young
friend?
This is my home.
Isn't there a weather station
in these hills?
Our teacher says there is.
Do you know where it is?
Our teacher says it's by the
lake.
By which lake? And where is
the lake?
Our teacher says the lake is
called Xiaominghu, and it's
to the north.

A: Nàme, nǐ zhīdao něibianr
shi běi ma?

In that case, do you know
which way is north?

C: Nǐ kàn nǐ de dìtú ba,
wǒmen lǎoshī shuō, shàng
běi xià nán, zuǒ xī yòu
dōng, dìtú de shàngbianr
jiùshi běi!

Look at your map: our
teacher says top is north,
bottom is south, left is west,
right is east. The top of the
map is north!

III SKETCHES

1

A: Wǒ xiǎng wèn nǐ liǎng ge
Zhōngguó dìmíng, hǎo bu
hǎo?

I'd like to ask you a couple
of Chinese place-names, all
right?

B: Wǒ zhīdao yìdiǎnr
Zhōngguó dìlǐ, nǐ wèn ba!

I know a bit about Chinese
geography. Ask away!

A: Shāndōng zài nǎr?

Where is Shandong?

B: Shāndōng zài Shānxī de
dōngbianr.

Shandong is east of Shanxi.

A: Húnán ne?

What about Hunan?

B: Húnán zài Húběi de
nánbianr.

Hunan is south of Hubei.

A: Guǎngxī ne?

And Guangxi?

B: Guǎngxī zài Guǎngdōng
de xībianr.

Guangxi is west of
Guangdong.

A: Kěshi Guǎngdōng zài nǎr
ne?

But where is Guangdong?

B: Guǎngdōng dāngrán zài
Guǎngxī de dōngbianr.

Guangdong is east of
Guangxi, of course.

A: Zhè wǒ yě zhīdao. Wǒ
yào wèn de shi
Guǎngdōng zài Zhōngguó
shénme dìfang.

I'm aware of that. What I
want to know is where
Guangdong is in China.

B: Bú shi zài Zhōngguó de
nánbù ma?

Isn't it in the south of China?

2

A: Jīntiān de bào zài nǐ nàr ma?	Is today's paper over by you?
B: Bú zài wǒ zhèr. Shì bu shi zài nǐ hòutou de zhuōzi-shang?	No, it's not by me. Is it on the table behind you?
A: Méi yǒu a! Ō! Zài zhèr, zài yǐzi dǐxia.	No, it isn't. Oh, here it is, under the chair.
B: Wǒ jīntiān hái méi shíjiān kàn bào, yǒu shénme xīnwén?	I haven't had the time to read the paper today, what news is there?
A: Bào-shang shuō dōngxi dōu guì le.	It says in the paper that everything has gone up.
B: Nà bú shi xīnwén!	That's not news!
A: Zuìjìn zhǎo gōngzuò hěn nán le.	Just recently it's become very hard to find work.
B: Nà yě bú shi xīnwén. Ēi, kuài, kuài! Nǐ kàn! Diànshì-shang zhèi sān ge rén, zhōngjiān nèi ge shì bu shi xiǎo Lǐ?	That's not news either. Eh, quick, look! These three people on television – is that one in the middle young Li?
A: Shì xiǎo Lǐ. Tā pángbiānr nèi ge nǔ-de shi shéi?	Yes, it is. Who is that girl by his side?
B: Bú rènshi. Wǒ bù zhīdào tā yǒu yí wèi zhème hǎo-kàn de nǔpéngyou.	I don't know her. I didn't know he had such a good-looking girlfriend.

■ IV VOCABULARY

nán (L)	south
shān (N)	mountain, hill
gōngshè (N)	commune
qìxiàng (N)	meteorology, weather
zhàn (N)	station; (bus) stop
(V)	to stand
zuì (A)	most; exceedingly (used to form superlative)
zài (V/CV)	to be located in/at
lǐ (L)	in

yuán (N)	member of group, trade, profession
qìxiàngyuán (N)	weatherman
suǒ(r) (M)	classifier for houses and some buildings
fángzi (N)	house
tóu (N/L-Suffix)	head
qiántou (L/PW)	in front
hú (N)	lake
hòutou (L/PW)	behind
shù (N)	tree
zuǒ (L)	left, to/on the left
yòu (L)	right, to/on the right
biān(r) (N/L-suffix)	side
zhúzi (N)	bamboo
fēngjǐng (N)	scenery
měi (SV)	beautiful
jìn (SV)	near, close
zuìjìn (MA)	(just) recently
xiě (V)	write
xìn (N)	letter
chéng (N)	city wall; city
chéng-li (PW)	in town, urban
qù (V)	to go, go to
wánr (V)	to play, amuse oneself
juédìng (V/N)	decide; decision
dì- (prefix)	ordinal prefix
dìyī (prefix + NU)	first
cì (M)	time, occasion
lù (N)	road, path; way, route
zǒu (V)	to go; to leave; walk
zǒu-lù (V-O)	to walk
dìlǐ (N)	geography
kuài (SV/A)	quick(ly); very soon
dào (V)	to arrive, reach
(CV)	to
shàng (L)	top; on top of; above
běi (L)	north
běibian(r) (L/PW)	north
něibian(r) (QW)	where? (which side?)

fāngxiàng (N)	direction
nèibian(r) (L/PW)	there (that side)
xiǎoháir (N)	child
nǎr (QW)	where? (= nǎlǐ?)
xià (L)	below; down; under; underneath; bottom
xī (L)	west
dōng (L)	east
dìmíng (N)	place name
bù (N/L-suffix)	part, section
nánbù (PW)	southern part, the south
nàr, nèr (L/PW)	there (=nàlǐ)
zhèr (L/PW)	here (=zhèlǐ)
zhuōzi (N)	table
yǐzi (N)	chair
dǐxia (L/PW)	under; below; beneath
zhōngjiān, zhōngjiànr (L/PW)	between; among; in the middle
pángbiān(r) (L/PW)	(by) the side of
nǚ-de (N)	female
wài (L)	outside

V GRAMMAR

1 Location (Speech Patterns 1–5)

Relative place words (RPW), as distinct from ordinary place words, have a point of reference: to be 'in front', for example, you have to be 'in front' of something. Grammatically they fall into two categories: 'free' words which may be used separately from the point of reference (*hòutou yǒu shù*, 'at the back there are trees'), or may be linked to it by the subordinating marker *de* (*qìxiàng-zhàn de hòutou yǒu shù*); and 'bound' words which are attached to the point of reference as suffixes (*shù-shang*, 'on the tree'). The 'free' words have the noun endings –*tou* or *bian* (both toneless), e.g. *qiántou*, 'in front (of)'; *zuǒbian*, 'left (of)'. The 'bound' words are the minimal forms corresponding to certain 'free' words, e.g. *lǐ* – *lǐtou*. The free words as well as the bound come after the point of reference: *fángzi (de) qiántou*, 'in front of the house'; *fángzi-li*, 'in the house'. Though the fact is disguised in English, the RPW is the main object of attention, and the point of reference is subordinate to it, so the word order is consistent with the rules of Chinese grammar.

In this way in which they combine with nouns, RPWs vary in their versatility: free words with a noun ending may be more or less comfortable with a linking *de*; some suffixes may be usable only if they balance a monosyllabic noun (e.g. *chéng-wài*, 'outside the town'), while other suffixes (*-li* and *-shang*) may combine with practically any nominal, whatever its length.

Those RPWs which can be appended to ordinary nouns, so making place words out of those nouns, we call localizers (L). *Chéng*, for example, is not a place word, but *chéng-wài* is.

Zhèr, 'here' and *nàr*, 'there' are localizers that can combine with pronouns and proper nouns (as well as ordinary nouns). Examples: *wǒ-zhèr*, 'I here', 'here where I am', 'my place'; *lǎo Wáng-nèr*, 'old Wang there', 'Wang's place'.

Place words and place-word phrases occur, as expected, before the verb: *nèibianr yǒu ge xiǎo háizi*, 'over there there is a (young) child'. In a sentence whose only point is to say where a thing is, however, the place expression cannot occupy a subordinate position; enter then the verb *zài*, 'to be located', which takes the place expression as a complement: *qìxiàngzhàn zài běibianr*, 'the weather station is located to the north'; *nǐ zài nǎr?*, 'you are where?' – 'where are you?'.

Existence, as opposed to location, in a place is taken care of by *yǒu*, 'there is/are', as we have seen. *Shì*, 'is/are' usurps its territory when the whole of the space visualized is taken up (a similar division takes place in English): for example, *zuǒbianr dōu shi zhúzi*, 'on the left (it) is all bamboos', as opposed to *zuǒbianr yǒu zhúzi*, 'on the left there are bamboos' (but that is not all there is).

2 Resumption

Elements common to several words listed in succession can be resumed by means of numbers, hence *zuǒbian, yòubian*, 'left side (and) right side' can become *zuǒ-yòu liǎng biān*, 'left (and) right (the) two sides'; and *Yīngguó, Fǎguó, Déguó* can become *Yīng Fǎ Dé sān guó*, 'England, France (and) Germany (the) three countries'. Somewhat more redundantly, numbers frequently sum up people or things bracketed together in some way: *wǒmen liǎng ge rén*, 'we two people' – 'the two of us'; *Nánshān, Xīshān, Dōngshān sān ge dìfang*, 'South Mountain, West Mountain, East Mountain the three places'.

3 Imminent action with 'le' (Speech Patterns 6)

In the stages of progression marked by *le*, the modal particle, the one that envisages imminent attainment deserves a special category. The connotation it carries is 'on the brink of'. It may carry that connotation by itself, but usually it is reinforced by *yào*, 'will', *kuài* and *jiù*, both used in the sense of 'very soon' or 'imminently', or by the combinations *kuài yào, jiù yào*, 'will soon'. It is a property of *kuài* that the particularizing verb (if understood) can be left out: *Kuài le!*, 'Soon!' – 'Won't be long!', 'Almost there!', etc., but there is no form *yào le or *jiù le.

4 Ordinal numbers

Ordinal numbers are formed very simply by adding the prefix *dì*- to cardinal numbers. Thus 'first' is *dìyī*, 'second' is *dìèr*, and so on. Being a type of specifier, ordinal numbers take a measure with the noun: *dìyī suǒ fángzi*, 'the first house'. *Cì*, 'time, occasion' is itself a measure word, hence 'first time' is *dìyī cì*. The first (or whichever) time of doing something is expressed according to the formula:

S shi dìyī cì V

wǒmen shi dìyī cì qù, '(as to) us (it) is the first time of going'. The formula may be modified by the inclusion of *zhè*, 'this', *nà*, 'that' to *Zhè shi wǒmen dìyī cì qù*, 'This is for us the first time of going' – 'This is the first time we have gone'. Note also *dìjǐ* 'which (in a sequence)?'; *dìjǐ ci*? 'the how many-th time?

5 Stative verbs as adverbs (Speech Patterns 7)

A limited number of stative verbs function as adverbs in compound descriptive phrases. The transition from SV to A is illustrated in the following examples: *róngyì*, 'easy – easy to'; *nán*, 'difficult – hard to'; *hǎo*, 'good – nice to, easy to', *dà*, 'big – greatly'; *gòu*, 'enough – enough to'. Hence, *hǎo-kàn*, 'nice to look at' – 'good-looking'. *Hǎo-kàn*, and a few combinations like it, have something like 'word' status, and are hyphenated.

6 Verbal versus nominal

In situations where either a verbal construction (*tā xué dìlǐ*, 'he studies geography') or a nominal construction (*tā shi xué dìlǐ de*, 'he is one who studies geography') is possible, the nominal construction has an air of permanence about it. It is therefore used as in the example when the intention is to categorize, but it is also preferred in the description of inveterate characteristics or stable states of affairs, as you will discover later.

7 Points of the compass

In Chinese convention the points of the compass follow the order *dōng, nán, xī, běi* (ESWN) or sometimes *dōng, xī, nán, běi*. SE is *dōngnán*; SW is *xīnán;* NE is *dōngběi*; NW is *xīběi*.

VI SPEECH PATTERNS

1 Directions and place words

(a) Compass directions

dōng	E	dōngnán	SE
nán	S	dōngběi	NE
xī	W	xīnán	SW
běi	N	xīběi	NW

(b) Relative place words

shàngtou, shàngbian	hòutou, hòubian
xiàtou, xiàbian	zuǒbian
lǐtou, lǐbian	yòubian
wàitou, wàibian	zhōngjiān, zhōngjiànr
qiántou, qiánbian	dǐxia

dōngbianr

nánbianr

xībianr

běibianr

dōngnánbianr

xīběibianr

běibù

dōngnánbù

zhèibiān~zhèli = zhèr

nèibiān~nàli = nàr, nèr

něibiān?~nǎli? = nǎr?

(c) Place-word phrases

fángzi (de) qiántou/bian

dà shān (de) hòutou/bian

chéng wàitou/bian; chéng-wài

hú lǐtou/bian; hú-li

shù (de) shàngtou/bian; shù-shang

shān (de) xiàtou/bian; shān-xia

nǐ (de) zuǒbian

dìtú (de) yòubian

shù (de) dǐxia

lù (de) zhōngjiān/zhōngjiànr

qìxiàngzhàn (de) běibian

Yīngguó (de) nánbian*

Zhōngguó (de) xīběibù*

wǒ zhèr

nǐ nàr

lǎo Wáng nàr

shū-shang (in the book)

xìn-shang (in the letter)

bào-shang (in the paper)

zìdiǎn-li (in the dictionary)

Yīngguó de nánbian may mean either 'in the south' or 'to the south' of England.

Zhōngguó de xīběibù means only 'in the north-west of China'.

2 'Zài' as main verb with complement

Pattern: N   *zài* PW

Bào zài nǎr? Zài zhuōzi-shang.

1. Nǐ jiā zài nǎr? Wǒ jiā zài chéng wàitou.
2. Yǒu rén zài jiā ma? Něi wèi?
3. Nǐ shuō de nèi suǒr fángzi zài nǎr? Jiù zài Dōnghú nánbianr.
4. Tā gōngzuò de dìfang zài chéng lǐtou ma? Bú zài chéng lǐtou, zài shān-shang.
5. Tā gěi wǒ de xìn zài nǎr? Jiù zài zhuōzi-shang, zìdiǎn pángbiānr.
6. Nǐ de qián ne? Dōu zài wǒ àiren nàr!

7. Fāngxiàng duì ma? Duì, nǐ kàn Xīhú bú shi zài wǒmen zuǒbianr ma!

3 Existence in a place

Pattern: PW   *yǒu*   N
        Zhōngguó yǒu hěn duō dà shān.

1. Yīngguó běibù yǒu mei yǒu dà hú? Yǒu, yǒu bù shǎo fēngjǐng hěn měi de dà hú.
2. Shān-shang yǒu hěn duō fángzi, měi suǒr fángzi qiántou dōu yǒu píngguǒshù.
3. Zhuōzi-shang yǒu bēi chá, bù zhīdào shi shéi de.
4. Dōnghú xībianr yǒu yì tiáo dà lù, lù de liǎng biānr dōu shi zhúzi.
5. Chéng-li yǒu ge mài yú de dìfang, nàr de yú hěn piányi.
6. Wǒ zhèr méi yǒu tā yào de nèi ge dōngxi. (Contrast: Wǒ méi yǒu tā yào de nèi ge dōngxi.)

4 Collocations including PW suffixes

1. Bào-shang méi yǒu zhèi ge xīnwén.
2. Shū-shang shuō zhèi zhǒng zhúzi zhǐ yǒu Zhōngguó yǒu.
3. Zìdiǎn-li méi yǒu zhèi ge zì ma? Méi yǒu.
4. Tā xìn-shang shuō zuìjìn gōngzuò hěn máng, kěshi shēntǐ hěn hǎo.
5. Wǒ zhèi zhāng dìtú-shang yǒu liǎng ge Xīshān.
6. Shōuyīnjī-shang shuō zuìjìn mǎi fángzi de rén shǎo le.

5 Modification by place expressions

1. Fángzi hòutou de shù dōu shi píngguǒshù ma?
2. Lǎo Zhāng pángbiānr de nèi ge nǚ-de shì shéi? Nà shi tā mèimei.
3. Wǒ hěn xǐhuan hú zhōngjiànr de nèi suǒr xiǎo fángzi.
4. Yǐzi-shang de nèi běn dìlǐ shū shi shéi de?
5. Tā zuì xiǎng chī de jiù shi Xīhú-li de yú.
6. Nǐ měi tiān wǎnshang dōu kàn diànshì-shang de xīnwén ma?

6 The particle 'le' indicating imminent action

1. Běijīng kuài dào le ma? Kuài le! Kuài le!
2. Wǒ yào shuì-jiào le, bù néng zài chī le.
3. Tā jǐ suì? Kuài bá suì le.
4. Nán bu nán? Bú tài nán, wǒ kuài huì le.
5. Tā de shēngrì jiù yào dào le, nǐ juédìng sòng tā shénme?
6. Xīnwén shíjiān kuài dào le, wǒmen tīngting xīnwén ba!
7. Tiānqi kuài yào lěng le, wǒ děi qù mǎi máoyī le.

7 Stative verbs as adverbs

1. Tā jiā zài chéng lǐtou, hěn róngyì zhǎo.
2. Zhōngwén hěn nán xué ma? Bù nán xué!
3. Zhōngguó cài hǎo-chī, kěshi bù hǎo zuò (= nán zuò).
4. Zhèi jiàn shì hěn nán juédìng ma? Hěn nán juédìng, wǒmen wènwen biéde rén ba!
5. Hú-biānr de fēngjǐng zhēn hǎo-kàn.
6. Zhèi ge yīnyuè hěn hǎo-tīng.
7. Tā sòng wǒ de nèi píng jiǔ bù hǎo-hē.
8. Lǎo Wáng qǐng kè, rén duō cài shǎo, bú gòu chī.
9. Wǒ xiǎng xiě xìn wènwen tā Běijīng yǒu shénme hǎo-wánr de dìfang.

VII EXPANSION DRILLS

1

Shān-shang yǒu wèi xìng Zhāng de.
Shān-xia yǒu wèi xìng Táng de.
Xìng Zhāng de rènshi xìng Táng de.
Xìng Táng de yě rènshi xìng Zhāng de.
Xìng Zhāng de yǒu shì yào zhǎo xìng Táng de.
Xìng Táng de yě yǒu shì yào zhǎo xìng Zhāng de.

2

Fángzi.
Dà fángzi.
Hǎo-kàn de dà fángzi.
Hěn hǎo-kàn de dà fángzi.

Nèi suǒ hěn hǎo-kàn de dà fángzi.

Dōngbian de nèi suǒ hěn hǎo-kàn de dà fángzi.

Xīhú dōngbian de nèi suǒ hěn hǎo-kàn de dà fángzi.

Zhǎo Xīhú dōngbian de nèi suǒ hěn hǎo-kàn de dà fángzi.

Yào zhǎo Xīhú dōngbian de nèi suǒ hěn hǎo-kàn de dà fángzi.

Tāmen yào zhǎo Xīhú dōngbian de nèi suǒ hěn hǎo-kàn de dà
fángzi.

VIII EXERCISES

1 Answer these questions on the basis of the Presentation:

1. Nánshān Rénmín Gōngshè yígòng yǒu jǐ ge qìxiàngzhàn?
2. Nèi ge zuì xiǎo de qìxiàngzhàn zài shénme dìfang?
3. Zhèi ge qìxiàngzhàn qián-hòu yǒu shénme? Fēngjǐng zěnme-
   yàng?
4. Xiǎo Zhāng qǐng péngyou qù zuò shénme?
5. Xiǎo Wáng de jiā zài nǎr?
6. Tāmen liǎng ge rén shi dìjǐ cì qù Nánshān?
7. Nánshān-li de lù hǎo zhǎo ma?
8. Xiǎo Wáng wèishenme bù xiǎng wèn bié rén qù qìxiàngzhàn
   zěnme zǒu?

2 Use the information provided in sentence (a) to expand sentence
   (b) by means of a place-word phrase:

Example: a. Nèi běn shū zài zhuōzi-shang. ⎱
          b. Wǒ xiǎng kàn nèi běn shū.   ⎰
   → Wǒ xiǎng kàn zhuōzi-shang de nèi běn shū.

1a. Nèi suǒ fángzi zài shān-shang.
 b. Nèi suǒ fángzi hěn hǎo-kàn.
2a. Zhúzi zài shān xiàtou.
 b. Méi yǒu rén bù xǐhuan zhúzi.
3a. Nèi ge wǎn zài tā qiánbian.
 b. Nèi ge wǎn lǐtou shi shénme?
4a. Nèi fèn bào zài zhuōzi-shang.
 b. Nèi fèn bào bú shi jīntiān de ba?
5a. Nèi wèi tóngzhì zài nǐ hòutou.
 b. Nèi wèi tóngzhì guì xìng?

6a. Yú zài hú-li.
 b. Yú tài hǎo-chī le.
7a. Nèi ge dōngxi zài shuǐ-li.
 b. Nèi ge dōngxi shi shénme?
8a. Píngguǒ zài shù-shang.
 b. Háizimen xiǎng chī píngguǒ.

3 Replace the stative verbs in these sentences by their antonyms
  so as to reverse the meaning of the sentences:

Zhōngwén hěn nán xué.→Zhōngwén hěn róngyì/hǎo xué.

1. Tā zuò de cài zhēn hǎo-chī.
2. Tā shuō de nèi jiàn shì hěn róngyì zuò.
3. Shōuyīnjī-li de yīnyuè tài nán-tīng le.
4. Tā gōngzuò de dìfang nán zhǎo ma?
5. Jīntiān wǎnshang de diànshì zhēn hǎo-kàn.
6. Shéi bù xǐhuan tīng hǎo-tīng de huà?

4 Explain the function of the particle *le* in these sentences:

1. Tài wǎn le, tā bù zǒu le.
2. Tā jiù yào zǒu le.
3. Zuótiān tā huì, jīntiān tā bú huì le.
4. Wǒ kuài huì le.
5. Lǎo Wáng jīnnián wǔshí le.
6. Lǎo Zhāng kuài wǔshí le.
7. Xièxie nín, bù hē le, wǒ děi zǒu le.

LESSON NINE

■ I PRESENTATION

Lǐ shīfu shi wǒmen chéng-li yí ge tiěgōngchǎng de lǎo gōngrén, tā àiren zài Dìbā Xiǎoxué jiāo-shū.

Craftsman Li is an old worker in an iron works in our town; his wife teaches in No. 8 Primary School.

Tāmen yǒu liǎng ge háizi, yì nán yì nǚ,[n.2] dōu yǐjing èrshi duō le.

They have two children, one male one female, both already over 20.

Nánháizi shi jiěfàngjūn, bù cháng zài jiā; nǚháizi zài bǎihuò shāngdiàn dāng shòuhuòyuán.

The boy is in the army, and is not often at home; the girl is an assistant in a store.

Lǎo Lǐ méi yǒu jiěmèi, zhǐ yǒu yí ge dìdi jiào Lǐ Míngdào, yǐqián zài dàxué xué nóng,

Li has no sisters, only a younger brother called Mingdao, who previously studied agriculture at university

xiànzài zài Qīngshān Rénmín Gōngshè gǎo shuǐlì, shi ge gànbù.

and now goes in for water conservancy at Qingshan People's Commune; he's a cadre.

Rén hěn bú-cuò, wénhuà shuǐpíng yě gāo, kěshi jīnnián yǐjing sānshiwǔ le, hái méi yǒu duìxiàng.

As a person he is very nice, his standard of education is high, but he is already 35 this year and still hasn't a girl-friend.

Yīnwei fùmǔqin dōu bú zài le, zhèi ge zuò gēge de chángcháng wèi zhèi jiàn shì zháojí.

Because their parents are both passed on, this elder brother constantly worries over this matter.

Zuìjìn dìdi xiǎng xué wàiyǔ,
xiě xìn qǐng gēge tì tā zài
chéng-li mǎi liǎng běn shū.

Just lately the younger
brother wants to learn foreign
languages; he has written to
ask his elder brother to buy
two books in town for him.

Jīntiān xīngqī-rì,[n.6] lǎo Lǐ jiu
qù gěi dìdi bàn zhèi jiàn shì,
zài lù-shang . . .

Today is Sunday, so Li goes
to tend to this matter for his
brother; on the way . . .

■ II DIALOGUE

Wang: Ái! Lǐ shīfu, hǎo jiǔ bú
jiàn, hái rènshi wǒ ma?

Hey, 'old hand' Li, it's
been a long time. Do you
still recognize me?

Li: Xiǎo Wáng! Dāngrán
rènshi, hǎo jiǔ bú jiàn!
Xiànzài zài něi ge dānwèi
gōngzuò a?

Young Wang! Of course I
recognize you, it's been a
long time! Which unit do
you work in now?

Wang: Sān-líng-liù Chǎng, háishi
dāng gōngrén.

Factory 306. I am still a
worker.

Li: Nà hǎo a, yǒu jǐ ge háizi
le?

That's fine. How many
children have you now?

Wang: Liǎng ge, yì nán yì nǚ, bù
néng zài shēng le.

Two, one boy one girl, we
can't face having any more
now.

Li: Ě, xiǎo Wáng, nǐ
hǎoxiàng yǒu ge mèimei,
shì bu shì?

I say, young Wang, it
seems to me you've got a
younger sister, isn't that
right?

Wang: Shì a, xiànzài zài Qīngshān
Gōngshè.

That's right, she's now in
the Qingshan Commune.

Li: Qīngshān Gōngshè?! Wǒ
dìdi yě zài Qīngshān a. Nǐ
mèimei zài něi ge
shēngchǎnduì?

Qingshan Commune? My
brother's at Qingshan too!
Which production team is
your sister in?

Wang: Hǎoxiàng shi Dōnghú
Dàduì.

The Donghu Brigade, as I
recall.

Li: Tài hǎo le! Wǒ dìdi yě zài Dōnghú. Yǒu jīhuì néng bu néng gěi tāmen jièshao jièshao, wǒ dìdi hái méi . . .

Marvellous! My brother's at Donghu too. If you get the chance can you introduce them, my brother still hasn't . . .

Wang: Tài wǎn le! Wǒ mèimei yǐjing yǒu duìxiàng le.

Too late! My sister is already going steady.

Li: Ō?! Zhēn de?

Oh, really?

Wang: Dāngrán shi zhēn de, tā duìxiàng yě xìng Lǐ, jiù[n.4] zài tāmen shè-li gǎo shuǐlì, hǎoxiàng jiào Lǐ Míngdào.

Of course it's true, her boyfriend's name is Li too, he works on water conservancy just in their commune. I think he's called Li Mingdao.

Li: Shénme?! Lǐ Míngdào! Nà bú jiùshi wǒ dìdi ma?

What? Li Mingdao! Isn't that that very younger brother of mine?

III SKETCHES

1

A: Hǎo jiǔ bú jiàn, jiā-li rén dōu hǎo ba?

Long time no see, everyone at home all right?

B: Dōu hǎo. Zuìjìn háishi nàme máng ma?

Yes. Have you been as busy as ever lately?

A: Yíyàng. Ě, nǐ gēge xiànzài zài něi ge dānwèi gōngzuò a?

The same. I say, which unit does your elder brother work in now?

B: Zài Èr Zhōng jiāo-shū.[n.5]

He teaches in No. 2 Middle (school).

A: Nǐ jiějie ne?

What about your elder sister?

B: Zài Xīnhuá Shūdiàn dāng shòuhuòyuán.

She's a sales assistant in the New China Bookshop.

A: Nǐ dìdi hái zài Èr-líng-sì Chǎng ma?

Is your younger brother still in Factory 204?

B: Bù, tā bú zài gōngchǎng le. Xiànzài shi wǒmen shè-li de qìxiàngyuán, zài shān-shang gōngzuò.

No, he's no longer at the factory. Now he's our commune's weatherman, he works up the mountain.

A: Nǐ mèimei bú zài
   Rénmín Rìbào le ba?
B: Hái zài. Tā jiù xǐhuan gǎo
   xīnwén gōngzuò.
A: Nǐ zhīdao wǒ xiànzài zài
   něi ge dānwèi ma?
B: Bù zhīdào. Ō! Wǒ zhīdao
   le, shì bu shi zài
   gōng'ānjú?

Your younger sister wouldn't
still be at the *People's Daily*?
She's still there. That's just
what she likes, news work.
Do you know what unit I
work for now?
No. Oh, I know now, is it for
the public security bureau?

2

A: Bù zǎo le, wǒ děi zǒu le!
B: Bié zǒu le, jiù zài wǒmen
   zhèr chī-fàn ba!
A: Bù le, xièxie. Wǒ hái děi
   qù gěi wǒ mèimei mǎi
   dōngxi.
B: Tāmen hái zài shān-shang
   ma?
A: Shì a. Tā shuō shān-shang
   yǐjing lěng le, jiào wǒ tì
   tā mǎi jiàn máoyī.

B: Tāmen yǒu jǐ ge háizi le?

A: Sān ge le, dōu hái xiǎo.
   Tiāntiān wèi zhèi sān ge
   háizi máng.
B: Tā àiren ne?
A: Tā àiren zuìjìn tì péngyou
   zài chéng-li de zhōngxué
   jiāo-shū, hěn shǎo zài jiā.

B: Xiànzài dàjiā hǎoxiàng
   dōu hěn máng. Nǐ yàoshi
   xiě xìn, qǐng nǐ tì wǒ wèn
   tāmen hǎo!

It's late, I have to go!
Don't go, have something to
eat right here with us!
I won't, thanks. I still have to
go and buy something for my
younger sister.
Are they still up in the hills?

That's right. She says it's
already cold up in the hills,
and has told me to buy a
sweater for her.
How many children have they
got now?
Three, all still small. She's
kept busy all the time by
these three kids.
What about her husband?
Just lately her husband has
been teaching in a middle
school in town in place of a
friend, and is very little at
home.
Everyone seems to be busy
now. If you write, please ask
after them for me.

IV VOCABULARY

shīfu (N)	master craftsman; old hand
tiě (N)	iron
(gōng)chǎng (N)	factory, works
gōngrén (N)	worker, workman
xiǎoxué (N)	junior school
nán (AT)	male
yǐjing (A)	already
jiěfàngjūn (N)	Liberation Army; member of same
jiěfàng (V/N)	liberate; liberation
bǎihuò shāngdiàn (N)	'hundred goods shop', i.e.
	(department) store
(shāng)diàn (N)	shop, store
dāng (CLV)	be (in position of), serve as
shòuhuòyuán (N)	'sell goods person' – shop assistant
jiěmèi (N)	sisters (older and younger)
dìdi (N)	younger brother
dàxué (N)	university
nóng (N)	agriculture
gǎo (V)	do, go in for, make, get up to
shuǐlì (N)	water conservancy
gànbù (N)	cadre
cuò (N/SV)	mistake; wrong, in error
bú-cuò (IE)	that's right; not bad, pretty good
wénhuà (N)	culture; (standard of) education
shuǐpíng (N)	level, standard
gāo (SV)	high; tall
duìxiàng (N)	object (of affection); girlfriend or
	boyfriend
zuò (CLV)	be, act as, serve as
gēge (N)	elder brother
wèi (CV)	because of, for the sake of
zháojí (SV)	anxious, worried
wàiyǔ (N)	foreign language
tì (CV)	on behalf of; for
(V)	to stand in for
xīngqī-rì/tiān (TW)	Sunday
xīngqī (N)	week

gěi (CV)	for; in the interests of
bàn (V)	do, manage, see to
bàn shì (VO)	see to matters, business
hǎo jiǔ bú jiàn (IE)	long time no see
dānwèi (N)	unit; place of work
hǎoxiàng (MA)	seemingly, as if
shēngchǎnduì (N)	production team
shēngchǎn (V/N)	produce; production
dàduì (N)	'big team' – brigade
jīhuì (N)	opportunity
jièshao (V/N)	introduce; introduction
gěi rén jièshao	effect an introduction for somebody
wǎn (SV)	late
(shi) zhēn (de) (SV)	be true
shūdiàn (N)	bookshop
Rénmín Rìbào (PR)	*People's Daily*
gōng'ānjú (N)	public security bureau
bié (= bú yào)	don't (neg. imperative)
jiào (V)	tell; order
zhōngxué (N)	middle school
wèn X hǎo (IE)	ask after, give regards to X

V GRAMMAR

1 Coverbs (Speech Patterns 1(b), 2,3)

In that they introduce phrases that define when, where, how, for whom, etc., the action of the main verb takes place or is initiated, coverbs serve the same function as prepositions: *tā àiren zài xiǎoxué jiāo-shū*, 'his wife teaches *at* junior school'. They are called coverbs, and not prepositions, because they are recognizably verbs, though some have lost the facility to function independently. *Zài*, 'be located', *yòng*, 'use', and *gěi*, 'give' we have already met in their role as central verbs; as coverbs they become 'in, at (a place or time)', 'with' (instrumental), and 'for' (the benefit of) respectively. *Gēn* as a verb has the meaning 'go along with, follow'; as a coverb it means 'with'. The verb *tì* means 'substitute for, replace'; the coverb *tì* means 'on behalf of' (and as such may overlap with *gěi*). *Wèi*, 'for the sake of, because of' will be met only as a coverb.

As a type of verb, coverbs can be negated: *tā bú zài xiǎoxué jiāo-shū*, 'she does not teach at junior school' – she teaches somewhere else. (If the negative governs the central verb it is the activity that is being negated: *tā zài jiā bù hē jiǔ*,' he *does not* drink at home' – regardless of whatever else he does there). It is negatability that distinguishes the coverb *gēn* from the conjunction *gēn: wǒ bù gēn tā qù*, 'I am not going with him', as opposed to '*wǒ gēn tā dōu bú qù*', 'I and he are both not going'.

2 Balance

There is a noticeable predilection for evenly balanced phrases in Chinese. These tend to conform to the laws of Classical Chinese, thereby 'freeing' words that are bound in the modern language. An example here is *yì nán yì nǚ*. *Nán*, 'male' and *nǚ*, 'female' are used in modern Chinese only as attributives; the classical rules permit their use as nouns, 'a male' and 'a female'. At the same time the need for a classifier is dispensed with. The colloquial equivalent is *yí ge nán-de yí ge nǚ-de*.

3 Roles (Speech Patterns 4)

If 'being' means 'having the position of', it is *dāng* or *zuò* rather than *shì*. *Tā shi gōngrén* identifies 'him' with 'worker'; *tā dāng gōngrén* emphasizes the aspect of his status as worker, or having the job of worker. Noun constructions can also be expanded by means of the *dāng/zuò . . . de* framework to stress the role aspect: *zhèi ge zuò gēge de*, 'this one who is in the position of elder brother'; *dāng kèren de*, 'those who are in the position of guests'.

4 'Jiù'

Like similarly ubiquitous words in other languages, *jiù* is often difficult to pin down to a precise meaning. We have met it in its role of introducing the consequence that flows from a premise in the *yàoshi . . ., jiù . . .* construction; and as indicating imminence in combination with *le*; and, in the form of *jiùshi*, in the sense of 'precisely, just, the very –' etc. The last applies loosely to some other occurrences in this lesson: *jiù zài tāmen shè-li gǎo shuǐlì*, 'goes in for water conservancy in their very commune', i.e. no further afield, 'just' there; and *tā jiù xǐhuan gǎo xīnwén gōng-zuò*, 'she "*just*" likes to do news work', meaning that news work is the very thing she likes to do (other things pale in comparison) – to be distinguished from *tā zhǐ xǐhuan . . .*, 'she only likes . . .' (other things are ruled out).

5 Abbreviations

Names of institutions, campaigns, movements, etc., are foreshortened in common parlance. In English we can use acronyms, in Chinese such names are reduced to a few (usually two) key characters. Thus *Dìèr Zhōngxué*, 'No. 2 Middle School' comes out as *Èr Zhōng*.

6 Days of the week

Numbers are simply added to the word *xīngqī*, 'week' to designate the days from Monday (*xīngqī-yī*) through to Saturday (*xīngqī-liù*). 'Sunday' is either *xīngqī-rì* or *xīngqī-tiān*. The word *lǐbài* (not used in these lessons) is an alternative to *xīngqī*.

VI SPEECH PATTERNS

1 Verbal expressions in series

(a) *First verb as functive verb (the verbs in series are marked by dots)*

1. Míngtiān shi wǒmen jiā lǎo èr de shēngrì, wǒmen xiǎng m̤ǎi ge dōngxi g̤ěi tā. (L.6)
2. (Tā) x̤iě xìn g̤ěi wǒ gēn xiǎo Wáng, qǐng wǒmen zhèi liǎng ge chéng-li rén q̤ù w̤ánr. (L.8)
3. Wǎnshang yǒu kèren, wǒ děi q̤ù m̤ǎi cài.
4. Tā xiǎng z̤uò· dùn Fǎguó cài ch̤ī.
5. Nǐ wèishenme bù m̤ǎi píng hǎo jiǔ h̤ē?
6. Shān-li méi rén, tā hěn xiǎng zh̤ǎo ge péngyou sh̤uō-huà.
7. Tā fùmǔ yào s̤òng tā q̤ù x̤ué nóng, kěshi tā xiǎng xué yīnyuè.

8. Tā nàr méi yǒu shūdiàn. Tā xiě xìn qǐng tā gēge tì tā mǎi shū.
9. Dìwǔ Zhōngxué yào zhǎo rén jiāo wàiyǔ, nǐ kěyǐ jièshao wǒ qù ma?
10. Nǐmen yǒu fàn chī, yǒu shū niàn, hái yào shénme?

(b) First verb as coverb (the coverbs are marked by dots)

1. Duìbuqǐ, zhèr bù zhǔn shuō Shànghǎi huà, qǐng nǐ yòng pǔtōnghuà shuō.
2. Xīngqī-sān wǒ bù néng qù, qǐng nǐ tì wǒ gēn lǎoshi shuō-yi-shuo.
3. Tā gěi de qián tài shǎo le, méi rén kěn gěi tā zuò-shì.
4. Shéi gěi zhèi sān ge háizi zuò-fàn?
5. Nǐ xiǎng gēn shéi xué Zhōngwén?
6. Wǒ bú ài gēn nèi zhǒng rén shuō-huà.
7. Nǐ zěnme néng yòng nǐ fùmǔ gěi nǐ mǎi shū de qián mǎi jiǔ hē ne? Wǒ zhīdao wǒ cuò le.
8. Qǐng nǐ tì wǒ yòng Zhōngguó huà gēn tāmen shuō-yi-shuo, hǎo bu hǎo?
9. Nǐ sānshiwǔ le, hái méi duìxiàng, wǒ zhēn wèi nǐ zháojí!
10. Bié zháojí le, gěi wǒ jièshao yí wèi nǚpéngyou jiu xíng le.
11. Bù zhǔn gěi tā xiě xìn: a. Bù zhǔn xiě xìn gěi tǎ.
    b. Bù zhǔn tì tā xiě xìn.

2 'Zài' as coverb giving setting for main action

Pattern: S *zài* PW   V O
      Tā zài xiǎoxué jiāo-shū.

1. Jīntiān wǎnshang méi shì, wǒ xiǎng zài jiā kànkan shū, xiěxie xìn.
2. Zhāng jiā de lǎo èr, lǎo sān dōu zài Èr Zhōng niàn-shū ma? Bú-cuò, dōu zài Èr Zhōng.
3. Nǐ xǐhuan zài wàiguó gōngzuò ma? Zhè hěn nán shuō.
4. Tiānqi tài rè le, hěn duō rén zài fángzi wàitou shuì-jiào.
5. Tā xiǎng zài chéng-wài gǎo ge xiǎo gōngchǎng.
6. Háizimen hǎoxiàng dōu ài zài hǎi-bian wánr. (*hǎi-bian*, 'seaside')

7. Tā bú zài nèi ge shāngdiàn mǎi dōngxi, tā shuō nàr de dōngxi guì.
8. Zài chéng-li zhǎo gōngzuò hěn bù róngyì, jīhuì tài shǎo le.
9. Tā shuō nèi ge dìfang jiu zài Shànghǎi de xīnánbianr. Qǐng nǐ zài dìtú-shang zhǎozhao.
10a. Tā bú zài jiā hē jiǔ. (Tā zài nǎr hē jiǔ? Zài jiā hē ma?)
   b. Tā zài jiā bù hē jiǔ. (Tā zài jiā hē bu hē jiǔ?)

3 Modification of nouns by clauses containing place expressions

Pattern: *zài* PW   V   O   *de* N
       zài shāngdiàn mǎi dōngxi de rén

1. Nèi tiān *zài nǐ jiā chī-fàn de* nèi wèi xiānsheng shì bu shi xué nóng de?
2. *Zài zhèi ge dàxué jiāo-shū de* lǎoshī dōu shi Yīngguó rén ma?
3. Méi yǒu rén rènshi nèi wèi *zài nàr he jiǔ de* lǎo tàitai.
4. *Zài shù-shang chī píngguǒ de* nèi liǎng ge háizi shi shéi jiā de?
5. *Zài Dōnghú qiánbian mài bào de* nèi ge rén yǐqián shi xué xīnwén de.
6. Wǒ hěn xiǎng zhīdao nèi wèi tiāntiān *zài dàxué qiánbian dǎ tàijíquán de* lǎo xiānsheng duōshao suì le.
7. Nèi wèi jiùshi *zài wǒmen gōngshè gǎo shuǐlì de* Lǐ shīfu, yǐqián shi jiěfàngjūn.
8. Wǒ nèi wèi *zài gōng'ānjú gōngzuò de* péngyou wàiyǔ shuǐpíng hěn gāo, yě hěn huì bàn shì.

4 Classifactory verbs relating to job, status, function, etc.

1. Tā liǎng ge dìdi dōu zài Dìyī Tiěgōngchǎng dāng gōngrén.
2. Hěn duō rén dōu xiǎng dāng bǎihuò shāngdiàn de shòuhuòyuán.
3. Zài zhèr dāng lǎoshi de dōu xǐhuan hē jiǔ ma?
4. Xiǎo Wáng xiǎng dāng jiěfàngjūn, kěshi bú gòu gāo.
5. Zuò fùmǔ de shéi bú ài érnǚ?
6. Lǎo Wáng shuō-huà hěn bù hǎo-tīng, méi rén xǐhuan gēn tā zuò péngyou.
7. Zuò kèren de dāngrán bù néng shuō cài bù hǎo-chī.

5 Subject-predicate predicates (see Lesson 7, n.3)

1. Tā gēge rén hǎoxiàng bú-cuò.
2. Tā dìdi shēntǐ bú-cuò, rén yě jīngshen.
3. Wǒ mèimei niàn-shū hǎo, bàn shì bù xíng.
4. Lǎo Zhāng rén gāo, wénhuà yě gāo.
5. Zhōngguó dì dà rén duō.
6. Zhè dìfang qiántou yǒu hú, hòutou yǒu shān, fēngjǐng zhēn bú-cuò.
7. Tā àiren zuò de cài, jī hǎo-chī, yú bù hǎo-chī.
8. Jīntiān xīngqī-tiān, měi ge shāngdiàn rén dōu hěn duō.
9. Shān-shang shù duō fángzi shǎo.
10a. Tā mèimei gōngzuò hǎo. (generally capable in her work)
  b. Tā mèimei de gōngzuò hǎo. (same as (a); *or* referring to her job).

VII EXPANSION DRILLS

1

Jiěfàngjūn.
Dāng jiěfàngjūn.
Yào dāng jiěfàngjūn.
Tā dìdi yào dāng jiěfàngjūn.
Tā dìdi jiǔ suì jiu yào dāng jiěfàngjūn.
Tā dìdi jīnnián jiǔ suì jiu yào dāng jiěfàngjūn.
Tā de xiǎo dìdi jīnnián jiǔ suì jiu yào dāng jiěfàngjūn.
Tā zuì xiǎo de dìdi jīnnián jiǔ suì jiu yào dāng jiěfàngjūn.

2

Hǎo.
Dōu hǎo.
Gōngzuò dōu hǎo.
Gōngrén gōngzuò dōu hǎo.
Gōngrén, gègèr gōngzuò dōu hǎo.
Gōngchǎng de gōngrén, gègèr gōngzuò dōu hǎo.
Gōngshè gōngchǎng de gōngrén, gègèr gōngzuò dōu hǎo.
Wǒmen gōngshè gōngchǎng de gōngrén, gègèr gōngzuò dōu hǎo.

VIII EXERCISES

1 Answer these questions in accordance with the Presentation passage:

1. Lǐ shīfu shi shénme dìfang de gōngrén?
2. Lǐ shīfu de àiren zài něi ge dānwèi gōngzuò?
3. Tāmen yǒu jǐ ge háizi? Dōu hěn dà le ma?
4. Tāmen de nǚ'ér zài nǎr dāng shòuhuòyuán?
5. Lǐ shīfu de dìdi yǐqián zài dàxué xué shénme?
6. Tā xiànzài zuò shénme gōngzuò?
7. Lǐ shīfu de dìdi jīnnián duōshao suì le? Wèishenme Lǐ shīfu tì tā zháojí?
8. Lǐ shīfu nèi tiān qù bàn shénme shì?
9. Lǐ shīfu de péngyou xiǎo Wáng xiànzài zài něi ge dānwèi gōngzuò?
10. Xiǎo Wáng mèimei de duìxiàng shi shéi?

2 Incorporate the verbal expression (a) into sentence (b):

1a. xiě xìn
 b. Tā qǐng wǒ qù chī-fàn.
2a. mǎi běn shū
 b. Wǒ xiǎng sòng rén.
3a. zhǎo lǎo Lǐ
 b. Wǒ xiǎng qù hē liǎng bēi.
4a. gēn Wáng xiānsheng
 b. Tā yào xué Zhōngwén.
5a. tì tā
 b. Nǐ bú yào shuō-huà.
6a. gěi wǒmen
 b. Tā bú zuò-shì.
7a. wèi péngyou
 b. Tā tiāntiān máng.
8a. yòng pǔtōnghuà
 b. Qǐng nǐ shuō ba.
9a. gēn nǚháizi
 b. Tā bù xǐhuan shuō-huà.
10a. zài nèi ge shāngdiàn
 b. Tā bù xiǎng mǎi máoyī.
11a. zài chéng-li
 b. Dàjiā dōu zhǎo gōngzuò.
12a. zài húbiānr
 b. Wǒmen dōu xǐhuan hē chá.

3 Translate the following pair of sentences into English (note the difference between generalized and particular objects):

1a. Tā yào qǐng wǒ chī-fàn.
 b. Tā yào qǐng wǒ chī Dōnghú-li de yú.
2a. Tā hěn ài hē jiǔ.
 b. Tā hěn ài hē Fǎguó jiǔ.
3a. Tā zài Èr Zhōng jiāo-shū.
 b. Tā zài Èr Zhōng jiāo dìlǐ.
4a. Tā bù xǐhuan shuō-huà.
 b. Tā bù xǐhuan shuō pǔtōnghuà.
5a. Tā chángcháng yí ge rén zài hú-bian kàn-shū.
 b. Tā xiǎng kàn nèi běn Zhōngwén shū.
6a. Tā yào tì wǒ gěi qián.
 b. Tā yào tì wǒ gěi píngguǒ qián.
7a. Shéi gěi nǐmen zuò-fàn chī?
 b. Shéi gěi nǐmen zuò yú chī?
8a. Wǒmen qù mǎi dōngxi hǎo bu hǎo?
 b. Wǒmen qù mǎi shōuyīnjī hǎo bu hǎo?
9a. Tā bù cháng gěi jiā-li xiě xìn.
 b. Tā bù cháng xiě zhèi zhǒng xìn.

4 Translate these sentences into Chinese:

1. He used to teach in a middle school.
2. They are going to buy a radio for their son.
3. She writes to her parents every week.
4. Though he is Chinese he doesn't speak to me in Chinese.
5. She often does her shopping at the little shop at the foot of the mountain.
6. I think I'll stay at home and watch TV tonight.
7. She's very fond of children. She wants to be a primary-school teacher.
8. Nobody wants to be friends with him any more.
9. Do you know the young lady who sells papers in front of the university?
10. I'm OK now, don't worry about me.

LESSON TEN

■ I PRESENTATION

Lǎo Qián zài Lúndūn chéng-li
de yí ge túshūguǎn gōngzuò.

Old Qian works in a library
in London town.

Tā cóng xiǎo jiu duì
Zhōngguó yǒu xìngqu:

From his youth he has been
interested in China:

ài kàn Zhōngguó diànyǐngr,
ài tīng Zhōngguó yīnyuè,
gèng ài chī Zhōngguó cài.

he likes to see Chinese films,
likes to listen to Chinese
music, even more likes to eat
Chinese food.

Jǐ nián qián[n.2] kāishǐ xuéxí
Zhōngwén, xiànzài yǐjing
rènshi liǎng-sān qiān ge
Hànzì.

A few years ago he began to
study Chinese, now he
already knows two or three
thousand Chinese characters.

Gēn Zhōngguó péngyou tán-
tiānr, kàn pǔtōng de
Zhōngwén shū-bào, dōu méi
yǒu shénme dà wèntí.

In chatting with Chinese
friends, and reading ordinary
Chinese books and papers, he
hasn't any great problem.

Tā zǎojiù xiǎng dào
Zhōngguó qù lǚxíng, kànkan
Zhōngguó rén píngcháng de
shēnghuó qíngxing,

He has long since wanted to
go to China to travel, and
take a look at the ordinary
conditions of life of the
Chinese,

kěshì yīnwei tā de qián
zǒngshi bú gòu, suǒyǐ yìzhí
méi fázi qù.

but because his money has
always been insufficient, so
all along he has had no way
of going.

Zuìjìn tā juéde bù néng zài
děng le, jiu juédìng zuò
huǒchē jīngguò Sūlián qù
Běijīng.

Lately he felt he could not
wait any further, so decided
to go by train through the
Soviet Union to Peking.

Suīrán lù-shang děi zǒu bā-jiǔ
tiān, yídìng hěn lèi, yídìng
hěn bù shūfu, kěshi zhè shi
qù Zhōngguó zuì piányi de
fázi.

Although on the way he
would have to travel for 8–9
days, and certainly would be
tired and uncomfortable, still
this is the cheapest means of
going to China.

Tā péngyou wèn tā, zài
huǒchē-shang de shíjiān nàme
cháng, tā dōu dǎsuàn zuò
shénme, shì bu shi děi dài jǐ-
shí běn xiǎoshuō kàn?

His friend asked him, (given
that) the time on the train
was so long, what (various
things) he planned to do:
would he have to take several
tens of novels to read?

Tā shuō tā bú dài xiǎoshuō.

He said he wouldn't take
novels.

Tā bú dài xiǎoshuō dài
shénme ne?

(If) he wouldn't take novels,
what would he take?

■ II DIALOGUE

A: Ēi, lǎo Qián! Nǐ zài zhèr
děng shéi a?
B: Děng shéi? Wǒ bù děng
shéi! Wǒ děng gōnggòng
qìchē dào chéng-li qù mǎi
piào.
A: Mǎi shénme piào? Shi
xìpiào háishi
diànyǐngpiào?
B: Dōu bú shì, wǒ qù mǎi
huǒchēpiào.
A: Yào qù lǚxíng a? Shì bu
shi dào běibianr qù?

Hey, Qian old fellow, who
are you waiting for here?
Who am I waiting for? I'm
not waiting for anybody! I'm
waiting for a bus to go to
town to buy a ticket.
What ticket? Is it a theatre
ticket or a film ticket?

Neither, I'm going to buy a
train ticket.
You are going travelling? Are
you going up north?

B: Bù, wǒ wàng dōng zǒu,
dào Zhōngguó qù.

A: Shénme?! Zuò huǒchē
dào Zhōngguó qù, nà děi
zǒu duōshao tiān a?!

B: Bú yào duōshao tiān, bā-
jiǔ tiān jiu gòu le.

A: Cóng zhèr dào Zhōngguó
yě yǒu fēijī a, wèishenme
bú zuò fēijī ne? Yòu kuài
yòu shūfu.

B: Shéi bù zhīdào zuò fēijī
yòu kuài yòu shūfu, kěshi
wǒ de qián zhǐ gòu mǎi yì
zhāng èr děng
huǒchēpiào. Méi fázi!

A: Zuò huǒchē dōu jīngguò
něi xiēⁿ˙⁷ guójiā a?

B: Wǒ hái bú tài qīngchu,
zhǐ zhīdao yídìng yào
jīngguò Sūlián.

A: Zhèi tiáo lù zhēn bú jìn,
zài huǒchē-shang de
shíjiān nàme cháng, nǐ
dōu xiǎng gànmá?
Kǒngpà děi dài jǐshí běn
xiǎoshuō ba?

B: Bú bì, wǒ zhǐ dài yì běn
Zhōngguó lìshǐ jiu gòu le,
zhèi tiáo lù suīrán cháng,
kěshi Zhōngguó de lìshǐ
bú shi gèng cháng ma?

No, I'm going east, going to
China.

What? Going to China by
train, how many days would
that take?

It won't take many days,
eight or nine will be enough.

There are planes going from
here to China, too, you
know; why don't you go by
plane? It's both quick and
comfortable.

Who doesn't know the plane
is both quick and
comfortable, but my money is
just enough to buy a second-
class rail ticket, no help for
it!

Which countries do you pass
through on the train?

I'm not too clear as yet, I
only know we will definitely
pass through the Soviet
Union.

The journey is really quite a
distance. With the time on
the train being so long, what
do you have in mind to do?
No doubt you'll have to take
dozens of novels.

No need for that, I'll just
take a history of China, that's
all. Although the way will be
long, isn't Chinese history
even longer?

III SKETCHES

1

A: Dào nǎr qù a?

B: Wǒ dào Xīchéng qù.

A: Zhème wǎn le, yòu zhème lěng, dào Xīchéng qù gànmá?

B: Méi fázi, wǒ děi qù kàn ge péngyou.

A: Nǐ dǎsuàn zěnme qù a?

B: Wǒ zhè shi dìyī cì qù, bù zhīdào shi zuò diànchē hǎo, háishi zuò gōnggòng qìchē hǎo.

A: Nǐ péngyou jiā zài Xīchéng shénme dìfang?

B: Tā shuō jiù zài Xīchéng Túshūguǎn hòutou.

A: Nà wǒ zhīdao, zuò diànchē qu fāngbiàn, yī-líng-jiǔ lù yìzhí kěyǐ dào túshūguǎn. Bú yòng huàn chē.

B: Nín zhīdao yī-líng-jiǔ lù chēzhàn zài nǎr ma?

A: Hěn jìn, cóng zhèr wàng běi zǒu, guò liǎng ge lùkǒu, xiàng yòu zhuǎn, bǎihuò shāngdiàn qiántou jiùshi.

B: Duōxiè, duōxiè!

A: Bú xiè.

Where are you off to?

I'm going to the West End (west part of town).

It's so late, and again so cold, what are you going to the West End for?

There's no help for it, I have to go and see a friend.

How do you reckon on getting there?

This is the first time I've gone, I don't know whether it would be better to go by tram or bus.

Whereabouts in the West End is your friend's home?

He said it's just behind the West End Library.

In that case I can tell you, it's easier to go by tram. You can get directly to the library by route 109. No need to change.

Do you know where the 109 route stop is?

Quite near, you go north from here, go over two intersections, turn to the right, and you'll find it in front of the department store.

Many thanks!

Not at all.

2

A: Jīntiān xīngqī-liù,
wǎnshang dǎsuàn dào nǎr
qù wánr?

B: Bù xiǎng dào nǎr qù, nǐ
ne?

A: Xiǎng qù kàn chǎng
Rìběn diànyǐngr, nǐ yǒu
mei you xìngqu a?

B: Nǐ qǐng-kè, wǒ jiu qù.

A: Méi wèntí! Nǐ qǐng wǒ chī
wǎnfàn, wǒ jiu qǐng nǐ
kàn diànyǐng.

B: Xíng! Wǒmen qù chī dùn
Rìběn fàn zěnmeyàng?

A: Hǎo a. Xiànzài jiù zǒu
ba, wǒ kāi-chē.

B: Chéng-li chē nàme duō,
yòu méi dìfang tíng,
háishi zuò dìtiě qù ba!

A: Nà tài bù fāngbiàn le,
zhōngjiànr yào huàn chē,
liǎng tóur hái děi zǒu-lù.

B: Nǐ pà zǒu-lù a? Dàjiā dōu
shuō zǒu-lù duì shēntǐ
hǎo.

A: Nǐ de shēntǐ yǐjing gòu
hǎo le, bú bì zài zǒu-lù
le, háishi zuò wǒ de chē
qù ba.

Today is Saturday, where do
you plan to go this evening
(for recreation)?
Nowhere in particular, what
about you?
I'd like to see a Japanese
film: are you interested?

I'll go if you're standing
treat.
No problem! If you treat me
to dinner, I'll treat you to the
film.
Done! What would you say
to us having a Japanese
meal?
All right. Let's leave now, I'll
drive.
There'll be so much traffic in
town, what's more there'll be
no place to park: let's go by
tube instead.
That's too inconvenient; you
need to change trains en
route, and have to walk at
both ends as well.
You're afraid of walking?
Everybody says walking is
good for your health.
Your health is good enough
already, you don't have to
get any more walking in; it
would be better to take my
car.

IV VOCABULARY

Lúndūn (PW)	London
túshūguǎn (N)	library
cóng (CV)	from (used of time and space)
xìngqu (N)	interest (directed towards, not inherent in something)
duì X yǒu xìngqu	take an interest in X
diànyǐng(r) (N)	motion picture
gèng (A)	still more, even more
qián (L)	before, ago
kāishǐ (V/N)	start
cóng. . . . kāishǐ	starting from. . . .
xuéxí (V/N)	'learn + practise'—study
qiān (NU)	thousand
tán-tiān(r) (V-O)	chat, natter
wèntí (N)	issue, question, problem
zǎojiù (A)	long since
lǚxíng (V/N)	travel
píngcháng (SV/A)	usual, everyday, ordinary; usually
shēnghuó (N/V)	life; live
yìzhí (A)	straight through, all along, directly
fázi (N)	way, means, method
méi fázi (IE)	have no way of; can't be helped
děng (V/M)	wait (for); grade, class
zuò (V/CV)	sit (on); travel by; by
huǒchē (N)	train
jīngguò (V/CV)	pass through, by; by way of
Sūlián (PW)	Soviet Union
shūfu (SV)	comfortable
bù shūfu (SV)	uncomfortable
(IE)	not feel well
cháng (SV)	long
dǎsuàn (V)	reckon on, have in mind to, plan to
dài (V)	bring, take along
xiǎoshuō (N)	(work of) fiction, novel
gōnggòng qìchē (N)	'public motor car'—bus
piào (N)	ticket, coupon
xì (N)	drama, play, show

wàng (CV)	in direction of, towards; bound for (also pronounced wǎng)
fēijī (N)	aeroplane
yòu (A)	again, then again
yòu. . .yòu. . .	both. . .and. . .
(yì)xiē (M)	some, several, a small amount
guójiā (N)	state, country
qīngchu (SV)	clear
gànmá? (IE)	do what? get up to what? what for?
bì, bìděi (MV)	must, have to
bú bì	no need to
lìshǐ (N)	history; history book
diànchē (N)	tram
fāngbiàn (SV)	convenient
huàn (V)	change, exchange
huàn chē (VO)	change trains or buses
chēzhàn (N)	station, stop
guò (V)	pass, cross
lùkǒu(r) (N/PW)	'road mouth' — turning, intersection
xiàng (CV)	toward(s)
zhuǎn (V)	turn
chǎng (M)	performance; spell
Rìběn (PW)	Japan
qǐng-kè (V-O)	invite guest; stand treat
kāi (V)	open (up/out); start; operate
kāi-chē (V-O)	drive
tíng (V)	stop, halt; park, berth
dìtiě (N)	short for dìxià tiědào, 'underground railway', tube

V GRAMMAR

1 Further implications of 'jiù'

(a) Following time expressions, *jiù* implies that the time is comparatively soon or early: *tā cóng xiǎo jiu duì Zhōngguó yǒu xìngqu*, 'from (when he was) young he "already" was interested in China'; *tā jiǔ suì jiu yào dāng jiěfàngjūn*, 'at the age of 9 he "already" wanted to be a soldier'.

(b) Following mention of requirements or conditions, *jiù* implies that these are easily met: *bā-jiǔ tiān jiu gòu le*, '(it only needs) eight or nine days then it will be enough' – 'eight or nine days will suffice'; *bú bì zuò chē, zǒu-lù qù jiu xíng le*, 'you don't need to take the bus, (you only need to) go by walking then it's manageable'.

2 Question words used in an indefinite sense (Speech Patterns 5)

Question words can be 'turned round' and used in the indicative mood. When this is done, *shéi*, 'who?' becomes 'anyone'; *shénme*, 'what?' becomes 'anything'; *nǎr*, 'where?' becomes 'anywhere'; *zěnme*, 'in what way?' becomes 'in any way'; *jǐ* and *duōshao*, 'what number?' become 'any number' (small or big respectively), and so on.

Special mention should be made of *jǐ* and *zěnme*. In the affirmative *jǐ* most commonly means 'a small number of, a few', as in *nǐ kěyǐ dài jǐ běn shū qu*, 'you can take *a few* books along'. It can combine with large round numbers either as a multiplier or as an extra few: *jǐshí jīn píngguǒ*, 'several tens of catties of apples' and *jǐqiān ge rén*, 'several thousands of people', and, the second case, *shíjǐ běn shū*, 'ten-odd books'. In the negative *jǐ* behaves as first described: *tā méi yǒu jǐ ge péngyou*, 'he hasn't any number of friends (to speak of)'.

Bù zěnme – is milder than might be deduced, meaning 'not particularly' rather than 'not in any way': *bù zěnme kuài*, 'not particularly fast'.

3 'Dōu' in requests for details (Speech Patterns 6)

Dōu, 'both, all', as you know, sums up a plurality of things or people with something in common, e.g. *wǒmen dōu yǒu xìpiào*, 'we all have theatre tickets'. It appears in a different role in questions asking for particulars to be enumerated, where it means 'severally, variously, in each case': the anticipated answer to the question *Nǐ dōu xiǎng chī shénme?*, would therefore include more than one item. In this second use *dōu* looks forward to the matter of the question, rather than backward to the subject/topic of the sentence.

4 Purpose in coming and going (Speech Patterns 4)

It was pointed out that with verbal expressions in series the relationship between them may be one of purpose. Clearly this will be the case where the first verb is *lái*, 'come' or *qù*, 'go', as one normally bestirs oneself in order to do something. The odd thing with *lái* and *qù* is that they may occur *after* the business which is the object of the coming or going, as either additional to or in place of the same verb in the first position. That gives three possible permutations for sentences that combine motion and purpose, for example:

Wǒ lái mǎi bào.
Wǒ mǎi bào lai.
Wǒ lái mǎi bào lai.

all of which mean the same thing, 'I have come to buy a paper'. When they come after the main business, *lai* and *qu* lose whatever tone they might have had, and have been called 'particles of purpose'.

5 Passengers (Speech Patterns 3)

Travelling on a vehicle or vessel as a passenger is assumed to be a sedentary occupation, hence the Chinese word for 'to go by' is *zuò*, 'to sit': *Nǐ wèishenme bú zuò fēijī ne?*, 'Why don't you go by plane?' *Zuò* also acts as a coverb, when it just translates as 'by': *zuò huǒchē dào Zhōngguó qù*, 'go to China by train'.

6 Choice accentuated

As we have seen, alternatives can be presented simply by juxtaposition: *nǐ lèi/bu lèi?*, 'you are tired (or) not tired?'; *zhèi ge hǎo/nèi ge hǎo?*, 'this one is good (or) that one is good?' Marking of alternatives is, however, very common. It may be done by prefacing the different prepositions with *shì*, 'it is the case', as in *Shì nǐ gāo/shi tā gāo?*, 'It is the case that you are tall (or) it is the case that he is tall?' Or the second alternative may be introduced by *háishi*, 'rather', with or without a matching *shi* for the first alternative, as in *Nǐ (shi) xǐhuan kàn diànyǐng/háishi xǐhuan kàn xì?*, 'You like seeing films (or) rather like seeing plays?' The initial markers *shi* and *háishi* may be reinforced by the particle *ne* as an end-marker.

In suggestions, *háishi* announces a preference after consideration of alternatives: *Wǒmen háishi zuò dìtiě qù ba!*, 'Let us rather (=It would be better to) go by underground'.

7 '(yì)xiē'

Xiē or *yìxiē* denotes a small indefinite number or amount. It generally modifies the noun directly (*yìxiē rén*, 'some people'; *yìxiē xiǎoshuō*, 'some novels'), but may also combine with a classifier (*yìxiē ge rén, yìxiē běn xiǎoshuō*). When it denotes an amount it is often interchangeable with *yìdiǎnr*. But its main distinctive function is to show plurality: *zhèi ge rén→zhèi xiē rén; nèi jiàn shì→nèi xiē shì*.

8 'yě . . . yě . . .' vs 'yòu . . . yòu . . .'

These two pairs of adverbs, both meaning 'both . . . and . . .', overlap but also have their own province. *Yòu . . . yòu . . .* can be used with verbs and SVs: *yòu chī yòu hē; yòu kuài yòu shūfu. Yě . . . yě . . .* is better used with verbs only: *yě xué Zhōngwén, yě xué Rìwén.* In addition, *yòu* is limited to sentences where the subject of the verbs is the same: *Tā yě lái, tā dìdi yě lái*, 'Both he and his brother are coming' – not **Tā yòu lái, tā dìdi yòu lái.*

VI SPEECH PATTERNS

1 Coming and going

Pattern: Zhōngguó rén *lái* (Yīngguó),
　　　　Yīngguó rén *qù* (Zhōngguó).

1. Tā jīntiān lái bu lái?　Tā zuótiān shuō yídìng lái.
2. Nǐmen dōu qù ma?　Yàoshi yǒu rén kāi-chē, wǒmen jiu dōu qù.
3. Tā xìn-shang shuō shénme?　Tā shuō tā hěn xiǎng lái Lúndūn.

4. Xué Zhōngwén de dōu yīnggāi qù Zhōngguó ma? Wǒ juéde dōu yīnggāi qù.
5. Shéi qù shéi nèr? Wǒmen zhèr dìfang dà, nǐmen lái wǒmen zhèr ba.
6. Měi nián lái Yīngguó de wàiguó rén zhēn bù shǎo. Shì a, qù wàiguó de Yīngguó rén yě hěn duō.
7. Tā xiǎng qù Běijīng, kěshi méi qián, zěnme bàn? Méi fázi.

2 To and fro

Patterns: a.   *cóng*/*dào*   X   *lái*/*qù*
              Wǒ cóng/dào túshūguǎn lái/qù.
        b.   *cóng*   X   *dào*   Y   *lái*/*qù*
              Tā yào cóng Fǎguó dào Déguó qù.

1. Zǎo a, nǐ cóng nǎr lái? Wǒ cóng jiā-li lái.
2. Nǐ dào nǎr qù? Wǒ dào lǎo Wáng nàr qù.
3. Xīngqī-tiān bù gōngzuò, méi rén dào zhèr lái ma? Píngcháng hěn shǎo rén lái.
4. Tāmen dōu xiǎng dào shān-shang qù, nǐ zěnme bú qù? Shān yě tài gāo, wǒ yě tài pàng.
5. Nǐmen míngtiān dào Qīngshān Gōngshè, cóng nǎr qù a? Wǒmen cóng chǎng-li qù.
6. Wǒ zǎojiu xiǎng dào Rìběn qù, kěshi yìzhí méi jīhuì.
7. Cóng Húběi dào Guǎngdōng (qù) yídìng děi jīngguò Húnán ma?
8. Cóng xīngqī-yī dào xīngqī-wǔ tā měi tiān yào xué wǔshi ge Hànzì.
9. Cóng zuótiān wǎnshang kāishǐ, wàiguó rén bù zhǔn zài dào chéng wàitou qù le.
10. Cóng bào-shang kěyǐ zhīdao xiànzài Yīngguó de wèntí hěn duō.

3 Means of conveyance

Pattern: Wǒ měi tiān *zuò gōnggòng qìchē* lái.

1. Nǐmen dào Zhōngguó qù, dǎsuàn zěnme qù? Wǒmen zuò huǒchē qù.
2. Cóng Lúndūn dào Běijīng, zuò fēijī (qù) děi duōshao qián? Pǔtōng piào kǒngpà děi yì qiān duō kuài ba.

3. Lǎo Lǐ shuō nǐ yào dào Fǎguó qù, zuò huǒchē qù ma? Bù, wǒ zuò péngyou de chē qù.
4. Cóng zhèr dào chéng-wài de Dōnghú yǒu diànchē ma? Méi yǒu diànchē, wǒmen děi zuò gōnggòng qìchē qù.
5. Qù tāmen jiā, zuò jǐ lù chē? Tāmen jiā hěn jìn, bú bì zuò chē, zǒu-lù qù jiu xíng le.
6. Nǐ shuō wǒmen zěnme qù hǎo? Zǒu-lù qù ba, tiānqi zhème hǎo, zǒuzou bú shi hěn shūfu ma?
7. Cóng Lúndūn zuò huǒchē dào Shànghǎi yào duōshao tiān? Lù-shang děi tíng duōshao zhàn?
8. Cóng nǐ jiā zuò gōnggòng qìchē dào dàxué děi duōshao qián? Liù máo wǔ.
9a. Nǐmen zěnme qù huǒchēzhàn? Wǒmen zuò dìtiě qù.
  b. Qù huǒchēzhàn zěnme zǒu? Cóng zhèr yìzhí wàng dōng zǒu, guò sān ge lùkǒur, xiàng zuǒ zhuǎn jiùshi.

4 Purposes in coming and going

Patterns: a. Wǒ *qù* chī-fàn.
       b. Wǒ chī-fàn *qu*.
       c. Wǒ *qù* chī-fàn *qu*.

1. Nǐ zuì xiǎng qù shénme dìfang lǚxíng? Zhōngguó.
2. (Dào) nǎr qù? Qù chéng-li kàn xì qu.
3. Tā dào shān-shang qù gànmá? Tā qù xué tàijíquán.
4. Zài hē bēi chá ba? Bù le, wǒ hái děi dào huǒchēzhàn qù sòng péngyou. (*sòng*, 'see off')
5. Yǒu jīhuì hěn xiǎng dào Zhōngguó qù gōngzuò. Nǐ shi xué shénme de?
6. Zhè xiē rén dào wǒmen dàxué lái gànmá? Tāmen lái kàn túshūguǎn.
7. Tā bù xiǎng zài shēngchǎnduì le, xiǎng dào shān-shang qù gǎo qìxiàng qu.
8. Méi shìr, qǐng cháng dào wǒmen zhèr lái wánr. Hǎo, yídìng!

5 Question words as indefinites

1. Nín yào mǎi shénme?
   a. Wǒ xiǎng mǎi zhāng zhuōzi.
   b. Wǒ bù mǎi shénme, kànkan kěyǐ ma?

2. Jīntiān wǎnshang dào nǎr qù?
  a. Wǒ xiǎng gēn péngyou qù kàn diànyǐngr.
  b. Bú dào nǎr qù, wǒ xiǎng zài jiā kànkan diànshì.
3. Tā yǒu duōshao Zhōngwén shū?
  a. Zuì shǎo yǒu wǔ-liùqiān běn.
  b. Méi yǒu duōshao, zuì duō èr-sānshi běn.
4. Nèi xiē guójiā de shēnghuó shuǐpíng zěnmeyàng?
  a. Hěn gāo.
  b. Bù zěnme gāo.
5. Zhèi xiē wèntí nǐ dōu qīngchu ma?
  a. Hěn qīngchu.
  b. Bù zěnme qīngchu.
6. Nǐ duì lìshǐ xiǎoshuō yǒu xìngqu ma?
  a. Hěn yǒu xìngqu.
  b. Bù zěnme yǒu xìngqu. or
     Méi shénme xìngqu.
7. Nǐ dǎsuàn gěi shéi xiě xìn?
  a. Wǒ dǎsuàn gěi lǎo Lǐ xiě xìn.
  b. Wǒ bù dǎsuàn gěi shéi xiě xìn.
8. Nǐ shénme dìfang bù shūfu?
  a. Wǒ de tóu bú tài shūfu.
  b. Wǒ méi shénme dìfang bù shūfu.
9. Xīshān Gōngshè yǒu jǐ ge gōngchǎng?
  a. Sān ge.
  b. Méi jǐ ge.
  Compare: Xīshān Gōngshè yǒu jǐ ge gōngchǎng, gōngrén
           yígòng yǒu sān-sì bǎi.
10. Nǐ yǒu jǐ ge huáqiáo péngyou?
  a. Shí-jǐ ge.
  b. Méi jǐ ge.
  Compare: Wǒ yǒu jǐ ge huáqiáo péngyou, tāmen zhǐ huì shuō
           Guǎngdōng huà.

6 'Dōu' used to indicate plurality in a question

1. Nǐ dōu xiǎng chī shénme? Wǒ xiǎng chī diǎnr jī, yě xiǎng chī
   diǎnr yú.
2. Nǐmen dōu duì shénme yǒu xìngqu? Tāmen sān ge rén duì
   dìlǐ yǒu xìngqu, wǒmen wǔ ge rén duì lìshǐ yǒu xìngqu.

3. Tāmen dōu xìng shénme? Yí ge xìng Lǐ, yí ge xìng Qián, hái
   yǒu liǎng ge xìng Wáng.
4. Míngtiān xīngqī-tiān, nǐ dōu xiǎng gànmá? Wǒ xiǎng qù mǎi
   dōngxi, yě xiǎng qù kàn diànyǐngr.
5. Nǐ dài zhème duō qián, dōu xiǎng mǎi shénme a? Wǒ děi mǎi
   hěn duō dōngxi: máoyī, zìdiǎn, shōuyīnjī. . .
6. Tāmen dōu qù něi xiē guójiā? Tāmen yào qù Fǎguó, Déguó,
   Sūlián, Rìběn gēn Zhōngguó.

7 More elaborate choice-type questions

Patterns: A: 0 . . . 0 . . .?
   Nǐ lèi bu lèi?
   Zhèi ge hǎo, nèi ge hǎo?
B: *shì* A (*ne*), *shi* B (*ne*)?
   Nǐ shi qù (ne), shi bú qù (ne)?
   Shì Zhōngwén nán (ne), shi Yīngwén nán (ne)?
C: (*shi*) A (*ne*) *háishi* B (*ne*)?
   Nǐ shi xǐhuan (ne), háishi bù xǐhuan (ne)?
   Shì tā qù (ne), háishi nǐ qù (ne)?

1. Nǐ shuō chá hǎo-hē, kāfēi hǎo-hē? Wǒ shuō kāfēi hǎo-hē.
2. Shì nǐ rènshi de zì duō, háishi tā rènshi de zì duō? Wǒmen
   liǎng ge rén rènshi de zì yíyàng duō.
3. Shì tā lái háishi nǐ qù? Tā yě bù lái, wǒ yě bú qù.
4. Jīntiān wǎnshang chī yú hǎo háishi chī jī hǎo? Wǒ shuō háishi
   chī yú hǎo.
5. Nǐmen zěnme qù? Zuò huǒchē háishi zuò fēijī? Fēijī piào tài
   guì, wǒmen zuò huǒchē qù.
6. Tā shi xǐhuan kàn diànyǐngr ne, háishi xǐhuan kàn xì? Hǎoxiàng
   dōu bú tài xǐhuan.
7. Nèi ge shāngdiàn (shì) zài chēzhàn dōngbianr, háishi zài
   chēzhàn xībianr? Wǒ yě bú tài qīngchu.
8. Zuò dìtiě qù fāngbiàn, háishi zuò gōnggòng qìchē qù fāng-
   biàn? Gōnggòng qìchē fāngbiàn: yī-yī-sān lù yìzhí kěyǐ dào,
   bú bì huàn chē.
9. Shì zài gōngshè gǎo shēngchǎn róngyì, háishi zài shān-shang
   gǎo qìxiàng róngyì? Dōu bù róngyì.
10. Shì nǐ de Hànyǔ shuǐpíng gāo, háishi tā de Hànyǔ shuǐpíng
    gāo? Dōu bú tài gāo.

VII EXERCISES

1 Answer these questions on the basis of the Presentation and Dialogue:

1. Lǎo Qián zài nǎr gōngzuò? Tā yǒu-qián ma?
2. Xiànzài tā rènshi duōshao ge Hànzì?
3. Tā néng gēn Zhōngguó péngyou tán-tiānr ma? Kàn pǔtōng Zhōngwén shūbào xíng ma?
4. Lǎo Qián xiǎng dào Zhōngguó qù zuò shénme?
5. Tā dǎsuàn zěnme qù? Wèishenme bú zuò fēijī?
6. Cóng Lúndūn zuò huǒchē dào Běijīng děi duōshao tiān?
7. Cóng Yīngguó zuò huǒchē dào Zhōngguó dōu jīngguò něi xiē guójiā?
8. Lǎo Qián dǎsuàn zài huǒchē-shang kàn xiǎoshuō ma?

2 Replace whichever word is appropriate in these sentences by the word in brackets and make any attendant changes called for:

1. Tāmen dōu xiǎng dào Zhōngguó qù. (Yīngguó)
2. Tā wèishenme bù cháng dào wǒ jiā lái? (shān-shang)
3. Lúndūn chéng-li chē duō rén duō. (chéng-wài)
4. Běibianr lěng, wǒmen bù dǎsuàn qù běibianr lǚxíng. (nánbianr)
5. Wǒ hěn è, hái xiǎng zài chī yìdiǎnr. (bǎo)
6. Zhōngwén hěn nán, nǐ děi tiāntiān xuéxí. (róngyì)

3 Give negative answers to these questions, using question words as indefinites:

1. Nǐ xiǎng hē diǎnr shénme?
2. Míngtiān xīngqī-rì, nǐmen dào nǎr qù?
3. Zhème hǎo-chī de yú, nǐ qǐng shéi chī a?
4. Lǎo Qián yígòng yǒu duōshao qián?
5. Tā hěn xiǎng dào Zhōngguó qù ma?
6. Zài Yīngguó xué Zhōngwén de rén hěn duō ba?

4 Translate into Chinese:

1. She goes to town to do her shopping every day.
2. He is coming here to see a couple of old friends.
3. Are you all going to China by train?
4. I don't go to the library to read the papers on Mondays.

5. What number bus do we want? We want either a no. 14 or a no. 102.
6. We can't go to America by car, can we?
7. Where are you off to? I am going nowhere in particular.
8. Which is less expensive, to travel by train or by plane?
9. I don't know whether it's better to learn Chinese in Peking or in Shanghai. It's better in Peking, I suppose.
10. Shall we go by car or shall we walk?
11. Do you have to go to the library? No, I don't have to.
12. I'm tired and hungry. I can't speak Chinese any more.

LESSON ELEVEN

■ I PRESENTATION

Zuótiān wǒ dào Lúndūn qù le.

Yesterday I went to London.

Zǎochen bā diǎn duō zhōng chūfā, wǎnshang shíyī diǎn yí kè cái huílai, zhěngzhěng máng-le yì tiān.

I set out after eight o'clock in the morning, only returned at quarter past eleven at night; I was occupied for the whole of the day.

Lúndūn rén duō, chē yě duō, dào nǎr qù dōu bù róngyì.

In London there are lots of people, lots of cars, it's not easy to get anywhere.

Cóng shàngwǔ shí diǎn dào xiàwǔ wǔ diǎn bàn, wǒ yígòng pǎo-le bá ge dìfang, bàn-le sān jiàn dà shì; fàn yě méi chī, chá yě méi hē, zhēn shi yòu è yòu lèi.

From ten in the morning to half past five in the afternoon, I rushed round to eight places, settled three major matters; I didn't even have any food or tea, I really was hungry and tired.

Běnlái dǎsuàn zuò liù diǎn líng liù fēn de huǒchē huí jiā, méi xiǎngdào zài chēzhàn ménkǒur pèngjiàn-le dàxué tóngxué xiǎo Lǐ.

Originally, I planned to go home by the 6:06 train, unexpectedly I ran into young Li, who had been with me at university, at the station entrance.

Lǎo péngyou jiàn-miàn dāngrán fēicháng gāoxìng, wǒ yě wàng-le lèi, mǎshàng jiu gēn tā jìn-le jiǔguǎnr, měi rén xiān hē-le sān bēi, cái kāishǐ tán bì-yè yǐhòu de qíngxing.

When old friends meet they are naturally very pleased: I for my part forgot about being tired, at once went into a pub with him; each of us drank three glasses, and only then began to talk about our situation since graduating.

Tā gàosu wǒ tā xiān zài zhōngxué jiāo-le yì nián shùxué, yòu zài gōngchǎng dāng-le liǎng nián gōngrén, hòulái yǒu rén jièshao tā jìn-le xiànzài gōngzuò de zhèi jiā gōngsī, zhuānmén gǎo diànzǐ jìsuànjī – yě jiùshi wǒmen cháng shuō de diànnǎo.

He told me he first taught a year's maths in high school, then worked in a factory for two years; later on someone introduced him to go into the company where he works now, (where he) specially goes in for electronic computers – that is, the 'electric brains' we usually refer to.

Tā duì zhèi ge gōngzuò fēicháng yǒu xìngqu, yǐjing gàn-le liù-qī nián le.

He is exceptionally interested in this work, and has been doing it for six or seven years already.

Tā zhīdao wǒ wánquán bù dǒng diànnǎo, jiu yòng zuì jiǎndān de shùxué gēn wǒ jiěshì diànnǎo shi zěnme yì huí shì, kěshi tā shuō-le yí ge duō xiǎoshí, chúle líng gēn yī yǐwài, wǒ háishi shénme dōu bù dǒng, zuìhòu wǒ zhǐhǎo gēn tā shuō:

Knowing I had absolutely no understanding of computers, he used the simplest mathematics to explain to me what computers were about, but after he had talked for more than an hour, apart from zero and one, I still didn't understand anything; in the end I could only say to him:

■ II DIALOGUE

A: Xiǎo Lǐ, nǐ bié 'duì niú tán qín' le, nǐ shuō-le yí ge duō zhōngtou le, wǒ háishi bù dǒng, wǒmen tántan biéde ba.

Li, stop 'playing the lute to cattle', you have talked for over an hour, and I still don't understand, let's change the subject.

B: Tán biéde? Wǒ gǎo diànnǎo gǎo-le zhème duō nián le, xiànzài nǎozi-li chúle diànnǎo, shénme dōu méi yǒu le.

Change the subject? I've been into computers for so many years that now there's nothing in my brain but computers.

A: Tántan nǐ zìjǐ de shì ba, xiān gàosu wǒ jié-hūn le méiyou.

B: Hái méi ne. Xiànzài zhǎo ge duìxiàng zhēn bù jiǎndān. Wǒ yǐjing zhǎo-le jǐ nián le.

A: Nǐ zài dàxué de shíhou bú shi yǒu ge xué lìshǐ de nǚpéngyou ma?

B: Nǐ shuō de shi xiǎo Zhāng ba? Shì, wǒmen liǎng ge rén hǎo-le wǔ nián duō, kěshi wǒ jìn-le diànnǎo gōngsī, tā jiu gēn wǒ fēnkāi le.

A: Wèishenme?

B: Yīnwei wǒ zǒngshi gēn diànnǎo zài yìqǐ, měi tiān zuì duō zhǐ néng gēn tā jiàn-miàn jǐ fēn zhōng.

A: Nà dāngrán bù xíng! Tīngshuō diànnǎo yě néng tì rén zhǎo duìxiàng, shi zhēn de ma?

B: Dāngrán shi zhēn de, diànnǎo shénme shì dōu néng zuò. Yǒu yí cì wǒ wèn diànnǎo, xiàng wǒ zhèi yàng de rén, yīnggāi zhǎo shénme yàng de rén zuò duìxiàng, nǐ cāi diànnǎo shuō shénme?

A: Yídìng shuō nǐ yīnggāi zhǎo yí wèi yòu piàoliang yòu nénggàn, yòu . . .

B: Bú duì, bú duì, diànnǎo shuō xiàng wǒ zhèi yàngr de rén zhǐ néng zhǎo ge jīqìrén zuò duìxiàng!

Let's talk about your own affairs. First tell me if you're married or not.

Not yet. It's really not that simple to find a partner now. I've already been looking for a few years now.

When you were at university didn't you have a girlfriend who was reading history?

You mean young Zhang, I suppose. That's so, we two were on good terms for over five years, but when I went into the computer company she split up with me.

Why?

Because I was always with the computer, I could only meet her for a few minutes at most every day.

That naturally wouldn't do! I hear that computers can even find partners for people, is it true?

Of course it is, computers can do anything you like. Once I asked the computer, what kind of person should someone like me look for as a partner; guess what the computer said.

It's sure to have said you ought to find a pretty, and capable, and . . .

Wrong, the computer said someone like me could only find a robot for a partner!

III SKETCHES

1

A: Zuótiān xīngqī-tiān, chūqù le meiyou?

Yesterday was Sunday, did you go out?

B: Chūqù le. Chī-le zǎofàn, jiu dào shān-shang qù le.

Yes. I went up the mountain straight after breakfast.

A: Cóng nǐ jiā dào shān-shang děi zǒu jǐ ge zhōngtou a?

How many hours did it take to get up the mountain from your house?

B: Wǒ bā diǎn shí fēn chūfā, chà yí kè shí diǎn jiu dào-le, zǒu-le chàbuduō yí ge bàn xiǎoshí.

I set out at ten past eight, and arrived at quarter to ten, (so) I walked for about an hour and a half.

A: Zhēn kuài a! Tiānqi zhènme lěng, nǐ dào shān-shang qù gànma?

Wow, that's fast! With the weather being so cold, what did you want to go up the mountain for?

B: Wǒ qù dǎ tàijíquán.

I went to practise *taijiquan*.

A: Dǎ tàijíquán yídìng yào dào shān-shang qù ma?

Do you necessarily have to go up the mountain to practise *taijiquan*?

B: Bù yídìng, kěshi jiāo wǒ tàijíquán de lǎoshī zài shān-shang.

Not necessarily, but the teacher who teaches me *taijiquan* is up the mountain.

A: Nǐ xué-le duō jiǔ[n.6] le?

How long have you been learning now?

B: Yǐjing xué-le sān nián le.

For three years already.

A: Nǐ néng bu néng jiěshì jiěshì 'tàijí' shi zěnme yì huí shì?

Can you fill me in on what 'taiji' (Supreme Ultimate) is all about?

B: Yàoshi wǒ zhīdao 'tàijí' shi zěnme yì huí shì, wǒ yě dào shān-shang qù le.

If I knew what 'taiji' was all about, I too would have gone (to stay) up the mountain.

2

A: Zhāng shūshu, nín lái le.

Hello, uncle Zhang.

B: Xiǎo pàngr, nǐ bàba zài jiā ma?

Is your daddy at home, Tubby?

A: Wǒ bà bú zài jiā, chī-le fàn jiu chūqu le.

No, my dad isn't at home, he went straight out after his meal.

B: Shénme shíhou huílai a?

What time will he be back?

A: Kǒngpà děi shíyī diǎn ba.

I'm afraid it will (have to) be eleven.

B: Dào nǎr qù le?

Where has he gone?

A: Tā méi shuō dào nǎr qù, kěshi wǒ zhīdao.

He didn't say where he was going, but I know.

B: Kěyǐ gàosu wǒ ma? Wǒ yǒu shì yào zhǎo tā.

Can you tell me? I have some business with him.

A: Gàosu nín kěyǐ, kěshi nín bù néng gàosu wǒ mā.

It's all right to tell you, but you can't tell my ma.

B: Wèishenme?

Why?

A: Wǒ bà dào kǒur-shang nèi jiā jiǔguǎnr hē jiǔ qù le, wǒ mā zuì bù gāoxìng wǒ bà hē jiǔ le.

My dad has gone to the pub on the corner to have a drink, and my ma is most put out when my dad drinks.

B: Nǐ mā yě bú zài jiā ma?

Isn't your ma at home either?

A: Bú zài. Wǒ mā qù dǎ pái qu le. Kěshi nín bié gàosu wǒ bàba, wǒ bà zuì bù gāoxìng wǒ mā dǎ pái le.

No, my ma has gone to play mahjong. But don't tell my dad, my dad is most put out when my ma plays mahjong.

IV VOCABULARY

zǎochen (TW)	morning
-diǎn zhōng (M-N)	hour of the clock
chūfā (V)	set out
kè (M)	quarter (of an hour)
cái (A)	only then; not until
huílai (V)	come back
huí (V)	return to
zhěngzhěng (A)	fully; a whole
shàngwǔ (TW)	morning, a.m.
xiàwǔ (TW)	afternoon, p.m.
pǎo (V)	to run (to), hurry (to); run away

fēn (M)	minute (clock time)
méi xiǎngdào (IE)	unexpectedly, to one's surprise
ménkǒu(r) (PW)	entrance
pèngjiàn (V)	run into, meet
jiàn-miàn (V-O)	meet, see one another
fēicháng (A)	exceptionally
gāoxìng (SV)	pleased, exhilarated
wàng(-le) (V)	forget
mǎshàng (A)	at once (lit. on horseback)
jìn (V)	enter
jiǔguǎnr (N)	pub
bì-yè (V-O)	to graduate
yǐhòu (MA)	after, afterwards, later
gàosu (V)	tell
shùxué (N)	mathematics
jiā (M)	for families and business establishments
gōngsī (N)	company
zhuānmén (SV/A)	special(ly)
diànzǐ (N)	electron
jìsuànjī (N)	calculating machine, computer
diànnǎo (N)	'electric brain'
gàn (V)	do, work, get on with
dǒng (V)	understand
jiǎndān (SV)	simple
jiěshi (V/N)	explain; explanation
huí (M)	occasion; for affairs, matters
yì huí shì (NU-M-N)	a matter, business
zěnme yì huí shì (IE)	what it's all about
xiǎoshí (N/M)	hour
chúle. . . .(yǐwài)	apart from. . . .
zuìhòu (MA)	finally, eventually
zhǐhǎo (A)	be forced to, could only
niú (N)	cattle, cow
tán qín (VO)	play/strum lute
zhōngtou (N)	hour
nǎozi (N)	brain
zìjǐ (PN)	oneself
jié-hūn (V-O)	marry

shíhou (N)	time
. . . de shíhou (TW)	when
hǎo (SV)	be on good terms
fēnkāi (V)	separate, part
yìqǐ (PW)	together
-fēn zhōng (M-N)	minute (length of time)
tīngshuō (V/N)	hear (it said) that; hearsay
cāi (V)	guess
piàoliang (SV)	pretty, handsome
nénggàn (SV)	capable, competent
jīqìrén (N)	mechanical person, robot
jīqì (N)	machine, machinery
chūqu (V)	go out
zǎofàn (N)	breakfast
chà (V/SV)	lack, differ by; short of, not up to the mark
chàbuduō (SV)	almost the same (lit. doesn't differ much)
(A)	almost, about
(IE)	not bad, just about right
shūshu (N)	uncle (father's younger brother); 'uncle' (polite usage by children)
bà(ba) (N)	pa, dad
dǎ pái (VO)	play mahjong or cards

V GRAMMAR

1 Further uses of 'le' (Speech Patterns 2–5)

This lesson introduces the verb-suffix -le and new uses of the sentence particle le. Both have to do with an action being accomplished, but neither is applied mechanically as various forms of the past tense are in European languages. Their use is to a large extent determined by the thrust of the utterance. The plain form of the verb in Chinese indicates no more than that the action is entered upon; whether it is carried through or not is a point which may or may not be felt to be worth making.

(a) Verb-suffix '-le' for 'completed action'

This is used where an action took place *at a point* in the past, or where an action has to be completed before something else is done, irrespective of time setting. The verb has to be an 'action' verb, not a dispositional verb, and capable of definite termination. The more specific and delimited the action is made by reference to particular context, the greater the need for this verb-suffix -*le*, to the degree that it is obligatory where precision is given to the object or complement by quantifying it, e.g. *wǒ chī-le sān wǎn fàn*, 'I ate three bowls of rice'; *tā shuì-le yí ge zhōngtou*, 'he slept for an hour'. When the object is otherwise modified, again the more particular the modifier the more call for -*le*, e.g. *Tā jièshao-le zhèi běn xīn shū, yě jiěshì-le diànnǎo tì rén gōngzuò de wèntí*, 'He introduced this new book, and also explained the question of computers working for people'. Another likely situation is where an action is *precipitated* by a previous one or when it culminates a chain of events (see Speech Patterns, 3(a)). All these have to do with sharpness of focus on the action; they provide sufficient but not in all cases necessary conditions for the use of the verb-suffix -*le*.

-*le* cannot be dispensed with in the second case mentioned, that is, in dependent clauses which represent a stage or condition that has to be completed or satisfied prior to proceeding to further action. These are typically followed by *jiù*, 'then' or *cái*, 'only then'. Here the verb form can be viewed as an absolute construction – 'having . . .'. For examples see VI, 3(c).

-*le* also habitually attaches itself to a certain class of verbs that have a built-in terminal point, like those for 'forget', 'sell', 'die', 'kill', etc.: *bié wàng-le!*, 'Don't forget!' When two verbs constructions are in series, it is normally the second verb that takes the -*le* suffix, not the first : *Yǒu rén jièshao tā jìn-le zhèi jiā gōngsī*, 'Someone introduced him to join this company'.

(b) Sentence particle 'le' for 'accomplished fact'

The aspectual significance of the sentence particle *le* is that the event so marked took place *before* a certain point. This point might be the moment of speaking, but equally there might be no connection with the present: one is simply facing or presenting a given situation, something that is over and done with, whether or not there might be implications for the present. (It is often difficult to distinguish this 'past event' *le* from the 'new situation' *le*, as both acknowledge some change in the picture of things). While the verb-suffix *-le* focuses on the act as it is realized, the sentence particle *le* establishes the fact that something has taken place. It follows that the context will in the latter case tend to be less specific, and the object the verb takes is often a generalized one. See VI, 2 for examples.

(c) Combination of verb-suffix '-le' and sentence particle 'le'

Where the verb ends the sentence, a final *le* might combine the verb-suffix and sentence particle in one, as there is no form, **le le*.

Where the object is a simple one, the sentence particle *le* suffices to convey finality: *Wǒ yǐjing mǎi piào le*, 'I've already bought a ticket' (end of story). If the verb has a suffix (*Wǒ yǐjing mǎi-le piào le*) it serves to give separate stress to completion of the action. (See Speech Patterns 4 (b))

Where the object or complement is a quantified one, the sentence *le* marks the end of the process as the present moment, and implies that some further statement as to its continuance or termination is to be expected: *wǒ hē-le wǔ bēi le, bù néng zài hē le*, 'I have drunk five glasses and can't drink any more'. See VI, 4(c)

(d) Negation

Both the 'completed action' *-le* and the 'accomplished fact' *le* find their negation in *méi(you): méi kàn*, 'didn't watch it'. Where a final *le* relates the action to the present, *hái méi . . . ne*, 'still haven't . . .' would be appropriate; the *ne* implies that the pre-existing state of affairs is continuing. For choice-type questions various formulas are given in VI, 2.

(e) Non-use of verb-suffix '-le'

The verb-suffix *-le* is incompatible with verbs of a static nature or of indefinite duration, like *shì, xiàng ('resemble'), zài, děi,* *xīwàng, xǐhuan*, etc. It is also not used after verbs that take a verbal construction as their object, like *dǎsuàn, juédìng, kāishǐ.*

It is not applied to habitual, recurring or concurrent actions.

It is not necessary when describing circumstances or relating sequences of events (if it is used, it breaks the sequence into separate steps).

For more grammatical contexts where *-le* is not used, see VI, 5, and also check back over the text of this lesson.

2 Divisions of the day (Speech Patterns 1)

Readings of clock time in hours and minutes, and lengths of time measured in the same way are given in detail in Speech Patterns 1. The word *zhěng*, 'whole, round' attached to clock hours means 'exactly': *sān diǎn zhěng*, 'three o'clock exactly'. 'To' or 'before' a clock hour is expressed by means of *chà* 'short of' (cf. archaic English 'lack'); the *chà* expression may either precede or follow the hour: *chà yí kè sān diǎn* or *sān diǎn chà yí kè*, 'a quarter to three'. Please note from the Speech Patterns when the use of *zhōng*, 'of the clock' is recommended; when minutes (*fēn*) or quarters (*kè*) measure the whole of a length of time, *zhōng* is obligatory.

3 'Time when' and 'time how long' (Speech Patterns 1, 6)

Information as to when an action takes place is secondary to the action itself, and comes before the verb. The time an action persists, however, figures as a kind of object to the verb (called a 'cognate' object) and comes *immediately after* it.

Time clauses introduced by 'when', 'before' and 'after' come under the heading of 'time when', and so precede the main verb. But within the time clause, the words specifying the time relationship, . . . *de shíhou*, 'when' ('at the time of'), *yǐqián*, 'before' and *yǐhòu*, 'after', come at the end: *nǐ zài dàxué de shíhou*, 'when you were at university'; *bì-yè yǐhòu*, 'after graduating'.

4 Prompt and tardy; 'jiù' and 'cái' (Speech Patterns 8)

We have already seen that *jiù* conveys the evaluation of earliness or promptness; *cái* has the opposite feeling ot action delayed or tardy: 'only then'. Like *jiù*, *cái* is a 'true' adverb, and must come immediately before the verb.

5 Total comprehension and total exclusion (Speech Patterns 7)

If question words used in an indefinite sense do not go out of their way to exclude anything (*bù mǎi shénme*, 'not buying anything – in particular'), the giving of prominence to the question word and the support of *dōu* or *yě* stress absolute comprehensiveness: *shénme yě bù mǎi*, 'not buying anything at all'; *tā shéi dōu ài*, 'he loves absolutely everybody'.

(Note that *yě* has the same function of highlighting what goes before it in *fàn yě méi chī*, 'didn't eat any food, even'.)

6 Questions of degree

In questions, *duō*, 'much, many' when placed before a stative verb asks about degree or extent: *duō jiǔ?*, 'how long?'; *duō dà?*, 'how big?'

VI SPEECH PATTERNS

1 Time expressions

(a) Readings of clock time

1:00	yì diǎn (zhōng)/yì diǎn zhěng
2:03	liǎng diǎn (líng) sān fēn
3:10 (p.m.)	(xiàwǔ) sān diǎn shí fēn
4:15	sì diǎn shíwǔ fēn/sì diǎn yí kè
5:20 (a.m.)	(zǎochen) wǔ diǎn èrshi fēn
6:30	liù diǎn sānshi fēn/liù diǎn bàn
7:40	qī diǎn sìshi fēn
8:45 (p.m.)	(wǎnshang) bā diǎn sìshiwǔ fēn/bā diǎn sān kè/ chà yí kè jiǔ diǎn/jiǔ diǎn chà yí kè
9:50 (a.m.)	(shàngwǔ) jiǔ diǎn wǔshi fēn/chà shí fēn shí diǎn/ shí diǎn chà shí fēn
12:55	shí'èr diǎn wǔshiwǔ fēn/chà wǔ fēn yì diǎn/yì diǎn chà wǔ fēn
19:47	shíjiǔ diǎn sìshiqī fēn

22:30   èrshi'èr diǎn sānshi fēn
after 2 p.m. (before 3)   xiàwǔ liǎng diǎn duō (zhōng)
5 or 6 o'clock   wǔ-liù diǎn (zhōng)
11 or 12 o'clock   shíyī-èr diǎn (zhōng)

Pattern: Time   When   V   (O)
        Nǐ   shénme shíhou   qù?
        Wǒ míngtiān shàngwǔ jiǔ diǎn   qù.
        Nǐ měi tiān jǐ diǎn zhōng   chī zǎofàn?
            Bā diǎn yí kè.

1. Jǐ diǎn le? Kuài sì diǎn le. Huǒchē sì diǎn jǐ fēn kāi?
2. Jīntiān xīnwén shénme shíhou? Hǎoxiàng shi jiǔ diǎn shí fēn.
3. Tā dǎsuàn shénme shíhou lái? Xiàwǔ liǎng diǎn.
4. Nǐ měi tiān wǎnshang jǐ diǎn zhōng shuì-jiào? Zuì zǎo shíyī
   diǎn bàn.
5. Nǐ zuò jǐ diǎn (zhōng) de chē huílai? Wǒ zuò bā diǎn líng wǔ
   fēn de chē huílai.
6. Shíyī diǎn wǔshiwǔ de huǒchē shénme shíhou dào? Chà wǔ
   fēn shí'èr diǎn dào.

(b) Length of time in hours and minutes

1 min.   yì fēn zhōng
15 mins./¼ hour   shíwǔ fēn zhōng/yí kè zhōng
30 mins./½ hour   sānshi fēn zhōng/bàn (ge) xiǎoshí/bàn ge
                  zhōngtou
45 mins./¾ hour   sìshiwǔ fēn zhōng/sān kè zhōng
55 mins.   wǔshiwǔ fēn zhōng
1 hr.   yí (ge) xiǎoshí/yí ge zhōngtou
2 hrs.   liǎng (ge) xiǎoshí/liǎng ge zhōngtou
3 hrs. 2 mins.   sān xiǎoshí líng èr fēn
4¼ hrs.   sì xiǎoshí shíwǔ fēn/sì ge zhōngtou (líng) yí kè zhōng
5½ hours   wǔ ge bàn xiǎoshí//wǔ ge bàn zhōngtou

Patterns: a.   V Time How Long
          Nǐmen yào qù duō jiǔ?
         b.   V   Time How Long (de) O
          Tā měi tiān kàn jǐ ge zhōngtou   de   shū?
        or: V O,   V Time How Long
          Tā měi tiān kàn-shū, kàn jǐ ge zhōngtou?

1. Zuò zhèi ge cài yào duōshao fēn zhōng? Hěn kuài, zuì duō wǔ fēn zhōng.
2. Jīntiān de xīnwén cháng bu cháng? Bù cháng, zhǐ yǒu yí kè zhōng.
3. Cóng nǐ jiā dào túshūguǎn děi zuò duō jiǔ de chē? Chàbuduō qī-bā fēn zhōng.
4. Tā xiǎng xué duō jiǔ de Zhōngwén? Zuì shǎo sì nián.
5. Tā měi tiān jiāo jǐ ge xiǎoshí de shū? Yī, sān, wǔ, liǎng xiǎoshí, èr, sì, sān xiǎoshí.
6. Nǐ měi tiān dǎ duō jiǔ de tàijíquán? Zǎochen sān kè zhōng, wǎnshang sān kè zhōng.

2 Sentence particle 'le' indicating 'accomplished fact'

Patterns:

a.   V   O   *le ma?*
   Zuótiān nǐ kàn diànshì le ma?

b.   V   O *(le) méiyou?*   *V le* or *méi(you)* V
   Zuótiān nǐ kàn diànshì le méiyou?   Kàn le. or Méi(you) kàn.

c.   V *méi* V   O?
   Zuótiān nǐ kàn mei kàn diànshì?

1. Zǎochen kàn bào le ma? Zǎochen tài máng le, méi kàn. Yǒu shénme xīnwén?
2. Xīngqī-tiān shéi kàn diànyǐngr le? Xiǎo Wáng kàn le, wǒmen dōu méi kàn.
3. Zuótiān nǐmen zài chéng lǐtou mǎi dōngxi le méiyou? Méiyou, wǒmen dōu méi dài qián.
4. Nèi tiān nǐ yě hē jiǔ le ma? Píngcháng wǒ bù hē, kěshi nèi tiān wǒ yě hē le.
5. Nǐ zài nàr pèngjiàn shéi le? Pèngjiàn lǎo Wáng le.
6. Zuótiān xiàwǔ nǐ méi xiě hànzì ma? Méiyou, wǒ chūqu le.
7. Tā yǐjing dào Rìběn le ma? Zǎojiu dào le.
8. Qùnián tā xué Zhōngwén méiyou? Xué le.
9. Tā hái méi jiěshì nèi ge wèntí ma? Jiěshì le, kěshi wo háishi bù qīngchu.

3 Verb-suffix '-le' for 'completed action'

(a) V-le O as a full sentence

1. Tāmen liǎng ge rén jiàn-miàn yǐhòu, méi shuō-huà jiu jìn-le jiǔguǎnr.
2. Tā jièshao-le zhèi běn xīn shū, yě jiěshì-le diànnǎo tì rén gōng-zuò de wèntí.
3. Dàjiā dōu shuō yīnggāi qǐng tā, suǒyǐ wǒmen jiu qǐng-le tā.
4. Zhōngxué bì-yè yǐhòu, tā jiu jìn-le gōngchǎng.
5. Wǒ gàosu tā yǐhòu, tā mǎshàng jiu gàosu-le xiǎo Wáng.
6. Tāmen jīngguò-le Déguó, Fǎguó, zuìhòu dào-le Yīngguó.
7. Chúle Yīngwén yǐwài, tā hái xuéxí-le lìshǐ gēn dìlǐ.
8. Tā dìdi shíliù suì jiu dāng-le jiěfàngjūn.

(b) Quantified object

Patterns: a.   V-*le*   NU M   O
           Wǒ zuótiān pǎo-le   sān ge dìfang. (1–6)
       b.   V-*le*   Time How Long (*de*) O
           Tā zuótiān zuò-le   bá ge zhōngtou   de   fēijī. (7–12)
     or   V   O,   V-*le*   Time How Long
           Tā zuótiān zuò fēijī, zuò-le bá ge zhōngtou.

1. Nǐ mǎi-le jǐ zhāng piào?   Wǒ mǎi-le sān zhāng piào.
2. Zuótiān wǎnshang nǐ xiě-le duōshao ge hànzì?   Wǒ yígòng xiě-le liǎngbǎi sìshiwǔ ge.
3. Tā zài zhèr de shíhou, nǐmen chī-le jǐ cì Zhōngguó fàn?   Sān cì.
4. Tā qùnián zài Zhōngguó xué-le yìdiǎnr Zhōngwén.   Xiànzài dōu wàng le ba?
5. Wǒ zuótiān zhǐ shuì-le sì ge zhōngtou, jīntiān fēicháng lèi.
6. Tā dōu qù-le něi xiē guójiā?   Tā qù-le Fǎguó, Déguó, Sūlián gēn Měiguó.
7. Zhōngxué bì-yè yǐhòu tā méi jìn dàxué, dāng-le jǐ nián shòuhuòyuán.
8. Xīngqī-liù nǐ dǎ-le yì tiān pái ba?   Méiyou, wǒ zhǐ dǎ-le sān ge zhōngtou.
9. Zuótiān tā niàn-le jǐ ge zhōngtou de shū?   Tā zhǐ niàn-le wǔ fēn zhōng.
10. Jīntiān wǒ zuò-le yí shàngwǔ de qìchē.   Nǐ dào nǎr qù le?

11. Tā zài zhèr yígòng zhǐ xué-le sān ge xīngqī de Yīngwén.
12. Jīntiān zǎochen lǎoshī méi lái, wǒmen jiu tán-le liǎng ge zhōng-tou de tiānr.

(c) V-le O as a dependent clause

Pattern: V-*le*   (O),   Main clause
             Kàn-le péngyou, qù chī-fàn.

1. Nǐ shénme shíhou qù?   Wǒ chī-le fàn, mǎshàng jiu qù.
2. Tā huíqu le ma?   Huíqu le, chī-le fàn jiu huíqu le.
3. Wǒ xiànzài kěyǐ qu wánr ma?   Bù xíng, nǐ děi xiě-le zì cái néng qù wánr.
4. Piào mǎi le ma?   Hái méi ne, wǒ dǎsuàn kàn-le lǎo Lǐ jiu qù mǎi.
5. Tā měi tiān shénme shíhou dǎ tàijíquán?   Tā chī-le zǎofàn jiu dǎ.
6. Nǐ hěn lèi ma?   Bú lèi, zhǐ shi hē-le jiǔ, hěn xiǎng shuì-jiào.
7. Nǐmen shénme shíhou lái?   Kàn-le diànyǐng lái, xíng bu xíng?
8. Nǐ gěi tā de xìn xiě le ma?   Xiě le, zuótiān kèren zǒu-le, wǒ jiu xiě le.
9. Tāmen jié-le hūn, xiǎng dào Zhōngguó qù.
10. Tā xué-le sān tiān, jiu bù xiǎng xué le.
11. Tāmen zǒu-le wǔ fēn zhōng, wǒ cái huílai.
12. Zhèi běn shùxué tài nán le, wǒ kàn-le hěn jiǔ, háishi bù dǒng.

4 Combination of verb-suffix '-le' and sentence particle 'le'

(a) Where the verb ends the sentence or clause, and le might serve a double function:

1. Tā lái le ma?   Tā zǎojiu lái le.
2. Qù Běijīng de nèi sì ge rén dōu huílai le ma?   Liǎng ge huílai le, liǎng ge hái méi huílai ne.
3. Nǐ xiǎng chī shénme? Wǒ gěi nǐ zuò.   Wǒ yǐjing chī le, bié gěi wǒ zuò le.
4. Tāmen hái zài yìqǐ ma?   Yǐjing fēnkāi le.
5. Lǎoshī jiào nǐ xiě de zì, xiě le méiyou?   Hái méi ne, wǒ wàng le.

6. Tā qǐng nǐ bàn de nèi jiàn shì, nǐ bàn le méiyou?   Bàn le, wǒ yǐjing gàosu tā le.

(b) Where the suffix -le is included before a simple object only if completion of the action is stressed:

1. Nǐmen dōu chī(-le) fàn le ma?   Dōu chī le, yí ge zhōngtou yǐqián jiu chī le.
2. Gěi lǎo Wáng jièshao ge nǚpéngyou ba.   Tā yǐjing yǒu(-le) duìxiàng le, nǐ bié tì tā zháojí le.
3. Tāmen zěnme hái méi lái? Nǐ qǐng(-le) tāmen le ma?   Qǐng le, tāmen shuō mǎshàng jiu lái.
4. Tā jīnnián hái bú dào sìshí suì, kěshi liǎng ge nǚ'ér dōu jìn(-le) dàxué le.
5. Shí tiān qián tā jiu dào(-le) Lúndūn le.   Zěnme méi rén gàosu wǒ a?
6. Bié kàn diànyǐngr le, wǒ qǐng nǐ chī-fàn qu.   Bù xíng, wǒ yǐjing mǎi(-le) piào le, bù néng bú kàn.

(c) Progress up to the present

Patterns: a.   *V-le* NUM(O) *le*
            Wǒ hē-le wǔ bēi   le, bù néng zài hē le.
         b.   *V-le* Time How Long   *(de)* O   *le*
            Tā xiě-le sì ge duō zhōngtou   de Hànzì le, zhēn xiǎng qù shuì-jiào.
     or: V O,   *V-le* Time How Long   *le*
            Tā xiě hànzì, xiě-le sì ge duō zhōngtou le, zhēn xiǎng qù shuì-jiào.

1. Wǒ jīntiān yǐjing xiě-le wǔbǎi ge zì le, bù néng zài xiě le. (*or*: hái děi zài xiě wǔbǎi.)
2. Tā yǐjing chī-le wǔ ge píngguǒ le, hái xiǎng zài chī yí ge.
3. Tā xiě de nèi běn shū, nǐ kàn-le duōshao le?   Yǐjing kàn-le yí bàn le.
4. Shénme dìfang dōu méi yǒu zhèi zhǒng jiǔ, wǒ yǐjing pǎo-le bá ge jiǔguǎnr le.
5. Wǒ wèn-le sān ge rén le, dōu shuō bù zhīdào nèi jiā diànnǎo gōngsī zài nǎr.
6. Zhèi ge diànyǐngr tā yǐjing kàn-le sān cì le, nǐ hái xiǎng qǐng tā kàn ma?

7. Wǒ zài zhèr yǐjing zuò-le sān ge zhōngtou le, děi zǒu le.
8. Zhèi tiáo lù zhēn cháng, wǒ zǒu-le yí ge duō xiǎoshí le, cái zǒu-le yí bàn.
9. Tā zài zhèi ge dānwèi yǐjing gàn-le èrshiwǔ nián le, hěn xiǎng dào biéde dānwèi qù.
10. Wáng xiānsheng jiāo-shū jiāo-le shíbā nián le, tā zìjǐ yě bù zhīdào yígòng jiāo-le duōshao xuésheng.
11. Wǒmen yǐjing xué-le shí ge xīngqī de Zhōngwén le, yǒu rén hái xiǎng xué, yǒu rén yǐjing bù xiǎng xué le.

5 Where verb-suffix '-le' is not used

1. Yǐqián tā měi nián dōu yào dào Zhōngguó qù(X) sān cì. (habitual activity)   Contrast: Tā qùnián dào Zhōngguó qù-le sān cì.
2. Qùnián tāmen zhǎo(X) wǒ jiāo-le sān ge xīngqī de wàiyǔ. (pivotal construction)
3. Nèi tiān tā qù(X) chéng-li mǎi-le bù shǎo dōngxi. (verbal expressions in series)
4. Wǒ zǎochen qù kàn(X) tā de shíhou, tā shuō(X): 'Yàoshi nǐ zuótiān lái . . .' (direct speech)
5. Wǒ zǎochen qù kàn(X) tā de shíhou, tā shuō(X) yàoshi wǒ zuótiān qù . . . (indirect speech)
6. Zuótiān tā juéde(X) bú tài shūfu, jīntiān yǐjing hǎo le. (dispositional verb)
7. Wǒmen zuótiān juédìng(X) míngtiān zǎochen chūfā. (verbal construction as object)

6 Specific relative time

Patterns: a. . . . yǐqián (before, ago)
            Sān nián yǐqián, méi rén zhīdao zhèi ge míngzi.
        b. . . . de shíhou (while, when)
            Tā lái de shíhou, wǒmen dōu bú zài jiā.
        c. . . . yǐhòu (after)
            Jiěfàng yǐhòu, tā jiu dào-le wǒmen dānwèi.

1. Dào Zhōngguó qù yǐqián, zuì hǎo xué diǎnr Zhōngwén.
2. Tā měi tiān wǎnshang shuì-jiào yǐqián, dōu yào kàn bàn ge zhōngtou de xiǎoshuō.

3. Sān ge xīngqī yǐqián, wǒ zài péngyou jiā rènshi-le yí wèi zhuānmén gǎo diànnǎo de huáqiáo.
4. Nǐmen zuò Zhōngguó cài de shíhou, bié wàng-le gàosu wǒ.
5. Méi shì de shíhou, tā jiu xǐhuan tán qín.
6. Sì nián yǐhòu nǐmen dōu néng bì-yè ma? Bì-yè yǐhòu dǎsuàn gàn shénme ne?
7. Zhèi ge wèntí jīngguò tā jiěshì yǐhòu, wǒmen dōu hěn qīngchu le.
8. Jiàn-miàn yǐhòu wǒ cái zhīdao tā nàme nán-kàn, zhēn méi xiǎngdào.
9. Zhèi ge cài tài hǎo-chī le! Méi chī yǐqián xiǎng chī, chī-le yǐhòu gèng xiǎng chī.
10. Jié-hūn yǐqián tā shuō shénme tā dōu shuō xíng, jié-hūn yǐhòu tā shuō shénme tā dōu shuō bù xíng.

7 Inclusiveness and exclusiveness (with question words as indefinites)

Pattern: Nǐ xiǎng chī shénme?
     a. Wǒ *shénme* dōu xiǎng chī.
     b. Wǒ *shénme* dōu/yě bù xiǎng chī.

1. Tā yào mǎi shénme?
    a. Tā shénme dōu yào mǎi.
    b. Tā shénme dōu bú yào mǎi.
2. Shéi rènshi zhèi ge rén?
    a. Shéi dōu rènshi.
    b. Shéi dōu bú rènshi.
3. Nǐ xiǎng dào nǎr qù lǚxíng?
    a. Wǒ nǎr dōu xiǎng qù.
    b. Nǎr dōu kěyǐ.
    c. Chúle Zhōngguó, wǒ nǎr yě bù xiǎng qù.
4. Tā shuō wǒmen něi tiān kěyǐ chūfā?
    a. Tā shuō něi tiān dōu xíng.
    b. Tā shuō něi tiān dōu bù xíng, tā bù zhǔn wǒmen qù.
5. Zuótiān wǎnshang nǐ zuò shénme le?
    a. Wǒ méi zuò shénme, kàn-le liǎng ge zhōngtou de diànshì.
    b. Shénme dōu méi zuò, kàn-le liǎng ge zhōngtou de diànshì.
6. Diànnǎo néng tì rén zuò shénme? Chúle bù néng tì rén chī-fàn, shuì-jiào yǐwài, shénme dōu néng zuò.

7. Tā huì zuò yú ma?
   a. Huì, tā zěnme zuò dōu hǎo-chī.
   b. Bú huì, tā zěnme zuò dōu bù hǎo-chī.
8. Nǐ dǒng le ma? Zhèi ge wèntí tài nán le, tā zěnme jiěshì wǒ dōu bù dǒng.

8 'Jiù' and 'cái' contrasted (note that 'cái' does not normally combine with 'le')

1a. Tā jiǔ diǎn zhōng jiu lái le, tài zǎo le.
 b. Tā shí diǎn bàn cái lái, tài wǎn le.
2a. Tā shuō xíng jiù xíng.
 b. Tā shuō xíng cái xíng.
3a. Wǒmen rén shǎo, sān píng chàbuduō jiu gòu le.
 b. Wǒmen rén duō, sānshi píng cái gòu.
4a. Zhèi tiáo lù hěn jìn, wǒmen zǒu-le shí fēn zhōng jiu dào le.
 b. Zhèi tiáo lù bú jìn, wǒmen zǒu-le sìshi fēn zhōng cái dào.
5a. Jiàn-miàn yǐqián, wǒ jiu cāi tā hěn piàoliang.
 b. Jiàn-miàn yǐhòu, wǒ cái zhīdao tā hěn piàoliang.
6a. Wǒmen dào-le nàr, bú dào yì fēn zhōng tā jiu lái le.
 b. Wǒmen dào-le nàr, děng-le yí kè zhōng tā cái lái.
7a. Zhèi jiàn shì hěn jiǎndān, tā jiu néng bàn. (Tā bú tài nénggàn.)
 b. Zhèi jiàn shì hěn bù jiǎndān, tā cái néng bàn. (Tā fēicháng nénggàn.)
8a. Tā chī-le bàn wǎn jiu bǎo le.
 b. Tā chī-le wǔ wǎn hái bù bǎo.
 c. Tā chī-le bā wǎn cái bǎo.
9a. Lǎo Lǐ hái méi zǒu ba? Zǒu le, zuótiān jiu zǒu le.
 b. Lǎo Lǐ yǐjing zǒu le ba? Hái méi ne, tā míngtiān cái zǒu.

9 'yǐjing . . . le' versus 'hái bù/méi . . . ne'

1. Nǐmen dōu dǒng le ba? Tāmen yǐjing dǒng le, wǒ de nǎozi bù xíng, hái bù dǒng ne.
2. Zhèi xiē jīqì nǐmen dōu huì yòng le ma? Jiǎndān de yǐjing huì le, nán de hái bú tài huì ne.
3. Nǐmen dōu chī le ma? Tāmen sān ge yǐjing chī le, wǒmen liǎng ge hái méi chī ne.
4. Kèren dōu lái le ma? Nán-de dōu yǐjing lái le, nǚ-de dōu hái méi lái ne.

5. Tāmen liù ge rén qù le méiyou? Sān ge yǐjing dào le, liǎng ge zài lù-shang, yí ge hái méi chūfā ne.
6. Tāmen dōu huílai le ma? Qù Běijīng de zǎojiu huílai le, qù Shànghǎi de hái méi huílai ne.
7. Nǐ gěi jiā-li de xìn dōu xiě le ma? Gěi fùqin de yǐjing xiě le, gěi shūshu de hái méi xiě ne.
8. Zhèi sì ge jiěmèi dōu jié-hūn le ma? Lǎo dà, lǎo sān yǐjing jié le; lǎo èr, lǎo sì hái méi ne.

10 'Chúle . . . (yǐwài)', apart from

1. Chúle shùxué, tā duì shénme dōu méi xìngqu.
2. Tā shuō de Zhōngguó huà, chúle tā zìjǐ yǐwài, méi rén dǒng.
3. Chúle xuéxí Zhōngwén yǐwài, wǒmen hái děi xuéxí Zhōngguó lìshǐ.
4. Tā chúle hē jiǔ yǐwài, yě xǐhuan dǎ pái.
5. Chúle mài fángzi yǐwài, méi yǒu biéde fázi ma?

VII EXERCISES

1 Answer these questions on the basis of the Presentation and Dialogue:

1. Zuótiān wǒ zài Lúndūn qù-le jǐ ge dìfang? Bàn-le jǐ jiàn shì?
2. Wǒ běnlái dǎsuàn shénme shíhou huí jiā?
3. Wǒ zài chēzhàn ménkǒu pèngjiàn shéi le?
4. Xiǎo Lǐ bì-yè yǐhòu dōu zuò-le xiē shénme shì?
5. Xiǎo Lǐ xiànzài zuò shénme gōngzuò?
6. Tā zài nèi jiā gōngsī gàn-le duō jiǔ le?
7. Xiǎo Lǐ běnlái de nǚpéngyou wèishenme gēn tā fēnkāi le?
8. Diànnǎo shuō xiǎo Lǐ yīnggāi zhǎo shénme yàng de rén zuò duìxiàng?

2 Replace whichever word is appropriate in these sentences by the word in brackets, and make any attendant changes called for:

1. Tā niánnián dào Lúndūn lái. (qùnián)
2. Míngtiān tā yào dào Sūlián qù. (zuótiān)
3. Zuótiān tā xué-le wǔ ge xiǎoshí de Fǎwén. (míngtiān)
4. Tā gēge yǐjing jié-hūn le. (hái méi)

5. Tāmen liù diǎn zhōng jiu chūfā le. (cái)
6. Tā jiā bú jìn, wǒ zǒu-le èrshi fēn zhōng cái dào. (hěn jìn)

3 Replace the relative time expressions in these sentences by
   V-le O dependent clauses:

Example: Hē chá yǐhòu cái yǒu jīngshen xuéxí. → Hē-le chá, cái
         yǒu jīngshen xuéxí.

1. Tā bì-yè yǐhòu xiǎng zhǎo shénme gōngzuò?
2. Chī-fàn yǐhòu, bù néng mǎshàng gōngzuò.
3. Wǒ lái Yīngguó yǐhòu, pàng-le shí gōngjīn.
4. Mǎi shū yǐhòu, wǒ jiu méi qián chī-fàn le.
5. Shéi shuō hē jiǔ yǐhòu bù néng kāi-chē?

4 Place these sentences in a past time setting, making all appro-
   priate changes:

Example: Míngtiān wǒ yào qù kàn liǎng ge péngyou. → Zuótiān
         wǒ qù kàn-le liǎng ge péngyou.

1. Shí tiān yǐhòu tā yào gěi wǒ wǔshi kuài qián.
2. Zhèi ge diànyǐng wǒ xiǎng kàn liǎng cì.
3. Míngtiān wǒ děi shuì shí ge zhōngtou.
4. Tā míngtiān yào gēn wǒmen tán liǎng ge xiǎoshí de diànnǎo.
5. Jīntiān xiàwǔ nǐ xiǎng kàn duō jiǔ de shū?

5 Give negative answers to these questions:

1. Zuótiān nǐmen dōu qù le ma?
2. Tā zuótiān dào nǐ jiā lái le ma?
3. Nǐ qùnián cháng pèngjiàn tā ma?
4. Nǐ měi tiān zuò liù diǎn líng wǔ fēn de chē huí jiā ma?
5. Tā dìdi zhōngxué bì-yè le meiyou?
6. Nǐ jiāo-le shí ge xīngqī de shùxué ma?

6 Translate into Chinese:

1. What did you do last night? I didn't do anything.
2. Did she cook some Chinese food yesterday? Yes, she did.
3. When I got there, those two friends of his had already left by
   car.

4. Have you read this morning's paper yet? No, I don't read newspapers.
5. She told me that her uncle left for America by plane this morning.
6. I have already given him 20 dollars, but he still says it isn't enough.
7. The teacher told us to write 90 characters. So far I have only written 20.
8. I bought a very good Chinese novel on Tuesday and have already read half of it.
9. His younger sister studied Chinese for several weeks when they were in China last year.
10. After graduating from London University, he worked for three and a half years in a car factory.
11. He had nothing except a cup of tea, because he doesn't drink any kind of alcohol.
12. I've been writing Chinese for three hours now, and I'm exhausted!

LESSON TWELVE

■ I PRESENTATION

Nǐ qù-guo dàxué fùjìn de nèi ge gōngyuánr ma?

Have you ever been to the park near the university?

Lǐtou chúle yǒu yí piàn shùlínzi yǐwài, hái yǒu yí ge xiǎo hú.

In it apart from an area of wood, there is also a little lake.

Qù-guo de rén dōu shuō nàr de fēngjǐng bú-cuò.

Those who have been all say the scenery there is quite nice.

Zhōngwǔ tiānqi hǎo de shíhou, wǒmen chángcháng kàndao yí wèi dōngfāng rén zuòzai hú-biānr de yǐzi-shang, yìbiānr kàn-shū, yìbiānr chī sānmíngzhì.

At noon when the weather is fine, we often see an oriental gentleman sitting on the seat by the lake, (on the one hand) reading, and (on the other hand) eating sandwiches.

Zhèi wèi xiānsheng bú shi biérén, tā jiùshi dàxué yīyuàn hěn yǒu-míng de Wáng dàifu.

This gentleman is no other than the famous Dr Wang of the university hospital.

Wáng dàifu de fùmǔ dōu shi Zhōngguó rén, kěshi tā shi zài Yīngguó shēng de, xiǎoxué, zhōngxué, dàxué yě dōu shi zài Yīngguó shàng de, cónglái méi dào-guo Zhōngguó.

Dr Wang's parents are both Chinese, but he was born in England, and he went to primary and secondary school and university in England too; he has never been to China.

Búguò tā néng shuō hěn liúlì de Guǎngdōng huà, yě liànguo jǐ zhǒng gōngfu, nà dōu shi xiǎo shíhou tā fùqin jiāo tā de.

However, he can speak very fluent Cantonese, and has practised some kinds of 'kung-fu'; those were all taught him by his father when he was small.

Tā hěn xīwàng jiānglái yǒu jīhuì dào Zhōngguó qù gōngzuò, suǒyǐ qiánnián jiǔ yuè yòu kāishǐ xuéxí pǔtōnghuà, dào xiànzài yǐjing xué-le kuài liǎng nián le.

He hopes very much to have the chance in future to go to China to work, therefore the year before last in September he began further to study Mandarin; by now he has been learning for close on two years.

Tā méi yǒu Zhōngwén lǎoshī, shi zìjǐ xué de.

He has no teacher in Chinese, he has been learning by himself.

Yí ge xīngqī zuì shǎo xué yí kè.

He learns at least one lesson a week.

Měi tiān zǎochen tīng lùyīn, wǎnshang liànxí Hànzì.

Every morning listens to recordings and practises characters in the evening.

Zhōngwǔ xiūxi de shíhou hái yào dào hú-biānr qù fùxí.

During his noon break he will even go and revise by the lake.

Fēicháng yònggōng.

He is exceptionally diligent.

Hǎoxiàng tā yì tiān bù xué Zhōngwén, xīn-li jiu bù shūfu.

It seems if for one day he didn't study Chinese, he wouldn't feel easy in his mind.

Shàng xīngqī-wǔ zhōngwǔ xià bān yǐhòu, tā mǎi-le liǎng kuài sānmíngzhì, yòu dào-le hú-biānr, zhèng yào kāishǐ biān chī biān kàn de shíhou, hūrán hòutou yǒu rén jiào tā:

Last Friday noon, after coming off duty, he bought two sandwiches and again went to the lake, and when he was just about to start eating and reading, suddenly someone called him from behind:

■ **II DIALOGUE**

A: Wáng dàifu, nín hǎo a!
Zhèr fēngjǐng zhēn bú-
cuò!

Hello, Dr Wang! The scenery
round here is really quite
nice!

B: Êi! Xiǎo Lǐ, shì nǐ a, chī
wǔfàn le ma? Wǒ zhèr
yǒu sānmíngzhì.

Ah, it's you, young Li. Have
you had lunch? I've got
sandwiches here.

A: Nín qǐng ba, wǒ chī le,
gāngcái zài xuéxiào
shítáng chī de. Ō,
duìbuqǐ, qǐng wèn nín
xiànzài jǐ diǎn le, wǒ méi
dài biǎo.

Go ahead, I've eaten, I ate
just now in the school
canteen. Oh, excuse me,
could I ask what the time is
now, I didn't put my watch
on.

B: Xiànzài shi . . . Ê? Wǒ de
biǎo dàgài wàngzai yīyuàn
le, búguò wǒ gāngcái
jìnlai de shíhou, ménkǒu
de dà zhōng hái bú dào yì
diǎn bàn.

It's . . . Ey? I probably left
(forgot) my watch at the
hospital, but when I came in
just now the big clock at the
entrance hadn't got to half
past one.

A: Nà hǎo, wǒ hái kěyǐ zài
xiūxi yìhuǐr. Wǒmen liǎng
diǎn cái shàng kè ne.
Wáng dàifu, nín hǎoxiàng
hěn jiǔ méi dào wǒmen
fànguǎnr lái le, tiāntiān
chī sānmíngzhì zěnme
xíng a?

That's good, I can rest a
while longer. We don't begin
class until two. You don't
seem to have come to our
restaurant for a long time
now, Dr Wang; how can you
eat sandwiches every day?

B: Zuìjìn tài máng le, yǐjing
yǒu liǎng-sān ge yuè méi
xià-guo guǎnzi le. Jiā-li
rén dōu hǎo ba?

I've been too busy lately: I
haven't been to a restaurant
for two or three months now.
Your family are all well, I
take it?

A: Dōu hǎo. Wǒ fùqin huí
Zhōngguó qù le, nín
zhīdao ma?

Yes. My father has gone back
to China, did you know?

B: Wǒ méi tīngshuō a, shi
shénme shíhou zǒu de?
Yào qù duō jiǔ a?

I hadn't heard. When did he
leave? How long will he be
there?

A: Tā shi shàng yuè èrshisān hào shàng de fēijī, èrshiwǔ hào wǎnshang dào de Guǎngzhōu. Xiànzài zhùzai wǒ shūshu jiā. Zuótiān lái xìn shuō kǒngpà xià ge yuè cái néng huílai.

He boarded the plane on the 23rd of last month and arrived in Canton on the evening of the 25th. He's staying now in my uncle's home. We got a letter yesterday saying he was afraid he couldn't get back till next month.

B: Tā yǐqián huíqù-guo ma?

Has he been back before?

A: Sānshi nián qián tā zuò xuésheng de shíhou huíqù-guo yí cì. Nèi cì shi zuò chuán huíqu de, zài lù-shang zhěngzhěng zǒu-le yí ge yuè.

He went back once 30 years ago when he was a student. That time he went back by boat and was all of a month on the journey.

B: È, xiǎo Lǐ, nǐ bú shi zài Yīngguó shēng de ma? Zěnme néng shuō zhème liúlì de pǔtōnghuà? Zài nǎr xué de?

I say, weren't you born in England, young Lí? How come you can speak such fluent Mandarin? Where did you learn it?

A: Wǒmen cóng xiǎo zài jiā jiu shuō pǔtōnghuà. Wǒ mā shi běifāng rén, bú huì shuō Guǎngdōng huà, yě méi xué-guo Yīngwén, suǒyǐ wǒmen dōu gēn tā shuō pǔtōnghuà.

We have spoken Mandarin at home since we were kids. My mum is a northerner and can't speak Cantonese, and has never learned English, so we all speak to her in Mandarin.

B: Nǐmen zhēn hǎo! Xiànzài hěn duō huáqiáo jiā-li dōu shuō Yīngwén, wàng-le zìjǐ shi cóng nǎr lái de. Nǐ xiǎngxiang: Zhōngguó rén bú huì shuō Zhōngguó huà zěnme xíng a?

Good for you! Nowadays lots of overseas Chinese speak English at home, they've forgotten where they came from. Imagine, how could it be right for Chinese not to be able to speak Chinese?

A: Wǒmen kāishǐ shàng
xiǎoxué yǐhòu, yě
chángcháng zài jiā-li shuō
Yīngwén, kěshi wǒ mǔqin
xiǎng-le yí ge hǎo bànfǎ,
jiào wǒmen yídìng děi
shuō Zhōngguó huà.

After we started to go to
primary school, we too often
spoke English at home, but
my mum thought up a good
way to make sure we spoke
Chinese.

B: Shénme hǎo bànfǎ?

What good way?

A: Hěn jiǎndān: shéi shuō
Zhōngguó huà tā jiu gěi
shéi chī Zhōngguó fàn;
shéi shuō Yīngwén tā jiu
gěi shéi chī sānmíngzhì.
Wǒmen dōu pà chī
sānmíngzhì, suǒyǐ xiànzài
cái dōu néng shuō jǐ jù
Zhōngguó huà.

Very simple: whoever spoke
Chinese she served Chinese
food to; whoever spoke
English she served
sandwiches to. We were all
scared of eating sandwiches,
that's the only reason we can
all speak some words of
Mandarin now.

B: Nǐmen yùnqi zhēn hǎo,
wǒ xiànzài tiāntiān liànxí
shuō Zhōngguó huà, kěshi
hái děi zài zhèr chī
sānmíngzhì!

You were really lucky. Now
I'm practising speaking
Chinese every day, but I still
have to be eating my
sandwiches here!

III SKETCHES

1

A: Nǐ jiàn-guo wǒ de
péngyou Lǐ Dàmíng ma?

Have you met my friend Li
Daming?

B: Méi jiàn-guo, búguò
hǎoxiàng tīng nǐ shuō-guo
zhèi ge rén.

No, but I seem to have heard
you mention such a person.

A: Yǒu jīhuì wǒ kěyǐ gěi
nǐmen jièshao jièshao.
Zhèi ge rén nǐ yīnggāi
rènshi rènshi.

When there is an opportunity
I can introduce you. You
ought to get to know this
character.

B: Wèishenme?

Why?

A: Zhèi ge rén fēicháng bù
   jiǎndān, tā lái Yīngguó
   yǐqián zài Zhōngguó xué-
   guo shùxué, bàn-guo
   gōngchǎng, gǎo-guo
   xīnwén, hái xiě-guo sān
   běn xiǎoshuō.

He is an extremely complex
character: before he came to
England, he studied
mathematics, ran a factory,
and dabbled in journalism in
China, and wrote three
novels besides.

B: Zhēn de ma? Dào
   Yīngguó yǐhòu tā zuò-guo
   shénme shì?

Really? What has he done
since he arrived in England?

A: Tā jìn-guo gōngchǎng,
   dāng-guo shòuhuòyuán,
   xué-guo lìshǐ, jiāo-guo
   tàijíquán. Qùnián yòu
   kāishǐ gǎo diànnǎo . . .

He has worked in a factory,
been a shop assistant, studied
history, taught *taijiquan*, then
again, last year he got into
computers . . .

B: Zhèi ge rén zhēn xíng, wǒ
   cónglái méi tīngshuō-guo
   yǒu zhème nénggàn de
   rén. Tā xiànzài zài nǎr
   gōngzuò a?

This chap is really something,
I've never before heard of
such a capable person. Where
is he working now?

A: Jìn-le yīyuàn le.

He's in the hospital.

B: Ò, dāng-le dàifu le?

Oh, he's become a doctor?

A: Bú shì, bú shi. Dàifu
   shuō tā de nǎozi děi xiūxi
   xiūxi!

No, no. The doctor says his
brain has to have a rest!

2

A: Gāngcái qí zìxíngchē lái
   de nèi ge Zhōngguó
   xuésheng shì shéi?

Who was that Chinese
student who rode up on his
bike just now?

B: Tā xìng Niú, gāng cóng
   Shànghǎi lái de, xiànzài
   jiu zhùzai wǒ nàr.

His name is Niu, he's just
come from Shanghai, and is
staying now at my place.

A: Nǐ shi zài nǎr rènshi tā
   de?

Where did you get to know
him?

B: Wǒmen shi qiánnián zài
   Běijīng rènshi de.

We got to know each other in
Peking the year before last.

A: Wǒ bù zhīdào nǐ zuìjìn
huí-guo Zhōngguó, yí ge
rén qù de ma?

B: Bú shi, wǒ shi gēn liǎng
ge péngyou yìqǐ qù de.

A: Cóng zhèr dào Běijīng
nǐmen fēi-le duōshao ge
xiǎoshí?

B: Wǒmen bú shi zuò fēijī
qù de, fēijī piào tài guì le,
wǒmen shi zuò huǒchē qù
de.

A: Nǐmen zài Běijīng dōu
kàn-le xiē shénme dìfang
a?

B: Tài duō le, wǒmen sān ge
rén jiè-le sān liàng
zìxíngchē, tiāntiān qí chē
chūqu wánr, nèi xiē yǒu-
míng de dìfang wǒmen
chàbuduō dōu qù le.

A: Zhēn de? Néng bu néng
shuōshuo gěi wǒmen
tīngting?

B: Méi wèntí, kěshi bù
zhīdào nǐmen yǒu mei yǒu
shíjiān, yīnwei zhǐ shuō
Běihǎi Gōngyuán kǒngpà
wǒ jiù děi shuō yì
wǎnshang.

I didn't know you had gone
back to China recently; did
you go on your own?
No, I went with two friends.

How many hours did you fly
from here to Peking?

We didn't go by plane, the
plane ticket is too dear, we
went by train.

What places did you see in
Peking?

An awful lot: the three of us
borrowed three bicycles, and
went out on them every day;
we went to just about all of
the famous places.

No kidding? Can you tell us a
bit about them?

No problem, but I don't
know if you can spare the
time, because I'm afraid just
to tell of the Beihai Park will
take me a whole evening.

IV VOCABULARY

guò (V/V suffix)	pass, cross, go through; 'experiential' suffix
fùjìn (PW)	vicinity, near by
gōngyuán(r) (N/PW)	park, public gardens
piàn (M)	stretch, expanse; slice, thin piece

shùlínzi (N)	wood, copse
zhōngwǔ (TW)	noon
kàndào (V)	see, catch sight of
dōngfāng (PW)	orient(al)
yìbiānr . . . yìbiānr. . . . (C)	on the one hand . . . on the other . . . (reducible to biān . . . biān . . . with monosyllabic verbs)
sānmíngzhì (N)	sandwich
biéren (N)	other people, others
yīyuàn (N/PW)	hospital
yǒu-míng (SV)	famous
dàifu (N)	medical doctor
shàng (dà-, zhōng-, xiǎo-)xué (V O)	attend school
cónglái (A)	(t)hitherto, up till now/then
cónglái bù V	never
cónglái méi V-guo	never
búguò (C)	however, nevertheless
liúlì (SV)	fluent
liàn (V)	practise, train (in)
gōngfu (N)	skill, art, 'kung fu'; labour, effort
xīwàng (V/N)	hope
jiānglái (TW)	in future
qiánnián (TW)	year before last
yuè (N)	month
yī yuè, èr yuè, etc. (TW)	January, February, etc.
yòu (A)	then again: (do something) further; go on to (do something); on top of that
kè (M)	lesson
lù (V)	record
lù-yīn (V-O)	'record sound'; (make a) recording
liànxí (V/N)	practise, drill; practice, exercise
xiūxi (V)	rest, take a break
fùxí (V/N)	revise; revision

yònggōng (SV)	diligent, industrious (in one's studies)
xīn (N)	heart, mind
shàng xīngqī-wǔ (TW)	last Friday
bān (N/M)	shift, duty; class (of students)
xià bān (V O)	come off duty
zhèng (SV/A)	straight, right, principal; just, precisely
zhèngyào (A)	just about to
hūrán (MA)	suddenly
wǔfàn (N)	lunch
qǐng (polite) (IE)	please (go ahead, indulge)
gāngcái (TW)	just now, a moment ago
xuéxiào (N)	school, college
shítáng (N)	refectory, canteen
dài (V)	wear, put on (hat, gloves, trappings, etc.)
biǎo (N)	watch
dàgài (MA)	probably; in general
jìnlai (V)	come in
zhōng (N)	clock
yíhuìr (TW)	a short while (also yìhuǐr)
shàng kè (V O)	start class; attend class
fànguǎnr, guǎnzi (N)	restaurant
xià guǎnzi (V O)	go to a restaurant
shàng (ge) yuè (TW)	last month
hào (N)	number; day of month
Guǎngzhōu (PW)	Canton City
lái xìn (V O)	send ('make come') a letter; incoming letter
zhù (V)	live, stay, reside
xià (ge) yuè (TW)	next month
xuésheng (N)	student, pupil
chuán (N)	boat, ship
běifāng rén (N)	northerner
bànfǎ (N)	way, means, method
jù (M)	sentence, phrase, a few words
yùnqi (N)	luck (good or bad)

qí (V)	ride
zìxíngchē (N)	bicycle
gāng (A)	just (a short while ago)
fēi (V)	fly
jiè (V)	borrow, lend
liàng (M)	for vehicles
Běihǎi Gōngyuán (PW)	(north lake) park in Peking

V GRAMMAR

1 The experiential suffix '-guo' (Speech Patterns 1, 2)

By itself *guò* means 'to pass', 'go through'. Some awareness of this meaning is retained when it is used to amplify the plain form of the verb as a suffix, typically signifying that the action has 'come to pass'. The time setting is the indefinite past – particularly in a person's lifetime, or at some undetermined point within a period specifically stated or framed by expectations. The first case is plain enough: *Nǐ kàn-guo Zhōngguó diànyǐng ma?*, 'Have you "ever" seen a Chinese film?' *Méi kàn-guo*, 'I haven't "ever" seen (any)'. This usage is often reinforced by adverbs such as *yǐqián*, 'before' and *cónglái*, 'hitherto'.

The sense of 'at one time or another' may be retained when the focus shifts from the question of experience pure and simple, as in *Tā xué-guo duō jiǔ de Fǎwén?*, 'How long did he study French for?': here there is no point of time in mind (as with *-le*), nor is there any presupposition about whether the learning was done in one block or in snatches; what is implicit is a cut-off from the present, which differentiates this from the 'V-*le*—time expression—*le*' construction.

The same sense of discontinuity with the present is conveyed when a time span is given: *Dào Yīngguó yǐhòu tā zuò-guo shénme shì?*, 'What work has he done since he arrived in England?' Although the time span ends with the present day, the question anticipates a number of things that have *come and gone* at different times within the period. *Guo* used as a suffix (you will see later that it has another role in verb formation) is atonal, as all suffixes are. Like the suffix *-le*, *-guo* normally comes after the second verb in a series: *Wǒ qù kàn-guo tā liǎng cì*, 'I went to see him twice'. Also like *-le, -guo* is negated by *méi(you),* but is not displaced in the negative: *Tā méi chī-guo Zhōngguó fàn.*

2 Highlighting the circumstances of past events: 'shi . . . de' (Speech Patterns 5, 6)

As you now know, a sentence in Chinese containing the same elements may be framed in a variety of ways depending on where the focus of interest is. When a fact is established already, and the interest is in when, how, why etc. it happened, the appropriate construction is *'shi* – circumstance – V – *de'. De,* being a nominalizing particle, shows that the happening is not viewed in dynamic terms, but rather as a given fact pertaining to the subject/topic. The phrasing of, for instance, *Tā shi zuò huǒchē zǒu de* throws the stress on the means of going: 'He left *by train*' or 'It was by train that he left'. The intention is not to convey the information that he did leave, which is understood; if that were equally to be asserted, *le* would be used: *Tā zuò huǒchē zǒu le.*

In the *shi . . . de* construction, *shi* may be omitted in the affirmative: *Tā (shi) zuò huǒchē zǒu de,* but not in the negative: *Tā bú shi zuò huǒchē zǒu de.*

Though on the face of it *shi . . . de* should be a modifying construction, no noun can in fact be supplied for it to modify in this particular use. In this way it differs from e.g. *Zhèi běn shū shì xīn de (shū).*

When there is an object involved, for a reason that defies logical explanation, it is customary to place it *after* the 'final' *de,* as if it were the object of modification. While it is possible to say *Wǒ shi xiàwu mǎi piào de* ('It was in the afternoon that I bought the tickets'), it is more common to say *Wǒ shi xiàwǔ mǎi de piào.* Fortunately there is little chance of mistaking this for a noun construction ('I am a ticket bought this afternoon'). But such inversion does not take place if the object is a pronoun. See Speech Patterns 5 (b).

3 More on time expressions (Speech Patterns 7)

Expressions denoting how long an action persists follow the verb, as we know. This principle is extended to the duration of a state brought about by an action: *Tā lái Yīngguó duōshao nián le?*, 'He has come to England how many years?' i.e. 'How many years is it since he came to England?' The final *le* indicates that the state is still operative – 'he' is still in England.

Time that has merely elapsed should not be confused with time an action persists. In 'I haven't played the lute for two weeks', for example, for all we know the only thing that has happened is that night has followed day for two weeks. 'Elapsed time' such as this comes *before* the verb: *Liǎng ge xīngqī méi tán(-guo) qín.* (The fact that a state of inactivity extends to the present may be indicated by a sentence particle *le*.) However, negative statements involving stretches of time are not all of this kind. If one is denying the truth of a statement, say that one played for two weeks, that *is* a matter of the persistence of an action: *Méi tán liǎng ge xíngqī de qín, zhǐ tán-le sān tiān*, 'I didn't play for two weeks, I only played for three days.'

'Time within which' is also distinct from time spent on some activity. 'Time within which' expressions also come before the verb: *yí ge xīngqī tīng shí xiǎoshí de lùyīn*, 'listen to recordings for ten hours in a week'.

4 Verb complements relating to place (Speech Patterns 3, 4)

Information as to where an action takes place is supplied before the verb: *Wǒ zài gōngchǎng gōngzuò*, 'I work in a factory'. But different rules operate when the tilt of a sentence is *towards* a place; here it is a matter of where someone or something comes to rest as a result of the action. In *zuòzai yǐzi-shang*, for instance, ('sit on a chair/seat') the act of sitting is seen as directed towards the seat. In these cases *zai* (toneless) follows the verb as a complement. Actions like putting, dropping, leaving (things) all likewise imply a terminal point. A small number of verbs are equivocal in that the place expression may precede or follow the verb without any substantial difference in meaning, like *zhù*, 'to reside': one may say either *Wǒ zài Lúndūn zhù* or *Wǒ zhùzai Lúndūn* for 'I live in London'. In general, verb – *zai* – place makes the place the culmination of the thought process, *zài* – *place* – *verb* gives the place a more separate role. These equivocal verbs include those having to do with producing, emerging, happening, standing, etc., where any sense of a 'target' position is slight.

5 'Shàng' and 'xià' (Speech Patterns 8)

'Shàng' and *'xià'* are in direct contrast as verbs when they mean respectively 'ascend' or 'board' (*shàng shān, shàng chē*) and 'descend' or 'alight from' (*xià shān, xià chē*), and when they mean 'engage in' and 'disengage from' regular duties, as in *shàng bān*, 'go on shift', *xià xué*, 'finish school'. But they both can mean 'to go to'; here one is guided in one's choice by custom: always *shàng nǎr?*, 'where to?', for example, and preferably *xià guǎnzi*, 'go to a restaurant' (though *shàng guǎnzi* does occur). The two are again opposed in their sense of 'last', i.e. foregoing, and 'next': *shàng xīngqī*, 'last week', *xià cì*, 'next time', and of 'former/first' and 'latter/second', e.g. *shàng bàn/xià bàn yuè*, 'first/second half of the month'.

6 Simple directional complements (Speech Patterns 9)

Lai and *qu* are attached to verbs to indicate motion towards and away from the speaker respectively, like *her* and *hin* in German. For example *jìnlai*, 'enter' (said when the speaker is inside), and *jìnqu*, 'enter' (said when the speaker is outside). Less plain instances would include *mǎilai*, 'buy in' (secure for one's use) and *mǎiqu*, 'buy out' (take off the seller's hands).

7 'Zài' and 'yòu'

In their sense of 'again' or 'further', *zài* and *yòu* both refer to actions repeated or resumed. Broadly speaking, *zài* applies to actions not yet realized (*Míngtiān zài lái*, 'Come again tomorrow') and *yòu* to actions already realized (*yòu zuò-le yìhuǐr*, 'sat further for a while'). But *yòu* also indicates branching out into further activity of a related but not identical kind, in which case it translates best verbally as 'go on to'; and it may also introduce a further consideration or reconsideration, when it could translate as 'furthermore' or 'then again'.

VI SPEECH PATTERNS

1 Verbal suffix '-guo' as a sign for the indefinite past

Patterns: a. V-*guo* O ma?
  Nǐ zuò-guo fēijī ma?
  b. V-*guo* O *méiyou*? V-*guo*/Méi V-*guo*
  Nǐ zuò-guo fēijī méiyou? Zuò-guo/Méi zuò-guo.
  c. V(-*guo*) *méi(you)* V-*guo* O
  Nǐ zuò(-guo) méi(you) zuò-guo fēijī?

1. Nǐ chī-guo Zhōngguó fàn méiyou? Chī-guo, wǒ cháng chī.
2. Nǐ qù-guo Guǎngzhōu ma? Qù-guo, xiǎo shíhou gēn fùmǔ qù-guo yí cì.
3. Nín yǐqián lái-guo Lúndūn ma? Méi lái-guo, zhè shi dì yī cì.
4. Nǐ tīngshuō-guo zhèi zhǒng diànnǎo ma? Tīngshuō-guo, wǒ-men gōngsī yòng de jiùshi zhèi zhǒng.
5. Zhèi běn xiǎoshuō nǐ méi kàn-guo ma? Méi kàn-guo, wǒ bú tài xǐhuan kàn lìshǐ xiǎoshuō.
6. Tā liàn-guo duō jiǔ de gōngfu? Yígòng liàn-guo bá ge yuè.
7. Nǐ cónglái bú kàn Zhōngguó diànyǐng ma? Hěn shǎo kàn. Zài Zhōngguó èrshi nián, wǒ zhǐ kàn-guo yì huí.
8. Nǐ hǎoxiàng cónglái méi hē-guo zhème duō jiǔ. Shì a, yīnwei wǒ cónglái méi zhème gāoxìng-guo.
9. Zuìjìn nǐmen nàr tiānqi zěnmeyàng? Shàng xīngqī lěng-guo liǎng tiān, zhè xīngqī bú-cuò.
10. Tā yìzhí zhème shòu ma? Shì a, tā cónglái méi pàng-guo.
11a. Zuìjìn wǒ qù kàn-guo tā liǎng cì.
  b. Zuìjìn wǒ kàn-guo liǎng cì Zhōngguó diànyǐng.

2 Verb '-le' and Verb '-guo' contrasted

1a. Lǎo Lǐ qù bu qù? *Tā yǐqián qù-guo*, bù xiǎng zài qù le.
  b. Lǎo Wáng qù bu qù? *Tā yǐjing qù le.*
2a. *Tā dào Zhōngguó qù-guo*, zhīdao yìdiǎnr Zhōngguó de qíngxing.
  b. *Tā dào Zhōngguó qù le*, dàgài xià yuè shíwǔ hào cái néng huílai.
3a. *Tā dāng-guo jiěfàngjūn*, xiānzài shi gōngshè gànbù.
  b. *Tā dāng-le jiěfàngjūn*, shēntǐ gèng hǎo le.

4a. Méi xiǎngdào *tā pèngjiàn-le zhèi zhǒng shì*, nǐ shuō zěnme bàn?

b. *Lǎo Lǐ pèngjiàn-guo zhèi zhǒng shì*, tā zhīdao yīnggāi zěnme bàn.

5a. *Wǒ mǎi-guo yì běn tā xiě de xiǎoshuō*, xiànzài bù zhīdào dào nǎr qù le.

b. *Wǒ mǎi-le yì běn tā xiě de xiǎoshuō*, dǎsuàn zài chuánshang kàn.

6a. *Tā méi hē-guo Zhōngguó chá*, dāngrán bù zhīdào Zhōngguó chá zěnmeyàng.

b. Zuótiān *tā méi hē Zhōngguó chá*, zhǐ hē-le yì bēi kāfēi.

3 'Zai' used as verb complement

Pattern: V*zai*   O
    Nín   zhùzai   nǎr?
    Wǒ   zhùzai   Lúndūn.

1. Nèibiānr rén duō, wǒmen jiu zuòzai zhèr xiūxi xiūxi ba.
2. Wǒmen zěnme zǒu? Nǐ bié pà, wǒ zǒuzai nǐ qiántou, tā gēnzai nǐ hòutou, nǐ zǒuzai zhōngjiànr, xíng bu xíng?
3. Hěn duō méi you jiā de rén wǎnshang shuìzai huǒchēzhàn.
4. Tāmen liǎng ge rén zuòzai gōngyuánr de yǐzi-shang yòu chī yòu hē.
5. Biéren dōu yǒu shū, nǐ zěnme méi shū? Wǒ yě yǒu, kěshi wàngzai jiā-li le.
6. Xiǎo háizi zuò qìchē de shíhou dōu xǐhuan zuòzai qiántou.
7. Nǐ kàn wǒ zhèi ge dōngxi dàizai zhèr hǎo bu hǎo-kàn? Dàizai nǎr dōu bù hǎo-kàn.
8. Tā (shi) nǎr rén? Tā shēngzai Běijīng, kěshi xiǎoxué, zhōngxué dōu shi zài Shànghǎi niàn de.
9. Míngzi xiězai shénme dìfang? Jiù xiězai lǐtou ba.
10. Tāmen wǔ ge rén zhùzai yìqǐ. Sān ge zhùzai qiántou, liǎng ge zhùzai hòutou.
11. Nǐ de shíjiān yīnggāi yòngzai tīng lùyīn-shang, bù yīnggāi yòngzai tīng yīnyuè-shang.
12. Tāmen liǎng ge rén zǒuzai shùlínzi-li, yìbiānr tán-tiānr, yìbiānr kàn fēngjǐng.
13. Shēnghuózai jīntiān de Yīngguó, nǐ juéde yǒu xīwàng ma?

14. Nèi tiān yùnqi zhēn bù hǎo: wǒ zài lù-shang zǒu, hūrán yí ge dōngxi dǎzai wǒ de tóu-shang. . . .

4 Place as adverbial compared with place as complement (~ = similar to, ≠ = distinct from)

1a. Nín zhùzai nǎr? ~ b. Nín zài nǎr zhù?
2a. Wǒmen zuòzai wàibianr ba. ~ b. Wǒmen zài wàibianr zuò ba.
3a. Tā tiāntiān shuìzai gōngyuánr-li. ~ b. Tā tiāntiān zài gōngyuánr-li shuì.
4a. Qǐng nǐ xiězai zhuōzi-shang. ≠ b. Qǐng nǐ zài zhuōzi-shang xiě.
5a. Biǎo bù néng dàizai zhèr. ≠ b. Zài zhèr bù néng dài biǎo.
6a. Lùzai nǎr? ≠ b. Zài nǎr lù? (*lù*, 'record')

5 'Shi . . . de' construction to bring out attendant circumstances

(a) Without object

Patterns: a. (*shi*)   Time   V *de*
                 Tā shi shénme shíhou lái de?
                 Shi shàng ge yuè lái de.
          b. (*shi*)   Place   V *de*
                 Tā shi cóng nǎr   lái de?
                 Shi cóng Zhōngguó lái de.
          c. (*shi*) Means V *de*
                 Tā shi zěnme   lái de?
                 Shi zuò fēijī lái de.

1. Nǐ shūshu shi shénme shíhou zǒu de? Shi shàng xīngqī-sān zǒu de.
2. Nǐ bú shi qùnián jiǔ yuè lái de ma? Bú shi, wǒ shi qùnián bá yuè lái de.
3. Zhè xiē rén dōu shi cóng Sūlián lái de ma? Yí bàn shi cóng Sūlián lái de; yí bàn shi cóng Dōng-Dé lái de. (*Dōng-Dé*, 'East Germany'.)
4. Tā shì bu shi zài Yīngguó shēng de? Bú shi, búguò xiǎoxué, zhōngxué dōu shi zài Yīngguó shàng de.
5. Nǐ zhèi jiàn máoyī zhēn piàoliang, zài nǎr mǎi de? Bú piàoliang, jiùshi zài wǒ jiā fùjìn de nèi ge shāngdiàn mǎi de.

6. Nǐmen shi zài nǎr pèngjiàn de?   Zài Běijīng Chēzhàn
   ménkǒur, méi xiǎngdào ba.
7. Jīntiān nǐmen shi zěnme lái de?   Tāmen shi zǒu-lù lái de, wǒ
   shi qí chē lái de.
8. Lǎo Wáng shi zěnme qù de?   Tā shi zuò chuán qù de.
9. Nǐ shì bu shi gēn tā yìqǐ lái de?   Bú shi, wǒ shi zìjǐ yí ge rén
   lái de.
10. Tā shi yī-jiǔ-qī-jǐ nián bì-yè de?   Tā shi qī-qī nián bì-yè de.

(b) With object

Patterns: a.   (*shi*)   Time   V   O(PN) *de*
              Tā shi shénme shíhou qù zhǎo   nǐ   de?
              Shàng xīngqī-liù zǎochen.
      b.   (*shi*) Place   V *de* O
              Nǐ shi zài nǎr chī de wǔfàn?
              Zài xuésheng shítáng chī de.

1. Nǐ shi qùnián jǐ yuè pèngjiàn tā de?   Hǎoxiàng shi liù yuè.
   Jiù zài Běihǎi Gōngyuánr ménkǒur.
2. Nǐ shi zài nǎr rènshi tā de?   Wǒmen shi zài gōng'ānjú rènshi
   de.
3. Tā shi něi tiǎn gěi nǐ de qián?   Wàng-le, bú shi xīngqī-liù
   jiùshi xīngqī-wǔ.
4. Nǐ shi shénme shíhou mǎi de piào?   Zuótiān xià bān yǐhòu
   mǎi de. Shì gēn péngyou jiè de qián.
5. Nǐ shūshu shi něi nián qù de Měiguó?   Jiùshi wǒ shēng de
   nèi nián.
6. Tāmen shi jǐ yuè jǐ hào jié de hūn?   Liù yuè shíwǔ hào.
7. Nǐmen shì bu shi zuótiān zuò de liànxí?   Bú shi, wǒmen shi
   shàng xīngqī-sì zuò de.
8. Nǐ shi zài nǎr mǎi de zìxíngchē?   Jiù zài wǒmen gōngchǎng
   fùjìn de nèi jiā bǎihuò gōngsī.
9. Nǐ jīntiān jǐ diǎn zhōng tíng de lùyīn?   Zhōngwǔ shí'èr diǎn
   tīng de, zhěngzhěng tīng-le yí ge zhōngtou.
10. Nǐmen shi zěnme qù de yīyuàn?   Zuò péngyou de chē qù de.
11. Shì shéi shuō de wǒ de Zhōngwén méi xīwàng le?   Shì
    biéren shuō de, bú shi wǒ.
12. Shì shéi gàosu nǐ de tā cónglái bù chōu-yān?   Shì tā zìjǐ
    gàosu wǒ de.

13a. Wǒ xiàwǔ méi chūqu, *wǒ (shi) zǎochen mǎi de cài.*
  b. Nǐ kàn, zhè jiùshi *wǒ zǎochen mǎi de cài.*
14. Tā shi zuótiān lái de. ≠ Tā (jiù) shi zuótiān lái de (nèi ge) rén.

6 Verb'-le'/Verb'-guo' contrasted with 'shi . . . de'

1a. Wǒ qù-guo Hǎidé Gōngyuán. (Hyde Park)
  b. Nǐ shi shénme shíhou qù de?
2a. Lǎo Lǐ dào Fǎguó qù le.
  b. Tā shi zěnme qù de?
3a. Lǎo Wáng yǐjing zuò chuán zǒu le.
  b. Tā shi zài nǎr shàng de chuán?
4a. Tāmen yǐjing jié-hūn le.
  b. Shì jǐ yuè jié de? Zài nǎr jié de?
5a. Wǒ zuótiān mǎi-le yí ge xiǎo zhōng.
  b. Nǐ shi gēn shéi yìqǐ qù mǎi de?
6a. Tā yǐqián xué-guo sān nián Zhōngwén.
  b. Tā shi yòng shénme fázi xué de?
7a. Tā shàng-guo dàxué.
  b. Tā shi něi nián bì-yè de?
8a. Zuótiān wǒ zuò-le liǎngbǎi kuài sānmíngzhì.
  b. Nǐ shi tì shéi zuò de?

7 Time elapsed and time within which

Patterns: a. Tā *yì tiān* tīng bàn xiǎoshí de lùyīn.
       b. Tā *yì tiān* méi tīng lùyīn.

1. Tā yí ge xīngqī bù xué Hànzì, jiu bù shūfu. cf. Tā yí ge xīngqī xué liǎngbǎi ge Hànzì.
2. Tā yí ge xīngqī méi xué Hànzì. cf. Tā yí ge xīngqī xué-le liǎngbǎi ge Hànzì.
3. Qùnián tā chàbuduō (yǒu) sān ge yuè méi gōngzuò. cf. Qùnián tā gōngzuò-le sān ge yuè.
4. Wǒ yǐjing (yǒu) shí nián méi shuō Fǎwén le, wánquán dōu wàng le.
5. Wǒ hěn jiǔ méi gěi tā xiě xìn le, bù zhīdào tā zuìjìn zěnmeyàng?

6. Mǎi-le qìchē yǐhòu, tā yǐjing (yǒu) liǎng nián méi qí zìxíngchē le.

7. Tā qùnián zài Zhōngguó, sān ge yuè méi shuō-guo bàn jù Yīngwén.

8. Tā yǐjing sān tiān méi hē jiǔ le, dāngrán méi yǒu shénme jīngshen le.

9a. Tā liànxí-le liǎng nián.

b. Tā méi liànxí liǎng nián, zhǐ liànxí-le yì nián bàn.

c. Tā liǎng nián méi liànxí le.

10a. Tā zuò-le sān tiān de qìchē.

b. Tā méi zuò sān tiān (de qìchē), zhǐ zuò-le liǎng tiān.

c. Tā sān tiān méi zuò qìchē.

8 Verbs of locomotion

1. Shàng shān/xià shān	Shàng shān róngyì, xià shān nán.
2. shàng chē/xià chē	Nǐ shi zài nǎr shàng de chē? Dǎsuàn zài něi zhàn xià chē?
3. shàng fēijī/xià fēijī	Zhè xiē rén shi yào shàng fēijī de; nèi xiē rén shi gāng xià fēijī de.
4. shàng nǎr?	Tā shàng nǎr le?
5. Shàng guǎnzi *or* xià guǎnzi	Tāmen yǒu qián, chángcháng xià guǎnzi.
6. shàng xué	Háizimen zǎochen qī diǎn shàng xué. Tā cái sì suì, hái méi shàng xué ne. Tā jiānglái xīwàng dào wàiguó qù shàng dàxué.
7. shàng kè/xià kè	Wǒmen xuéxiào jiǔ diǎn zhōng kāishǐ shàng kè. Shíjiān dào le, lǎoshī wàng-le xià kè.
8. jìn chéng/chū chéng	Zǎochen jìn chéng de rén duō, wǎnshang chū chéng de rén duō.
9. huí jiā	Xià-le kè, wǒ děi mǎshang qí chē huí jiā.

9 Verbs of motion compounded with 'lai' and 'qu'

1. jìnlai jìnqu	Wàitou nàme lěng, nǐ wèishenme bú jìnlai? Lǐtou rén tài duō, wǒ bù xiǎng jìnqu.
2. chūlai	Nǐ chūlai kànkan, wàitou zhēn piàoliang.

chūqu	Nǐ chūqu kànkan, wàitou hǎoxiàng yǒu rén shuō-huà.
3. huílai	Yǐjing shí'èr diǎn le, tā zěnme hái méi huílai, wǒ bù děng tā le.
huíqu	Yǐjing shí'èr diǎn le, wǒ děi huíqu le, zàijiàn!
4. shànglai	Shān-shang fēngjǐng zhēn hǎo, nǐmen dōu shànglai ba.
shàngqu	Wǒ tài lèi le, wǒ bú shàngqu, wǒ zài zhèr děng nǐmen.
5. xiàlai	Shān-shang tài lěng le, nǐmen xiàlai ba.
xiàqu	Nǐmen xiān xiàqu, wǒ mǎshang jiù lái.
6. mǎilai	Cài yǐjing mǎilai le.
mǎiqu	Tā mǎiqu de shū dōu shi méi rén yào de.
7. sònglai	Diànshìjī yǐjing mǎi le, míngtiān sònglai. (*Diànshìjī*, 'T.V. set')
sòngqu	Tā yào kàn zhèi běn shū, nǐ gěi tā sòngqu hǎo ba?
8. guòlai	Qǐng nǐ guòlai kànkan zhè shi shénme.
guòqu	Qǐng nǐ guòqu gēn tāmen shuō, qǐng tāmen guòlai tántan.

VII EXERCISES

1 Answer these questions on the basis of the Presentation and Dialogue:

1. Dàxué fùjìn de nèi ge gōngyuán zěnmeyàng?
2. Wáng dàifu shi zài nǎr shēng de? Xiànzài zài nǎr gōngzuò?
3. Tā fùqin chúle jiāo-guo tā Guǎngdōng huà yǐwài, hái jiāo-guo tā shénme?
4. Tā xiànzài wèishenme yào xué pǔtōnghuà? Shi zěnme xué de?
5. Tā měi tiān zhōngwǔ dào hú-bianr qù gànmá?
6. Xiǎo Lǐ wèn Wáng dàifu jǐ diǎn zhōng, wèishenme Wáng dàifu yě bú tài qīngchu?
7. Xiǎo Lǐ de fùqin shi zěnme dào Zhōngguó qù de? Tā fùqin yǒu dìdi zài Zhōngguó ma?
8. Xiǎo Lǐ qù-guo Zhōngguó ma? Wèishenme tā de pǔtōnghuà hěn liúlì?
9. Yàoshi xiǎo Lǐ zài jiā shuō Yīngwén, tā mǔqin zěnme bàn?
10. Wèishenme Wáng dàifu shuō xiǎo Lǐ tāmen de yùnqi hǎo?

2 Fill in the blanks, if necessary, with 'le', 'guo' or 'de':

1. Tāmen zuótiān dào Fǎguó qù ( ), búguò wǒ bù qīngchu shi zuò fēijī qù ( ), háishi zuò huǒchē qù ( ).
2. Wǒ yǐqián méi zài zhèi ge shítáng chī ( ) fàn, jīntiān shi dìyī cì.
3. Zuótiān tā gēn wǒ shuō ( ) shàng xīngqī tā qǐng ( ) lǎo Wáng chī ( ) sān dùn fàn.
4. Lǐ lǎoshī jiāo ( ) wǒmen shùxué, kěshi méi jiāo ( ) wǒmen lìshǐ.
5. Nǐ de pǔtōnghuà tài liúlì ( ), gēn shéi xué ( )?
6. Zuótiān chī ( ) wǔfàn, tāmen jiu jìn ( ) chéng mǎi ( ) dōngxi qù ( ).
7. Tā yǐqián xué ( ) diànnǎo, kěshi wǒ bù zhīdào shi zài nǎr xué ( ).
8. Tā cónglái bú ài xué ( ) wàiyǔ, méi xué ( ) Déwén, yě méi xué ( ) Fǎwén.
9. Wǒ yǐjing hē ( ) èrshí bēi ( ), bù néng zài hē ( ).
10. Nǐ zhèi ge biǎo shì bu shi zài Dōngmén Bǎihuò Gōngsī mǎi ( )? Shi gēn lǎo Lǐ yìqǐ qù mǎi ( ) ma?

3 Rewrite these sentences, adopting a past time setting, and stressing the elements in italics:

e.g. *Xià xīngqī* tā yào dào Měiguó qù. → Tā shì shàng xīngqī dào Měiguó qù de.

1. Míngnián tā dàgài *zuò fēijī* lái.
2. Xià ge yuè wǒ *gēn tā yìqǐ* qù.
3. Míngtiān wǒmen *cóng gōngyuán* chūfā.
4. Xià xīngqī-liù nǐ *zěnme* qù?
5. Nǐ yǐhòu xiǎng *yòng shénme fázi* xué?
6. Tā méi shuō tā *shénme shíhou* lái.

4 Rewrite these sentences in the negative, recasting the 'time spent' as 'time elapsed' expressions:

e.g. Tā xué-le sān nián (de) Zhōngwén le. → Tā sān nián méi xué Zhōngwén le.

1. Tā liàn-le shí nián de tàijíquán.

2. Wǒ tīng-le liǎng tiān de lùyīn.
3. Tā shuì-le èrshi ge xiǎoshí le.
4. Tā zài shítáng chī-guo sān nián fàn.
5. Zhèi ge wèntí wǒ xiǎng-le hěn jiǔ.
6. Nǐ gēn tā tán-le duō jiǔ?

5 Rewrite these sentences, using the antonyms of those words in italics:

e.g. *Shàngwǔ lěng*, rén *shǎo*. → Xiàwǔ rè, rén duō.

1. *Mǎi* dōngxi *róngyì*.
2. *Shān-shang* de *xiǎo* fángzi *piàoliang*.
3. *Chéng-li* de dōngxi *piányi*.
4. *Nán* (xué)shēng bú pà *pàng*.
5. Qǐng cóng *qiánmén shàng* chē.
6. *Jìnlai* de rén *yǒu qián*.
7. *Gēge* zài *shàngtou* shuō: 'Qǐng nǐ *shànglai!*'
8. *Jiějie* zài *lǐtou* shuō: '*Jìnlai* ba!'
9. *Fùmǔ* zài fángzi *lǐtou gōngzuò*.
10a. *Shàng kè yǐqián* wǒmen juéde hěn *róngyì*.
   b. *Zuǒbian* zhèi wèi *nǚ* tóngzhì hěn *piàoliang*.

6 Translate into Chinese:

1. Where was it you met comrade Li last week?
2. She told me just now that she had arrived in London on 23 August 1979.
3. Was it last May that Dr Wang from the University Hospital went to China?
4. He is very interested in learning foreign languages: he has learnt 25 languages in all.
5. Have you ever read a Chinese newspaper? No, I haven't. I don't know enough characters.
6. I haven't been to this park for more than two years. It's even more beautiful now.
7. To my surprise they went to America by boat, not by aeroplane.
8. Have you ever been to Shanghai? Yes, I've been there twice.
9. I haven't spoken Chinese for the last three months. I've probably forgotten it all.

10. Where did you go last month, and when did you come back?
11. He never goes to the cinema.
12. He has never been abroad.

LESSON THIRTEEN

■ I PRESENTATION

Zhùzai wǒmen sān lóu de lǎo Zhāng fūfù yǒu liǎng ge nán háizi, dà de bá suì, xiǎo de liù suì.

The Zhang couple who live on our 3rd Floor have two boys, the older being 8, the younger 6.

Xiōngdì liǎ dōu shi píngguǒ liǎnr, dà yǎnjing, zhǎng de xiàng jíle.

The pair of brothers both have 'apple' faces, big eyes, and 'have grown to be' extremely alike.

Suīrán gēge bǐ dìdi gāo yìdiǎnr, dìdi bǐ gēge pàng yìdiǎnr, kěshi hái yǒu bù shǎo rén yǐwéi tāmen shi shuāngshēng xiōngdì.

Although the older brother is a little taller than the younger, and the younger a little fatter than the older, (but) there are still lots of people who think they are twin brothers.

Zhèi liǎng ge háizi yíyàng cōngming, yíyàng kě'ài, búguò tāmen de xìngqing wánquán bù-tóng.

These two children are equally intelligent, equally lovable, nevertheless their natures are entirely different.

Gēge yǒu diǎnr xiàng fùqin, shi ge màn xìngzi, shuō-huà shuō de màn, zǒu-lù zǒu de màn, lián chī-fàn yě chī de màn.

The older brother is rather like his father, slow in temperament: he speaks slowly, walks slowly, even eats slowly.

Dìdi bǐjiào xiàng mǔqin, shi ge jí xìngzi, zuò shénme shì dōu jí de bùdéliǎo, kàn-shū kàn de kuài, xiě-zì xiě de kuài, lián gēn xiǎo péngyou yìqǐ chàng-gēr, yě bǐ biéren chàng de kuài.

The younger brother is by comparison like his mother, quick in temperament: whatever he does he is terribly impatient, he reads quickly, writes quickly, even when singing with his little friends, he still sings faster than the others.

Liǎng xiōngdì cóng xiǎo jiu wánr de hěn hǎo, zhěng tiān zài yíkuàir, xíng-yǐng bù lí.

The two brothers have played very well from infancy, the whole day they are together, and are inseparable.

Gēge suīrán zhǐ bǐ dìdi dà liǎng suì, kěshi zhīdao de shìqing hǎoxiàng bǐ dìdi duō de duō.

Although the older brother is only two years older than the younger, yet the things he knows seem to be a lot more than his younger brother (knows).

Dìdi fēicháng hàoqí, gè zhǒng gè yàng de wèntí duō jíle; yǒude wèn de hěn yǒu-dàolǐ, yǒude qíguài de shéi yě méi fázi huídá.

The younger brother is exceptionally curious, his questions of all kinds are extremely numerous; some are asked very sensibly, some are so odd that no one has any way of answering them.

Nèi tiān wàitou yǔ xià de hěn dà, bù néng chūqu wánr; gēge zuòzai chuānghu pángbiānr kàn-shū, dìdi yìbiānr xiě-zì, yìbiānr gēn gēge shuō-huà:

That day the rain fell heavily outside, they could not go out to play; older brother sat beside the window reading, younger brother was writing as he spoke to his older brother:

■ II DIALOGUE

A: Gē, nǐ lái kànkan wǒ zhèi jǐ ge zì xiě de hǎo bu hǎo.

Older brother, come and see if I have written these (few) characters well.

B: Nǐ shi zěnme xiě de?! Jīntiān bǐ zuótiān xiě de gèng chà le.

How did you write these? Your writing is today even poorer than yesterday.

A: Wèishenme wǒ de zì zǒngshi zhème nán-kàn ne? Wǒ zhēn bù xiǎng xiě le!

Why are my characters always so ugly? I really feel like giving up writing!

B: Xiě-zì bù néng tài kuài, nǐ xiě de tài kuài le.

You can't be too fast in writing; you wrote too fast.

A: Kěshi bàba bǐ wǒ xiě de kuài de duō, wèishenme xiě de nàme hǎo?

But dad writes a lot quicker than I do, why does he write so well?

B: Nǐ zhēn hútu, bà shi dàren, xiǎoháir zěnme néng gēn dàren bǐ?

You're really silly, dad is grown-up, how can a child compare with a grown-up?

A: Gē, Zhōngguó zì zhēn máfan, wǒ jì de kuài, wàng de yě kuài, nǐ yǒu shénme hǎo fázi ma?

Brother, Chinese characters are really a nuisance, I memorize them quickly (but) forget them quickly too. Have you got any good way (of coping)?

B: Wǒmen lǎoshī shuō xué yí ge zì, yīnggāi xiān jì zhèi ge zì de bùshǒu, bǐfang shuō 'hú' zhèi ge zì yǒu sān diǎn shuǐr, yídìng gēn shuǐ yǒu guānxi; 'lín' zhèi ge zì shi[n.3] 'mù'-zìpángr, yídìng gēn shùmù yǒu guānxi.

Our teacher says when you learn a character you ought to first memorize this character's radical, for instance the character 'lake' has '3 drops of water', so must be connected with water, the character 'forest' has 'wood' on one side, so it must be connected with trees.

A: Zhè zhēn yǒu-yìsi, xiànzài wǒ cái míngbai wèishenme 'chī' gēn 'hē' dōu shi 'kǒu'-zìpángr.

This is really interesting; *now* I understand why 'eat' and 'drink' both have 'mouth' at the side.

B: Dāngrán le, yàoshi méi
yǒu zuǐ, zěnme chī,
zěnme hē a?

That's obvious, without a
mouth how could you eat,
how could you drink?

A: Kěshi chábēi de 'bēi' zìr
wèishenme shi 'mù'-
zìpángr ne? Wǒ cónglái
méi jiàn-guo mùtou zuò
de bēizi.

But why has the character
'cup, as in 'teacup', got
'wood' at the side? I've never
seen a cup made of wood.

B: Nǐ zhēn bèn, zěnme lián
zhèi ge dōu bù dǒng! Nǐ
kàn 'bēi' zhèi ge zì, yì
biānr shi 'mù', yì biānr shi
'bù', yìsi jiùshi shuō bēizi
bú shi mùtou zuò de!

You're really stupid, how
come you don't even
understand that! The
character for 'cup', you see,
is made up of 'wood' on one
side and 'not' on the other,
that's to say a cup is not
made of wood!

III SKETCHES

1

A: Nǐ de Hànyǔ shuō de
zhēn piàoliang!

You speak Chinese really
beautifully!

B: Shuō de bù hǎo, wǒ bú
huì shuō.

I'm no good at speaking, I
don't know how.

A: Nǐ zài zhèr xué-le jǐ nián
le?

How many years have you
been learning here?

B: Wǒ cái xué-le sì ge yuè.

I've only been learning for
four months.

A: Sì ge yuè jiu shuō de
zhème liúlì, zhēn bù
róngyì! Nǐmen yí ge
xīngqī xué jǐ kè?

To speak so fluently after
four months is quite a feat!
How many lessons do you
learn a week?

B: Wǒmen xué de fēicháng
kuài, yǒude shíhou xué
liǎng kè, yǒude shíhou
xué sān kè.

We learn at an exceptionally
fast rate, sometimes we learn
two lessons, sometimes three.

A: Zhè shi nǐ xiě de Hànzì
ba? Xiě de zhēn hǎo.

These are your characters, I
take it? They're written really
well.

B: Nán-kàn jíle, nín bié kàn le.

They're extremely ugly, don't look at them.

A: Nǐmen nèi wèi lǎoshī jiāo de zěnmeyàng?

What does your teacher teach like?

B: Jiāo de hǎo jíle, měi yí ge zì, měi yí jù huà, dōu jiěshì de hěn qīngchu.

He teaches extremely well, every word, every sentence he explains very clearly.

A: Wǒ gēn nǐmen lǎoshī zhù de hěn jìn, chángcháng jiàn-miàn, nǐ zhīdao ma?

I and your teacher live very near (each other), and meet very often, did you know?

B: Dāngrán zhīdao, yàoshi bù zhīdào wǒ jiu bú zhème shuō le.

Of course I know; if I hadn't known, I wouldn't have spoken like this.

2

A: Lǐ jiā liǎng jiěmèi, jiějie bǐ mèimei dà jǐ suì?

(You know) the two Li sisters – how many years are there between them?

B: Zhǐ dà yí suì bàn.

Only a year and a half.

A: Shì bu shi jiějie shū niàn de bǐ mèimei hǎo?

Is it true that the older one is better at her school work than the younger?

B: Bú-cuò, mèimei suīrán bǐ jiějie cōngming yìdiǎnr, kěshi jiějie bǐ mèimei yònggōng de duō.

Quite right: although the younger one is a bit more intelligent, the older one is a lot more hard-working.

A: Jiěmèi liǎ shéi bǐjiào piàoliang?

Out of the two sisters who is the prettier?

B: Zhè jiu hěn nán shuō le. Liǎng ge rén zhǎng de dōu hěn hǎo-kàn, jiějie bǐ mèimei gāo yìdiǎnr, mèimei bǐ jiějie bái yìdiǎnr.

That's very hard to say. Both of them are very good-looking. The older one is taller than the younger, and the younger has a paler skin than the older.

A: Liǎng ge rén shéi bǐ shéi nénggàn?

Of the two of them who is more capable than who?

B: Dōu hěn nénggàn. Jiějie
zuò jiā-li de shì bǐ mèimei
zuò de kuài, mèimei
chūqu bàn shì bǐ jiějie
bàn de hǎo.

They are both very capable.
The older sister gets the work
in the house done quicker
than the younger, but the
younger is better at seeing to
things outside the home.

A: Nǐ bǐjiào xǐhuan shéi?

Who do you like,
comparatively speaking?

B: Wǒ xǐhuan shéi dōu méi
yòng, yīnwei tāmen jiěmèi
liǎ dōu bù xǐhuan wǒ.

It's no use me liking either
one, because neither of the
two sisters likes me.

A: Ō! Zhēn duìbuqǐ, wǒ
yǐwéi . . .

Oh! I'm really sorry, I
thought . . .

B: Méi guānxi, wǒ běnlái duì
tāmen yě méi yìsi!

It doesn't matter, actually I
haven't got designs on them
either!

IV VOCABULARY

lóu (N)	storied building
(M)	floor
sān lóu (PW)	3rd floor (British second)
lóu-shàng (PW)	upstairs
lóu-xià (PW)	downstairs
fūfù (N)	husband and wife, married couple
xiōngdì (N)	brothers; younger brother
liǎ (N+M)	two (=liǎng ge)
liǎn (N)	face
yǎnjing (N)	eye
zhǎng (V)	grow
de (K)	complement marker
zhǎng de	(grow to) be – (descriptive of physical characteristics)
xiàng (SV)	be alike
-jíle (SV comp)	extremely
bǐ (V)	compare
(CV)	compared with
yǐwéi (V)	think that, have the idea that, assume (wrongly)

shuāngshēng (N)	twins
shuāngshēng xiōngdì (N)	twin brothers
cōngming (SV)	intelligent, bright, clever
kě'ài (SV)	lovable, likable, lovely
xìngqing (N)	nature, temperament
bù-tóng (SV)	dissimilar, different
yǒu (yì)diǎnr (A)	somewhat, rather
màn (SV)	slow
xìngzi (N)	temper
lián . . . yě/dōu (CV)	even (including) . . .
bǐjiào (V)	compare
(A)	comparatively, rather
jí (SV)	impatient, anxious, hasty, urgent
bùdéliǎo (SV)	terrible, disastrous
(SV comp)	awfully, terribly
gē(r) (N)	song
chàng-gē(r) (V-O)	sing (a song)
zhěngtiān (TW)	all day long
yíkuàir (A)	together (=yìqǐ)
xíng-yǐng bù lí (set phrase)	inseparable (as form and shadow)
– de duō (SV comp)	(by) a lot; much – er
hàoqí (SV)	curious, inquisitive
gè (AT)	each, all, various, different
gè zhǒng gè yàng	all sorts of
yǒude (SP)	some (always used as AT)
dàoli (N)	reason, sense, principle
yǒu-dàoli (=SV)	reasonable, justified
qíguài (SV)	strange, odd
huídá (V/N)	answer, reply
yǔ (N)	rain
xià-yǔ (V-O)	to rain
chuānghu (N)	window
chà (SV)	poor, substandard
hútu (SV)	muddled, silly
dàren (N)	adult, grown-up
máfan (SV)	troublesome, annoying
(V)	put sb. to trouble

(N)	trouble, bother
jì (V)	memorize, remember, record
bùshǒu (N)	radical (of a Chinese character)
bǐfang (N)	example
bǐfang shuō (PH)	for example
sān diǎn shuǐ (N)	'water' radical
guānxi (N)	relation(ship), relevance
(V)	concern, affect
A gēn B yǒu guānxi	A is connected with B
lín (BF)	forest, woods (in compound words)
mù (BF)	tree, wood (in compound words)
X-zìpáng (N)	lateral radical X
shùmù (N)	trees
yǒu-yìsi (=SV)	interesting
míngbai (SV)	clear, plain, obvious
(V)	understand
zuǐ (N)	mouth
chábēi (N)	teacup
mùtou (N)	wood (the material)
bēizi (N)	cup, glass
bèn (SV)	stupid, obtuse, clumsy
Hànyǔ (N)	Chinese language
yìsi (N)	meaning; idea; intention; opinion
duì X yǒu yìsi	have designs on X
cái (A)	only, merely
bái (SV)	white; fair, pale (of complexion)
méi guānxi (IE)	it doesn't matter; never mind

V GRAMMAR

1 Comparisons (Speech Patterns 3–5)

In unequal comparisons the key word is *bǐ*, 'compared with'. The formula is a simple one: X *bǐ* Y SV: *Tā bǐ tā dìdi pàng*, 'he compared with his brother is fat' i.e. 'He is fatter than his brother'. The *whole* construction can be negated by *bù*: *Tā bù bǐ tā dìdi pàng*, 'He is not fatter than his brother'. *Gèng* 'even more' may be used when the lesser of the two already possesses the quality in question in good measure: *Tā bǐ tā dìdi gèng pàng*, 'He is even fatter than his brother' (his brother being fat enough). *Hái* 'still (more)' overlaps with *gèng*, but is specially applicable when the fact is thought remarkable. Words marking degrees of comparison *follow* the stative verb: *pàng yìdiǎnr*, 'fatter by a little'; *kuài de duō*, 'faster by a lot'; *dà liǎng suì*, 'older by two years'. One cannot say e.g. **Tā bǐ tā dìdi hěn pàng*.

Yìdiǎnr 'by a little', which follows the stative verb when comparisons are made (and is habitual with monosyllabic SVs), should not be confused with *yǒu yìdiǎnr*, 'a little, somewhat, rather', which precedes a SV when no comparison is made: *Tā yǒu yìdiǎnr qíguài*, 'He is somewhat strange'. Like 'somewhat', *yǒu yìdiǎnr* is not used of positive or admirable qualities.

2 Complements of degree (Speech Patterns 1, 2)

When the only point of an utterance is to comment on the performance of an action, the centre of the utterance is a complement linked by *de* to the verb that denotes the activity concerned: *Tāmen wán de hěn hǎo*, 'They play *very good/well*'. This complement functions as a free predicate, and is therefore called a 'predicative complement'. It answers the question, 'To or with what effect?' The interest is not in the nature of the initiative indicated by the first verb, but in the extent, effect, achievement or quality attained. Very often what is a complement in Chinese would be an adverbial expression in English, as in the example above. But Chinese adverbials are always secondary and can be omitted without destroying the point of a sentence; they do not convey its main thrust.

Note that the *de* in this construction is not the subordinating marker *de* (the character is different).

Complements must follow directly on the verb. Where there is an object, it has to precede the verb, if necessary by dint of repeating the verb after a verb-object construction: *Tā chàng-gē chàng de bǐ tāmen kuài*, 'He sings (songs) faster than them'. Where a comparison is made, the *bǐ* expression may figure as part of the complement, as here, or come before the verb: *Tā chàng-gē bǐ tāmen chàng de kuài*.

If the core of the complement is a SV, any amount of qualification may be admitted, e.g. *Tā zǒu de bù/hěn/tài/fēicháng/*

yǒu yìdiǎnr màn, 'He walks not/very/too/exceptionally/some-what slowly'. As an alternative to these adverbial modifiers, the SV may in turn take a complement of degree, the shortest of which is *hěn*, which in this case really means 'very': *Tā zǒu de màn de hěn*; but it may consist of a whole clause. When a whole clause forms the complement to a SV, 'to the extent that' has to be supplied as a linking phrase in English: *qíguài de shéi yě méi fázi huídá*, 'strange to the extent that no one has any way of answering'. (Note, however, that clause-length complements are not restricted to SVs.)

3 Loose connection

Shì, 'to be' as a connector between two nouns or nominal con-structions is not limited to equating the two things or classifying the one in terms of another. In some cases it cannot be understood as 'is/are' at all. For instance *'Lín' zhèi ge zì shi 'mù'-zìpáng*, 'The character "forest" *has* a "wood" lateral radical'. Such usages can be construed as 'with X it is a case of Y'.

VI SPEECH PATTERNS

1 Predicative complements

Patterns: a.   V *de* SV (*bu* SV).
          Tā shuō de liú(lì) bu liúlì? Tā shuō de bú tài liúlì.
        b.   V   O   V *de* (A) SV
          Tā shuō Hànyǔ shuō de hěn liúlì.
    or   O   V *de* (A) SV
          Tā Hànyǔ shuō de hěn liúlì.

1. Jīntiān tā lái de zǎo bu zǎo? Hěn zǎo, qī diǎn zhōng jiu lái le.
2. Tā chī-fàn chī de hěn màn ma? Tā chī-fàn chī de bú màn, zuò-shì zuò de hěn màn.
3. Nǐ shénme dìfang bù shūfu ma? Méi yǒu bù shūfu, búguò zhè liǎng tiān wǎnshang shuì de bú tài hǎo. (*zhè liǎng tiān*, 'these last few days')
4. Zuótiān nǐ bú zài jiā ma? Wǒ dài háizi shàng gōngyuánr qù le. Zài nàr wán de hěn gāoxìng.
5. Nǐ hǎoxiàng jīngshen bú tài hǎo. Zuìjìn tài máng le, xiūxi de bú gòu.

6. Zhèi ge wèntí tā jiěshì de qīng bu qīngchu? Tā jiěshì de fēicháng qīngchu.

7. Nǐ gēr chàng de zěnmeyàng? Duìbuqǐ, wǒ shénme gēr dōu bú huì chàng.

8. Tā kāi-chē kāi de hǎo bu hǎo? Kāi de bú-cuò, jiushi kāi de bǐjiào kuài, méi rén gǎn zuò.

9. Dìshí'èr kè de lùyīn nǐmen tīng le ma? Tīng le, lù de hěn bù hǎo, yìhuǐr màn, yìhuǐr kuài.

10. Tā Zhōngguó cài zuò de zěnmeyàng? Tā zuò de yòu kuài yòu hǎo.

11a. Tā mǎi de nèi xiē dōngxi dōu hěn guì.

   b. Tā mǎi de guì. (He bought dear.)

12a. Tā shuō de méi rén dǒng. (What he said . . .)

   b. Tā shuō de hěn míngbai. (He explained very clearly.)

2 Intensifying complements

Patterns: a.   SV *de* *hěn*
             Tiānqi lěng de   hěn.

          b.   SV *jíle*
             Tiānqi lěng jíle.

          c.   SV *de* *bùdéliǎo*
             Tiānqi lěng de   bùdéliǎo.

          d.   SV *de* Clause
             Tiānqi lěng de   shéi dōu bù xiǎng chūqu.

1. Tā yùnqi hǎo de hěn, gāng dào chēzhàn, chē jiu lái le.

2. Zhèi ge rén de xìngqing (qí)guài de hěn, tā cónglái bù gēn rén shuō-huà.

3. Zuótiān wǒ kàn de nèi ge diànyǐngr yǒu-yìsi jíle.

4. Tā Zhōngguó huà shuō de liúlì jíle.

5. Nǐmen xīngqī-liù zài lǎo Wáng jiā wánr de zěnmeyàng? Wǒmen wánr de gāoxìng jíle.

6. Wàitou lěng de bùdéliǎo, lǐtou rè de bùdéliǎo, nǎr dōu bù shūfu.

7. Tā shuō zuò zhèi ge cài zuì shǎo děi sān tiān, máfan de bùdéliǎo.

8. Zhèi ge rén hútu de bùdéliǎo, nǐ gēn tā shuō shénme, tā dōu shuō 'Yǒu-dàolǐ, yǒu-dàolǐ'.

9. Jīntiān zhěngzhěng máng-le yì tiān, wǒ xiànzài lèi de shénme dōu bù xiǎng zuò le.
10. Nèi ge xiǎo nǚháir, dà yǎnjing, xiǎo zuǐr, piàoliang de rén jiàn rén ài. (lit: 'people see, people love')
11. Liǎng tiān méi chī-fàn, tā è de bù néng zài zǒu le.
12. Zuótiān yǔ dà de wǒmen méi fázi chūqu.

3 Comparison

Patterns: a. A (neg) *bǐ* B SV (*ma?*)
       Tā (bù) bǐ wǒ màn.
     b. A V O V *de* (neg) *bǐ* B SV
       Tā xiě zì xiě de (bù) bǐ wǒ màn.
   or A V O (neg) *bǐ* B V *de* SV
       Tā xiě zì (bù) bǐ wǒ xiě de màn.
   or A O V *de* (neg) *bǐ* B SV
       Tā zì xiě de (bù) bǐ wǒ màn.

1. Hànyǔ bǐ Yīngyǔ nán ma? Chàbuduō, dōu bù róngyì.
2. Tā shì bu shi bǐ nǐ yòu gāo yòu pàng? Tā bǐ wǒ gāo kěshi bù bǐ wǒ pàng.
3. Zhèi liǎng suǒr fángzi, něi suǒr hǎo? Hěn nán shuō; zhèi suǒr bǐ nèi suǒr dà, nèi suǒr bǐ zhèi suǒr piàoliang.
4. Tāmen fūfù liǎ shéi de xìngqing hǎo? Xiānsheng de xìngqing bǐ tàitai hǎo.
5. Zhèi jiàn shì shéi qù bàn bǐjiào hǎo? Nǐ qù bǐ tā qù hǎo.
6. Tā pǎo de bǐ nǐ kuài ma? Tā pǎo de bǐ shéi dōu kuài./Tā bǐ shéi dōu pǎo de kuài.
7. Dìdi bǐ gēge cōngming ma? Cōngming, dìdi xué de bǐ gēge yòu kuài yòu hǎo.
8. Nǐ zěnme zǒngshi bǐ biéren lèi? Wǒ shuì de bǐ tāmen dōu shǎo.
9. Nǐ pái dǎ de bú-cuò ba? Wǒ bù zěnme huì dǎ, tāmen dǎ de dōu bǐ wǒ hǎo.
10. Tā xìn xiě de hǎo bu hǎo? Xiě de yǒu-yìsi jíle, xiě de bǐ wǒmen dōu hǎo.
11. Zhèi ge wèntí tāmen liǎ dōu huídá le ma? Dōu huídá le, jiějie huídá de bǐ mèimei qīngchu.
12. Nǐmen wèishenme bǐ biéren mài de guì? Wǒmen de dōngxi bǐ biéren hǎo.

4 Comparison with 'gèng' and 'hái'

Pattern:　　　　　A　　*bǐ* B *gèng/hái* SV
Tā hěn gāo, kěshi tā dìdi bǐ tā gèng　　gāo.

1. Nǐ bǐ wǒ cōngming, kěshi tā bǐ nǐ gèng cōngming.
2. Nǐ shuō de bú-cuò, búguò tā bǐ nǐ gèng yǒu-dàolǐ.
3. Shuō Zhōngguó huà yǐjing gòu máfan le, xiě Hànzì bǐ shuō Zhōngguó huà gèng máfan.
4. Wáng dàifu shì bu shi Lúndūn zuì yǒu-míng de dàifu? Bú shi, Lǐ dàifu bǐ tā gèng yǒu-míng.
5. Tā bǐ nǐ wàng de kuài, kěshi wǒ bǐ tā wàng de gèng kuài.
6. Tā yòu cōngming yòu yònggōng, Zhōngguó huà shuō de bǐ Zhōngguó rén hái hǎo.
7. Tā dìdi qí chē qí de bǐ qìchē hái kuài.
8. Zhèi ge zì tā xué-le sānbǎi cì le hái bú rènshi, zhēn shi bǐ niú hái bèn!

5 Degrees of comparison

Pattern:　　　A　*bǐ* B　SV　　complement
a. Tā bǐ wǒ pàng yìdiǎnr.
b. Tā bǐ wǒ pàng de duō.
c. Tā bǐ wǒ pàng duōle.
d. Tā bǐ wǒ pàng bā gōngjīn.

1. Nǐ shuō zhù lóu-shang hǎo, háishi zhù lóu-xia hǎo? Dàgài zhù lóu-shang (bǐ zhù lóu-xia) hǎo yìdiǎnr.
2. Qiántou de chuānghu dà, háishi hòutou de chuānghu dà? Qiántou de (bǐ hòutou de) dà yìdiǎnr.
3. Nǐmen liǎ de Yīngwén shéi shuō de liúlì? Tā (shuō de) bǐ wǒ liúlì de duō.
4. Nǐ bǐ tā cōngming ba? Bù bù bù, wǒ bǐ tā bèn de duō.
5. Jīntiān shì bu shi bǐ zuótiān lěng diǎnr? Jīntiān bǐ zuótiān lěng duōle!
6. Tā xiě de bǐ cóngqián hǎo ma? Bǐ cóngqián chà duōle, bù néng bǐ.
7. Nǐ bǐ nǐ mèimei dà jǐ suì? Zhǐ dà yí suì sān ge yuè.
8. Nǐ de biǎo kuài bu kuài? Bú kuài, bǐ xuéxiào de zhōng màn liǎng fēn.

9. Zhèi zhǒng bǐ nèi zhǒng guì duōshao? Guì yí kuài bàn.
10. Tā de qián bǐ nǐ duō duōshao? Yí ge yuè duō shí'èr kuài.
11. Tā jiāo-shū jiāo de bǐ nǐ jiǔ ba? Duì le, tā jiāo de bǐ wǒ jiǔ yìdiǎnr.
12. Nǐ dìdi bǐ nǐ zhǎng de gāo ba? Tā gāo duōle, bǐ wǒ zhěngzhěng gāo yí ge tóu.
13. Tā háishi pǎo de hěn màn ma? Zuìjìn tā tiāntiān liàn pǎo, bǐ yǐqián pǎo de kuài duōle.
14. Tā jiěshì de qīng bu qīngchu? Hěn qīngchu, bǐ lǎoshī jiěshì de qīngchu de duō.

6 'Lián . . . yě/dōu . . .' construction

Patterns: a. *lián* S *yě/dōu* V O
    Lián tā dōu zhīdao zhèi jiàn shì.
  b. S *lián* O *yě/dōu* V
    Tā lián zhèi jiàn shì dōu zhīdao.

1. Jīntiān máng jíle, wǒ lián wǔfàn dōu méi shíjiān chī.
2. Tā cōngming de bùdéliǎo, lián diànnǎo dōu bǐ tā màn.
3. Zhèi ge wèntí tài jiǎndān le, lián sān suì de xiǎoháir dōu zhīdao zěnme huídá.
4. Tā huì shuō jǐ jù Zhōngguó huà, kěshi lián bàn ge Hànzì dōu bú rènshi.
5. Wǒ jīntiān lián yì fēn qián dōu méi dài, zěnme néng xià guǎnzi?
6. Nǐ shàng lóu zhǎo shéi? Lóu-shang lián yí ge rén dōu méi yǒu.
7. Nǐ zěnme bèn de lián Běijīng zài nǎr dōu bù zhīdào?
8. Tā hútu de lián zìjǐ xìng shénme dōu wàng le.
9. Wǒmen gāoxìng de lián kè yě bù xiǎng shàng le.
10. Tā jí de lián fàn dōu méi chī jiu zǒu le.
11. Tāmen wánr de lián shíjiān dōu wàng le.
12. Tā hē de lián dōng-nán-xī-běi dōu bù zhīdào le.

7 'Yìdiǎnr' and 'yǒu yìdiǎnr' contrasted

Patterns: a.   A   (*bǐ* B)   SV (*yì*)*diǎnr* (Comparison)
    Zhèi ge (bǐ nèi ge) dà (yì)diǎnr.
  b.   A   *yǒu (yì)diǎnr* SV (Adverb)
    Zhèi ge yǒu (yì)diǎnr dà.

1a. Jīntiān (bǐ zuótiān) lěng yìdiǎnr.
 b. Jīntiān yǒu diǎnr lěng.
2a. Tā de xìngqing (bǐ tā àiren) jí yìdiǎnr.
 b. Tā rén bú-cuò, kěshi xìngqing yǒu diǎnr jí.
3a. Zhèi jiàn shì (bǐ nèi jiàn shì/bǐ biéde shì) máfan diǎnr.
 b. Zhèi jiàn shì yǒu diǎnr máfan.
4a. Yàoshi tā (bǐ xiànzài) gāo yìdiǎnr, jiu gèng xiàng tā gēge le.
 b. Tā zhǎng de yǒu diǎnr xiàng tā gēge.
5. Háizimen dōu yǒu diǎnr hàoqí, suǒyǐ chángcháng wèn dàren
 méi fázi huídá de wèntí.
6. Zhèi ge rén yǒu diǎnr hútu, lián zìjǐ jiā duōshao hào dōu bù
 zhīdào.
 (Contrast: Zhèi ge rén bǐjiào cōngming.)
7. Wǒ juéde zhèi kè yǒu diǎnr nán.
 (Contrast: Tā juéde zhèi kè hěn róngyì.)
8. Tā shuō de nèi ge bànfǎ yǒu diǎnr qíguài.
 (Contrast: Tā shuō de nèi ge bànfǎ hěn yǒu-dàolǐ.)
9. Nǐ shuō biéren dōu bǐ tā yònggōng, tā hǎoxiàng yǒu diǎnr bù
 gāoxìng.
 (Contrast: Tā jīntiān hǎoxiàng hěn gāoxìng.)
10. Tā jīntiān yǒu diǎnr bù shūfu, bù néng lái shàng-kè.
 (Contrast: Tā jīntiān jīngshen hǎo de hěn.)

VII EXERCISES

1 Answer these questions on the basis of the Presentation and
 Dialogue:

1. Lǎo Zhǎng fūfù zhùzai nǎr? Tāmen nèi liǎng ge háizi zhǎng de
 zěnmeyàng?
2. Wèishenme yǒu rén yǐwéi zhèi liǎng ge háizi shi shuāngshēng
 xiōngdì?
3. Gēge de xìngqing zěnmeyàng? Xiàng shéi?
4. Dìdi de xìngqing zěnmeyàng? Xiàng shéi?
5. Gēge bǐ dìdi dà jǐ suì? Shéi zhīdao de shìqing duō?
6. Dìdi wèishenme xǐhuan wèn wèntí? Tā dōu wèn shénme yàng
 de wèntí?
7. Nèi tiān tāmen wèishenme méi chūqu wánr?
8. Dìdi de Hànzì xiě de hǎo bu hǎo? Tā juéde xiě Zhōngguó zì
 hěn jiǎndān ma?

9. Gēge de lǎoshī shuō xuéxí Hànzì yīnggāi xiān jì shénme?
10. Wèishenme 'bēi' zì shi 'mù'-zìpángr?

2 Change these S–SV sentences into sentences with verbal complements, using the word in brackets as the verb:

e.g. Tā de zì hǎo. (xiě)→ Tā xiě zì xiě de haǒ. *or* Tā de zì xiě de hǎo.

1. Tā de gēr hǎo-tīng. (chàng)
2. Tā de pǔtōnghuà bú tài liúlì. (shuō)
3. Tā de cài bú-cuò. (zuò)
4. Zuótiān de yǔ zhēn dà. (xià)
5. Tāmen de shēngchǎn hǎo. (gǎo)
6. Tā de tàijíquán hǎo jíle. (dǎ)
7. Tā de wèntí yǒu-dàolǐ. (wèn)
8. Tā de xìn chà de hěn. (xiě)

3 Answer these questions, using the 'bǐ' construction:

e.g. Zhōngguó dà háishi Yīngguó dà? Zhōngguó bǐ Yīngguó dà duōle.

1. Zhōngguó rén duō, háishi Yīngguó rén duō?
2. Shì Zhōngwén nán háishi Yīngwén nán?
3. Shì bào-shang de xīnwén duō háishi diànshì-shang de xīnwén duō?
4. Shì zài chéng-li zhǎo gōngzuò nán, háishi zài chéng-wài zhǎo gōngzuò nán?
5. Shì chī sānmíngzhì jiǎndān háishi chī Zhōngguó cài jiǎndān?
6. Shì xiànzài shēnghuó shūfu háishi wǔbǎi nián yǐqián shēnghuó shūfu?
7. Shì mùtou zuò de chuānghu hǎo háishi tiě zuò de chuānghu hǎo?
8. Shì pàngzi de xìngqing hǎo, háishi shòuzi de xìngqing hǎo?

4 Answer these questions using the 'bǐ' construction and giving the correct degree of comparison:

e.g. Tā yǒu shí běn shū, wǒ yǒu liù běn shū, tā bǐ wǒ duō jǐ běn?
Tā bǐ nǐ duō sì běn.

1. Tā yǒu sìshiwǔ kuài qián, wǒ yǒu sānshibā kuài qián, tā bǐ wǒ duō jǐ kuài qián?
2. Wǒ xiě-le yìbǎi ge zì, tā xiě-le liùshiqī ge zì, wǒ xiě de zì bǐ tā duō duōshao?
3. Wǒ de biǎo sì diǎn sān kè, tā de biǎo chà bā fēn wǔ diǎn, tā de biǎo bǐ wǒ de kuài duōshao?
4. Tā fùqin sìshiwǔ suì, tā mǔqin sìshi'èr suì, tā fùqin bǐ tā mǔqin dà jǐ suì?
5. Tā nèi běn shū liù kuài sān, wǒ zhèi běn shū wǔ kuài èr, wǒ de bǐ tā de piányi duōshao?
6. Tā shi jiǔ diǎn wǔshi fēn dào de, wǒ shi jiǔ diǎn wǔshiwǔ fēn dào de, tā bǐ wǒ zǎo jǐ fēn zhōng?
7. Wǒ kàn-guo bá cì Zhōngguó diànyǐng, tā zhǐ kàn-guo sān cì, tā bǐ wǒ shǎo jǐ cì?

5 Rewrite these sentences using the 'lián . . . yě/dōu . . .' construction to convey the idea of total lack or absence:

e.g. Wǒ méi yǒu péngyou.→ Wǒ lián yí ge péngyou dōu méi yǒu.

1. Wǒ méi yǒu qián.
2. Lóu-shang lóu-xia dōu méi yǒu rén.
3. Tā bú huì shuō Hànyǔ, yě bú huì xiě Hànzì.
4. Nǐ zuótiān méi mǎi dōngxi ma?
5. Wǒ méi tīng-guo zhèi zhǒng yīnyuè.
6. Tāmen zuótiān dào hú-biānr qù, méi kàndao chuán.
7. Tā méi shuō-huà jiu zǒu le.
8. Tā méi zuò-guo liànxí.

6 Translate into Chinese:

1. She is cleverer than I thought she was.
2. The play was much more interesting than the film.
3. He runs even faster than I do.
4. This job is no more difficult to do than your present one.
5. She speaks Chinese even better than many Chinese do.
6. He has three younger brothers; the one who is five years his junior is now teaching English in China.
7. The clock in the library is a good half-hour faster than ours.

8. They say his Chinese is extremely good, but he doesn't even know how to write a single character.
9. How much more expensive is your watch than mine?
10. I'm a bit slower than my wife in learning foreign languages.
11. This window is a bit too small, don't you think?
12. Are you feeling all right? Yes, I'm just a bit tired; I didn't sleep well last night.
13. He doesn't drink any kind of alcohol – he doesn't even know where the pub is.
14. Do you want to buy anything? I sell everything very cheap. No, thank you. I haven't got a penny on me today.
15. He's so stupid he can't even tell the time.
16. I'm sorry to be so late.   It doesn't matter.

LESSON FOURTEEN

■ I PRESENTATION

Qiántiān zhōngwǔ wǒ hūrán
jiēdào yì fēng bù zhī cóng nǎr
lái de xìn, lián yóupiào yě
méi tiē.

The day before yesterday I
suddenly received a letter
from I knew not where,
without even a stamp stuck
(on it).

Xìnfēng-shang de zì shi yòng
máobǐ xiě de, lóng-fēi fèng-
wǔ, huópo yǒu-lì.

The characters on the
envelope were written by
brush, with sweeps and
flourishes, lively and forceful.

Dāngshí wǒ xiǎngbuchū zhèi
fēng xìn shi shéi jìgei wǒ de,
yīnwei wǒde péngyou
dāngzhōng méi yǒu yí ge
néng xiědeliǎo zhème
piàoliang de máobǐ zì.

At the time I couldn't work
out who it was who sent me
this letter, because among my
friends there was none who
could write such fine brush
characters.

Děngdào dǎkāi xìn cái fāxiàn
yuánlái shi lǎo Gāo xiělai de.

Not until I opened the letter
did I discover it was actually
written by old Gao.

Méi xiǎngdào liǎng nián bú
jiàn, wǒ zhèi wèi huàjiā
péngyou de zì yǐjing liàn de
zhème hǎo le.

To my surprise, in the two
years we had not met, the
characters of this painter
friend of mine had already
been worked on till they were
so good.

Lǎo Gāo bāndào xiāngxia qù
yǐqián hé wǒ shi línjū.

Before Gao moved to the
country we were neighbours.

Tā wǔ suì kāishǐ xué huàr, zhōngxué méi niànwán jiu kǎoshàng-le yìshù xuéyuàn, xiànzài yǐjing xiāngdāng yǒumíng le.

He began to study painting at five, passed the exam for art school before finishing middle school, and now is quite famous.

Tā huà-huàr de shíhou fēicháng zhuānxīn, zhǐyào yì náqi bǐ lai jiu hǎoxiàng jìnrù-le lìngwài yí ge shìjiè.

When painting he is exceptionally singleminded, all it needs is for him to (once) pick up a brush for him to seem to enter another world.

Shéi zǒuguo tā miànqián, tā yě kànbujiàn; shéi gēn tā shuō-huà tā yě tīngbujiàn.

He can't see anyone who passes in front of him; he can't hear anyone who talks to him.

Rúguǒ yì zhāng huàr méi huàwán, tā jiǎnzhí fàn yě chībuxià, jiào yě shuìbuzháo.

If he hasn't finished painting a picture, he simply can't get his food down, nor get off to sleep.

Péngyoumen dōu shuō tā shi ge guàirén.

Friends all say he is a weirdo.

Wǒ suīrán bù dǒng yìshù, kěshi gēn tā dào hěn tándelái.

Though I don't understand art, I still get on very well with him.

Tā xìn-shang shuō běn yuè shíbā hào yào jìn chéng, rúguǒ yǒu shíjiān, yěxǔ lái kàn wǒ.

He says in his letter he will come into town on the 18th of this month; if he has time perhaps he will come to see me.

Jīntiān jiùshi shíbā hào, wǒ yǐjing yùbèihǎo-le fàncài, tā zěnme hái bù lái ne?

Today is precisely the 18th, I've already got food ready, how is it he still doesn't come?

Ēi, nǐ tīng, wàitou yǒu rén
jiào mén, shuōbudìng jiùshi
lǎo Gāo . . .

Listen, there's someone
(calling) at the door, maybe
it's Gao . . .

■ II DIALOGUE

A: Lái le, lái le, tīngjiàn le!
Shéi a?

I'm coming, I'm coming, I
heard! Who is it?

B: Wǒ a, cāidechū-wǒ shi
shéi ma?

It's me: can you guess who I
am?

A: Lǎo Gāo, guǒrán shi nǐ!
Kuài jìnlai, kuài jìnlai,
yǐjing děng nǐ dà bàntiān
le, chīguo fàn méiyou?

Gao, sure enough it's you!
Come in, come in, do, I've
been expecting you most of
the day; have you had
anything to eat?

B: Zěnme? Yí jìn mén jiu
yào qǐng wǒ chī-fàn? Bié
jí, bié jí, qǐng nǐ xiān
kànkan wǒ dàilai de zhèi
fú huàr.

What's this? As soon as I set
foot in the door you want to
offer me food? Don't be in
such a hurry, have a look first
at this painting I've brought.

A: Nǐ zhīdao wǒ duì huàr
wánquán shi ménwàihàn,
shénme yě kànbudǒng.

You know I'm altogether a
layman as far as painting is
concerned, I don't
understand the first thing.

B: Zhèi fú huàr hěn tèbié,
wǒ gǎn shuō nǐ kànwán-le
yídìng jiào-hǎo. Jīntiān
yùnqi zhēn bú-cuò, méi
xiǎngdào zài Dōng Dàjiē
nèi jiā jiù-shū diàn,
mǎidào-le zhème yì fú gǔ
huàr.

This painting is very special, I
venture to say you will
certainly applaud when you
have looked at it. Today my
luck was in: I hadn't expected
to get hold of an old painting
like this at the second-hand
bookshop on East Avenue.

A: Ō! Shi gāng mǎi de, nàme
jiu qǐng nǐ kuài diǎnr
náchulai ba.

Oh, you've only just bought
it; in that case hurry up and
take it out.

B: Bù xíng, děi xiān máfan
nǐ guānshang chuānghu,
lāshang chuāngliánr.

Hold on, I have to trouble
you first to close the window
and draw the curtains.

A: Wèishenme? Zhèi fú huàr
yǒu shénme jiànbude rén
de dìfang ma?

B: Nǐ kàn nǐ xiǎngdào nǎr qù
le! Zhèi fú gǔ huàr yǐjing
yǒu sānbǎi nián le, bú shi
jiànbude rén, shi jiànbude
tàiyáng, chuībude fēng.
Qǐng nǐ kuài kāikai dēng
ba!

A: Zhè huà de shi zhúzi ma?
Wǒ zěnme
kànbuqīngchu? Lǎo Gāo
a, shuō jù bú kèqi de
huà, wǒ shízài bù zhīdào
zhèi fú huàr hǎozai nǎlǐ.

B: Nǐ kàn, nǐ kàn zhèi yì bǐ,
jiù zhèi yì bǐ zuì shǎo yě
děi èrshi nián de gōngfu.

A: Èrshi nián de gōngfu?!
Duìbuqǐ, wǒ kànbuchūlai.

B: Lǎo xiōng a, yào xiǎng
kàndechūlai, kǒngpà yě
děi èrshi nián!

Why? Has this painting got
something about it that can't
be exposed to public view?
See where your thoughts
have taken you! This painting
is 300 years old, it's not it
can't be exposed to the
public, it can't be exposed to
the sun or stand in a draught.
Be quick and put the light on!
Is this bamboos that are
painted? How is it I can't
make them out properly?
Gao, old man, to be blunt, I
honestly don't know what is
good (where the good is) in
this painting.
Look, look at this stroke, this
stroke alone would call for at
least 20 years of application.
Twenty years of application?!
I'm sorry, I can't detect it.
Old chap, if you wanted to
be able to detect it, I'm
afraid that would take 20
years too!

III SKETCHES

1

A: Gē, nǐ zài lóu-shang ma?
Kànjian jīntiān de bào
méiyou?

B: Zài wǒ zhèr, wǒ hái méi
kànwán ne.

A: Nǐ hái yào duō jiǔ cái
néng kànwán? Xiān
náxialai gěi wǒ kànkan,
xíng bu xíng?

Elder brother, are you
upstairs? Have you seen
today's paper?
It's here with me, I haven't
finished it yet.
How much longer do you
need before you can finish it?
Bring it down for now for me
to have a look at, all right?

B: Nǐ xiǎng kàn bào?! Nǐ de liànxí zuòwán le ma?

You want to read the paper?! Have you finished your exercises?

A: Chī-fàn yǐqián jiu zuòwán le.

I finished them before we had our meal.

B: Nǐ bú shi shuō míngtiān kǎoshì ma? Dōu yùbèihǎo le ma?

Didn't you say you had an exam tomorrow? Have you done all the preparation?

A: Zǎojiu yùbèihǎo le.

I finished preparing a long time ago.

B: Zuótiān nèi ge shùxué wèntí, hái méi gǎoqīngchu ba.

I don't suppose you have sorted out that mathematical problem of yesterday.

A: Gǎoqīngchu le.

Yes, I have sorted it out.

B: Ēi, gāngcái mā jiào nǐ shàng jiē qù mǎi yú, mǎidào le ma?

Ah, just now mum told you to go to the shops to buy some fish, have you got it?

A: Yǐjing mǎihuilai le.

It's already bought and back home.

B: Nà . . . nàme nǐ xiǎng gànmá?

Then . . . what have you got in mind to do?

A: Wǒ bù xiǎng gànmá, zhǐ xiǎng kànkan jīntiān de bào.

I haven't anything in mind, I just want to read today's paper.

2

A: Nǐ Zhōngwén xué de zěnmeyàng le? Jìnbù hěn kuài ba?

How are you getting on with learning Chinese? I expect you're making fast progress?

B: Bù xíng, wǒ xué de bǐ yìbān rén dōu màn, jiǎndān de huà suīrán néng tīngdǒng bù shǎo le, kěshi yì kāi kǒu jiu chángcháng shuōcuò, zhēn bù-hǎoyìsi!

It's not working out: I'm slower than the average; though I can understand a fair amount of the simple stuff, as soon as I open my mouth I invariably get it wrong – it's really embarrassing!

A: Nǐ bié bù-hǎoyìsi le, wǒmen Zhōngguó rén shuō Yīngwén de shíhou cuò de gèng duō. Nǐ zhème yònggōng yídìng kěyǐ xuédehǎo.

B: Bú yònggōng bù xíng a! Nǐ kàn wǒmen yì tiān jiu yǒu zhème duō liànxí, wǒ bú shuì-jiào yě zuòbuwán.

A: Bié zháojí, nǐ yǐjing xué de bú-cuò le. Wǒmen qù shítáng chī-fàn ba.

B: Zhè xiē liànxí méi zuòwán, wǒ shénme yě chībuxià.

A: Bù chī-fàn zěnme néng yǒu jīngshen xuéxí ne?

B: Nà jiu máfan nǐ tì wǒ mǎi yí kuài sānmíngzhì hǎo bu hǎo?

A: Yí kuài sānmíngzhì chīdebǎo ma? Liǎng kuài ba.

B: Bù, yí kuài jiu gòu le. Nǐ bù zhīdào, wǒ yì chībǎo-le jiu xiǎng shuì-jiào, gèng méi fázi xué le.

Don't be embarrassed, when we Chinese speak English we make even more mistakes.
You work so hard you'll certainly be able to get on top of it.
We've got no choice but to work hard! Look, we've got all these exercises for just one day; even if I went without sleep I couldn't finish them.
Don't get het-up, you've already got a pretty good grasp. Let's go to the canteen to eat.
Until I've finished these exercises I won't be able to swallow anything.
If you don't eat how can you have the energy to study?
In that case would you mind buying a sandwich for me?

One sandwich won't fill you. Make it two.

No, one will be enough. You don't realize, once I'm full I feel sleepy; I'd be even less able to study then.

IV VOCABULARY

qiántiān (TW)	day before yesterday
jiē(dào) (V)	receive
fēng (M/V)	measure for letters; to seal
yóupiào (N)	postage stamp
tiē (V)	stick (on)

xìnfēng (N)	envelope
máobǐ (N)	brush (for writing)
lóng-fēi fèng-wǔ (set phrase)	'dragon flies, phoenix dances': flamboyant
huópo (SV)	lively, vivacious
yǒu-lì (SV)	forceful
dāngshí (TW)	then, at that time
jì (V)	send, post
dāngzhōng (PW)	among, in the middle
děngdào (TW)	by the time, when ('wait till')
dǎkāi (V)	open
fāxiàn (V)	discover
yuánlái (MA)	originally; as a matter of fact, actually
huàjiā (N)	painter
bān(dào) (V)	move (to)
xiāngxia (PW)	country (as opposed to town)
hé (C/CV)	and, with (similar to gēn)
línjū (N)	neighbour
huàr (N)	painting, picture
niànwán (V)	finish studying
-wán (V comp)	finish –ing
huà-huàr (V-O)	to paint, to draw
kǎo (V)	give/take an examination; test
kǎoshàng – (V)	pass exam for –
yìshù (N/SV)	art; artistic
xuéyuàn (N)	college
xiāngdāng (A)	quite, considerably, pretty
zhuānxīn (SV)	single-minded, engrossed
zhǐyào (MA)	it only needs; if only; as long as . . .
yī . . . jiù . . .	once/as soon as . . . then . . .
ná (V)	take in the hand, hold
náqilai (V)	pick up
jìnrù (V)	enter into
lìngwài (A/AT)	besides, separately; another
shìjiè (N)	world
miànqián (PW)	in front of, in face of
rúguǒ (MA)	if (=yàoshi)
jiǎnzhí (A)	simply
shuìbuzháo (V)	unable to get to sleep

-zháo (V comp)	get to (indicates attainment of objective)
guàirén (N)	strange person, eccentric
dào(shi) (A)	indeed, actually, as it happens (marks something contrary to the general drift or line of thought)
tándelái (V)	able to talk to/get on with
běn (SP)	this, the present
yěxǔ (MA)	perhaps
yùbèi (V)	prepare, make ready
jiào mén (VO)	call at the door (to be let in)
shuōbudìng (V/MA)	can't say for sure; maybe
guǒrán (MA)	sure enough, just as predicted
dà bàntiān (TW)	greater half of a day; 'ages'
fú (M)	for paintings; width (of cloth)
ménwàihàn (N)	layman
tèbié (SV/A)	special(ly), particular(ly)
jiào-hǎo (V-O)	'shout well-done'; applaud
jiē (N)	street
jiù (SV)	old; second-hand; former
gǔ (SV)	old, ancient
guān (V)	close, shut up/in, turn off
guānshang (V)	close to
lā (V)	pull
lāshang (V)	pull to
chuānglián(r) (N)	window curtains
jiànbudé (V)	may not be seen by/exposed to
tàiyáng (N)	sun
chuī (V)	blow
chuībudé (V)	may not be blown (by)
fēng (N)	wind
kāi (V)	open; turn on
dēng (N)	lamp, light
kèqi (SV)	polite; formal; modest in manner
shízài (A)	in reality, honestly, really
bǐ (M)	stroke (with a brush)
lǎo xiōng (N)	(form of address between male friends) 'old chap'
kǎoshì (N/V)	(have an) examination
jìnbù (V/N/SV)	progress; progressive

yìbān (SV/A)   general, common, ordinary; generally,
                      equally (used before SV)
bù-hǎoyìsi (IE)   embarrassed, ill at ease

V GRAMMAR

1 Verb complements

(a) *Resultative complements* show the direct result of the action
initiated by the verb. In some cases the complement amplifies:
chībǎo, 'eat-full', *gǎoqīngchu*, 'make-clear'; in others it only
indicates a positive conclusion to the action denoted by the stem
verb: *kànjiàn*, 'look-perceive', *yùbèihǎo*, 'prepare-satisfactory'.
Because of the non-commital nature of the plain form of the verb
in Chinese, various complements are brought into play to confirm
attainment, e.g. *hǎo*, 'satisfactory', *wán*, 'finish', *dào*, 'reach/get',
zhù, 'stay' (firm), and these are applied extensively. They naturally
attract the 'completed action' particle *-le: kǎoshàng-le yìshù
xuéyuàn*, 'took examination-attained *le* art college',

(b) *Directional complements* may be simple or compound. In
addition to *lái* and *qù*, which you have met as showing direction
towards or away from the speaker, simple complements include
guò, 'past' (*zǒuguo*, 'go past'), *chū*, 'out' (*xiǎngchu*, 'think out'),
qǐ, 'up' (*náqi*, 'pick up'). The latter group, and others besides, all
in themselves directional, can be compounded with *lai* and *qu*, to
add the element of approaching or receding: *zǒuguoqu* 'go past
(that way)'; *náxialai*, 'bring down (this way)'. Objects may follow
the complete directional complement, but it is more usual for them
to split the complement – in the case of a compound complement
coming before the *lai* or *qu: náqi bǐ lai*, 'pick up a pen', *xiǎngchu
bànfǎ lai*, 'think up a means'. Where the object is a place, only
the split complement is possible: *zǒujin xuéxiào qu*, 'walk into
the school'.

Lai and *qu* as directional complements should be distinguished
from the same words used as 'particles of purpose' – 'come/go in
order to . . .', as in *Wǒ mǎi shū qu*, 'I am going to buy some
books'.

Directional complements are atonal, unless there is any reason
to emphasize them.

(c) *Potential complements* can be formed from most resultative and directional verbs by the insertion between stem verb and complement of *de* and *bu*, to signify capability and non-capability respectively, e.g. from *kànjiàn, kàndejiàn,* 'able to see'; from *chībǎo, chībubǎo,* 'unable to eat one's fill'; from *náqilai, nábuqǐlái,* 'unable to pick up'; from *lāshanglai, lādeshànglái,* 'able to pull up' (note that atonal directional complements regain their tone in the process).

Potential complements derived from resultative verbs are with very few exceptions 'solid': *kànbujiàn tàiyáng,* 'unable to see the sun'. Those formed from verbs with compound directional complements, however, allow an object to split the complement: *nábuchū qián lai,* 'unable to produce the money'.

Some verb complements occur only in the potential forms, like *–liǎo,* in *xiěbuliǎo,* 'cannot write'; *-de* is exceptional among these, in that it forms the affirmative potential complement by itself, e.g. *chīde,* 'eatable' (there being no such word as **chīdede*), while the negative is normal: *chībude,* 'uneatable'.

Potential verbs may not take the verb-suffix *-le.*

Their negative form is fixed regardless of tense/aspect: you cannot say e.g. **méi kàndejiàn.*

Oddly enough, potential verbs *are* compatible with auxiliary verbs of ability, though they are redundant: *néng kàndeqīngchu,* 'able to see clearly'. But they are not used where it is a question of permission: *Wǒ kěyǐ jìnlai ma?* not **Wó jìndelái ma?* for 'Can I come in?'.

(d) *Gěi* 'give' = 'to' as a complement may simply be an alternative to the coverb *gěi: xiěgei tā yì fēng xìn* and *gěi tā xiě yì fēng xìn,* for instance, have the same meaning, 'write a letter to him'. But depending on the nature of the main verb, *gěi* as coverb might only be understood as 'for', e.g. *gěi tā mài,* 'sell *for* him' (as opposed to *màigei tā,* 'sell to him'). As a rule, then, ambiguity can be avoided by using the complement *gei* to introduce an indirect object, and the coverb *gěi* can be reserved for cases of 'for'.

2 More on 'guò' (Speech Patterns 4)

Guò may figure as a directional complement as described above, having the spatial sense of 'past' or 'through'. But it can also function as a complement (rather than as a suffix as described in Lesson 12) in the temporal sense. The status of complement is restored when the meaning of *guò* as 'comes to pass' becomes substantial. At the same time it may regain its tone. It serves then to confirm that an action has indeed taken place. Often this is part of the daily routine, e.g. *Nǐ chīguo fàn méiyou?*, 'Have you eaten?' *Chīguò le*, 'I have'. Equally it may be some action that is expected in the particular circumstances, e.g. *Zhèi jiàn shìqing tā yīnggāi zhīdao, nǐ wènguo tā ma?*, 'He ought to know about this matter, did you ask him?' Finally, the complement *guò* can convey that a whole process has been gone through, in which case it is similar to *wán*, 'finish': *Wǒ chīguo wǔfàn jiu qù*, 'I'll go straight after finishing lunch.'

VI SPEECH PATTERNS

1 Resultative complements

(a) Some common resultative complements

complements	stem verbs
–jiàn (sensory perception)	kàn, tīng, pèng . . .
–dào (arrival, attainment)	kàn, zhǎo, zǒu, mǎi, jì, sòng, xiǎng, xué . . .
–zháo (attainment)	zhǎo, jiàn, mǎi, shuì . . .
–wán (completion)	zuò, shuō, chī, xiě . . .
–hǎo (satisfaction, completion)	zuò, xiě, bàn, yùbèi . . .
–huì (learning mastery)	xué, gǎo
–dǒng (understanding)	kàn, tīng, gǎo
–kāi (detachment, separation)	kāi, dǎ, lā . . .
–dìng (definiteness)	shuō
–zhù (fixity, secureness)	ná, jì, tiē
–duì (correctness)	zuò, shuō, xiě, gǎo . . .
–cuò (error)	zuò, shuō, xiě, gǎo . . .
–qīngchu (clarity)	shuō, xiě, kàn
–bǎo (repleteness)	chī, hē

(b) Use of resultative complements

Pattern: Nǐ jiēdao wǒ de xìn le ma?
   or: Nǐ jiēdao wǒ de xìn méiyou? – Jiēdào le./Méi jiēdao.

1. Nǐ kàn, shān-shang yǒu liǎng ge rén. Wǒ zǎojiu kàndao-le, hǎoxiàng shi lǎo Zhāng hé xiǎo Lǐ.
2. Nǐ tīng, wàitou yǒu rén jiào nǐ. Shì ma? Wǒ zěnme méi tīngjian? Nǐ tīngcuò le ba!
3. Háizimen dōu shàng lóu shuìjiào le ma? Dōu shàngqu le, yǐjing shuìzháo le.
4. Lǎo Wáng zuótiān zuò de yú zěnmeyàng? Tīngshuō hǎo-chī jíle, wǒ qùwǎn le, méi chīzháo.
5. Zhèi běn xiǎoshuō nǐ kuài kànwán le ba? Wǒ cái kàn-le yí bàn, yěxǔ míngtiān kěyǐ kànwán.
6. Nèi zhāng huàr nǐ hái méi huàhǎo ba? Huàhǎo le, búguò huà de fēicháng bù hǎo.
7. Nǐmen míngtiān dào xiāngxia qu, yùbèihǎo le ma? Chàbuduō dōu yùbèihǎo le, xīwàng míngtiān bié xià-yǔ.
8. Nǐ xué-guo tàijíquán ma? Xué-guo, kěshi méi xuéhuì.
9. Tā xiě de zì lóng-fēi fèng-wǔ, hěn bù róngyì kàndǒng. Róngyì kàndǒng jiu bú gòu yìshù le.
10. Kāi mén, kāi mén, wǒ huílai le! Mén yǐjing kāikai le, kuài jìnlai ba!
11. Tā zhèi ge zì shì bu shi xiěcuò le? Nǐ kāikai dēng wǒ kànkan. Shì méi xiěduì, zhèr shǎo-le yì bǐ.
12. Nèi ge dìfang hěn hǎo zhǎo, nǐ zhǐ yào jìzhu zài túshūguǎn de dōngbianr jiu xíng le.
13. Gāngcái shōuyīnjī-shang shì bu shi shuō míngtiān yǒu dà fēng? Wǒ méi tīngqīngchu.
14. Wǒmen yǐjing shuōdìng le, shéi xiān zuòwán liànxí shéi qù mǎi dōngxi.
15. Wǒ fāxiàn chúle tā yǐwài, hái yǒu lìngwài yí ge rén yě kàndao-le zhèi jiàn shì.

2 Directional complements

(a) Some common directional complements

Complements	Stem verbs
–shàng (up; on; attainment)	guān, lā, dài, kǎo . . .
–xià (down; having room for)	zuò, chī . . .
–lái (in this direction)	shàng, xià, jìn, chū, huì, nà, sòng, dài, jì, bān . . .
–qù (in that direction)	(ditto)
–jìn (in, into)	bān, ná, dài, pǎo, zǒu . . .
–chū (out)	(ditto)
–dào (arrive)	zǒu, pǎo, xué, jì, bān, ná . . .
–guò (pass)	zǒu, chī, kàn . . .
–zǒu (away)	ná, bān, dài, sòng . . .
–shànglai (come up)	ná, bān, sòng, pǎo, zǒu . . .
–xiàlai (come down)	(ditto)
–shàngqu (go up)	(ditto)
–xiàqu (go down)	(ditto)
–jìnlai (come in)	(ditto)
–chūlai (come out)	(ditto)
–jìnqu (go in)	(ditto)
–chūqu (go out)	(ditto)
qǐlai (rise, get up)	xiǎng, ná . . .

(b) Use of directional complements

Patterns: a. Tā guānshang chuānghù, lāshang chuānglián, jiu qu shuìjiào le.

b. Tā náchu yì fú huàr lai qǐng dàjiā kàn.

1. Tā dàishang biǎo, guānshang mén, jiu chūqu le.
2. Zuòxia, zuòxia, yǒu huà zuòxia zài shuō.
3. Rúguǒ nǐ méi shíjiān sònglai, jìlai yě kěyi.
4. Nǐ dìdi qùnián kǎo dàxué méiyou? Kǎo le, kěshi méi kǎoshàng.
5. Jìdao Zhōngguó qu de xìn děi tiē duōshao qián de yóupiào?
6. Wǒ yǐwéi nèi jiā shūdiàn hái zài lǎo dìfang, yuánlái tāmen yǐjing bāndao lìngwài yì tiáo jiē-shang qu le.
7. Tā yònggōng de bùdeliǎo, měi tiān wǎnshang dōu yào niàndao yì-liǎng diǎn.

8. Nǐ cháng pèngjian tā ma? Wǒmen shi línjū, cháng pèngjian, wǒ měi tiān dōu děi zǒuguo tā jiā ménkǒu liǎng cì.
9. Chīguo fàn le ma? Chīguò le, lián kāfēi dōu hēguò le.
10. Nǐ xīn-li yǒu shénme huà, qǐng nǐ dōu shuōchulai ba.
11. Xuéshengmen zhèng yào pǎochuqu wánr de shíhou, lǎoshī cóng wàibianr zǒujinlai le.
12. Yuánlái zhùzai nàr de rén yǐjing bānzǒu le, wǒmen dǎsuàn xià yuè sān hào bānjinqu.
13. Nǐ kànjian tā nèi fú gǔ huàr le ma? Tā běnlái yǐjing náchulai le, kànjian nǐ lái yòu náhuiqu le.
14. Tā shuō de huà nǐmen dōu xiěxialai le ma? Měi ge zì dōu xiěxialai le.
15. Tā zhèi fēng xìn de yìsi nǐ kànchulai le méiyou? Wǒ méi kànchulai yǒu shénme tèbié de yìsi.
16. Wǒ jīntiān dài de qián bú gòu, děi huí jiā qu zài ná diǎnr lai.
17. Wǒ gāng zǒujinqu, tā jiu náqi yí fèn bào lai jiào wǒ kàn.
18. Nǐ bú shi yǐjing shuì-jiào le ma? Zěnme yòu pǎoxia lóu lai le? Wǒ hūrán xiǎngqi yí jiàn shì lai . . .

3 Potential complements

(a) Some common potential complements

Affirmative	Negative	
jiànde	jiànbude	can be seen; be obvious/ cannot be presented to
chīde	chībude	may/may not be eaten
tīngdejiàn	tīngbujiàn	can/cannot hear
zhǎodedào	zhǎobudào	can/cannot find
shuìdezháo	shuìbuzháo	can/cannot get to sleep
zuòdewán	zuòbuwán	can/cannot finish doing
xuédehǎo	xuébuhǎo	can/cannot master
kàndedǒng	kànbudǒng	can/cannot make out, understand, read
jìdezhù	jìbuzhù	can/cannot remember
bàndeliǎo	bànbuliǎo	can/cannot carry out
chīdebǎo	chībubǎo	can/cannot eat one's fill
———	shuōbudìng	cannot say for sure
tándelái	tánbulái	can/cannot get along with

kǎodeshàng	kǎobushàng	can/cannot pass the exam for
zuòdexià	zuòbuxià	can/cannot sit down or seat
shàngdeqù	shàngbuqù	can/cannot go up
xiàdeqù	xiàbuqù	can/cannot go down
zǒudeshàngqu	zǒubushàngqu	can/cannot walk up
chīdexiàqu	chībuxiàqu	can/cannot carry on eating *or* get food down
kàndechūlai	kànbuchūlai	can/cannot detect
kāidejìnqu	kāibujìnqu	can/cannot drive in
duìdeqǐ	duìbuqǐ	not let/let (someone) down

(b) Use of potential complements

Patterns: a. Nǐ kàn*dedǒng* Zhōngwén ma?
   b. Nǐ kàn*dedǒng* kàn*budǒng* Zhōngwén?
      Kàn*dedǒng*./Kàn*budǒng*.

1. Nǐ kàn fángzi-shang yǒu liǎng ge rén. Zài nǎr a? Wǒ zěnme kànbujiàn?
2. Liànxí zuòwán le ma? Hái méi ne, zhème duō, kǒngpà jīntiān zuòbuwán.
3. Zhōngguó rén shuō-huà nǐ néng tīngdedǒng ma? Rúguǒ shuō de shi pǔtōnghuà, wǒ yěxǔ néng tīngdedǒng.
4. Zhème rè, kuài kāikai chuānghu ba! Wǒ gāngcái kāi-le bàntiān, kāibukāi.
5. Wǒ xiǎng mǎi yì fú Zhōngguó huàr, bù zhīdào zài zhèr mǎidezháo mǎibuzháo?
6. Shìjiè-shang de shìqing zhēn qíguài, xiǎng chībǎo de rén chībubǎo, kěyǐ chībǎo de rén bù chībǎo.
7. Zhéi jiàn shì tā yí ge rén qù, bàndeliǎo bànbuliǎo? Tā nàme nénggàn, yídìng bàndeliǎo.
8. Zhème nán xiě de zì, nǐ jìdezhù jìbuzhù? Bú bì wèn, dāngrán jìbuzhù.
9. Wǒ hé lǎo Wáng cóng xiǎo jiu hěn tándelái, xiànzài háishi hǎo péngyou.
10. Jīntiān xīngqī-tiān bú shàng bān, shénme rén yě zhǎobudào.
11. Míngtiān wǒmen xuédedào dìshíwǔ kè ma? Shuōbudìng yěxǔ xuédedào.
12. Rúguǒ míngnián nǐ néng kǎoshàng dàxué . . . Bié 'rúguǒ' le, wǒ yídìng kǎobushàng.

13. Tā zhè liǎng tiān xīn-li yǒu shì, fàn yě chībuxià, jiào yě shuìbuzháo.
14. Zhèi ge dìfang zuòdexià yìbǎi ge rén ma? Zuòbuxià, zuì duō zhǐ néng zuòxia sānshí ge rén.
15. Tāmen zhùzai bā lóu, nǐ zǒudeshàngqù ma? Wǒ zhème pàng, kǒngpà zǒubushàngqù.
16. Sānmíngzhì tài nán-chī le, wǒ jiǎnzhí chībuxiàqù.
17. Nǐ kàndechūlái zhè shì shéi xiě de zì ma? Ō, wǒ méi kànchu zhè shì zì lai.
18. Dàmén tài xiǎo, qìchē kāibujìnqù zěnme bàn? Wǒ yě xiǎngbuchū shénme bànfǎ lai.
19. Nǐ de huàr néng bu néng náchulai gěi wǒmen kànkan? Bù xíng, bù xíng, wǒde huàr shízai jiànbudé rén.
20. Nín bié kèqi, zài chī yìdiǎnr ba! Xièxie nín, wǒ bú huì kèqi, wǒ zhēnde chībǎo le, shízài chībuxià le.

4 Complement 'guò' and suffix '–guo' contrasted

1a. Nǐ chīguo fàn le ma?
   b. Nǐ chī-guo Zhōngguó fàn ma?
2a. Jīntiān sòngxìnde láiguò le ma? Láiguò le, méi yǒu nǐ de xìn.
   b. Tā lái-guo Yīngguó ma? Lái-guo, yī-jiǔ-qī-bā nián lái-guo yí cì.
3a. Nǐ yǐjing zǒuguò-le Xīmén Dàjiē, nǐ kàn hòutou nèi tiào jiù shì.
   b. Nǐ yǐqián zǒu-guo Xīmén Dàjiē ma? Méiyou, zhè shi dìyī cì.
4a. Zhuōzi-shang de cài měi yàng nǐ dōu chīguò le ma? Chúle yú yǐwài, wǒ dōu chīguò le. (partaken, as expected)
   b. Zhuōzi-shang de cài měi yàng nǐ dōu chī-guo ma? Yǒu de chī-guo, yǒu de méi chī-guo. ('ever' eaten)
5a. Zhèi fèn Zhōngwén bào wǒ yǐjing kànguò le, nǐ náqu kàn ba. (finished reading)
   b. Nǐ kàn-guo Zhōngwén bào ma? Kàn-guo yí cì, kànbudǒng.

5 Predicative complements and potential complements contrasted

1a. Tā zuò de hǎo bu hǎo? Dàjiā dōu shuō tā zuò de hǎo.
   b. Tā zuòdehǎo zuòbuhǎo? Tā hěn zhuānxīn, yídìng zuòdehǎo.
2a. Tā shuō de qīng(chu) bu qīngchu? Tā shuō de (xiāngdāng) qīngchu.

b. Tā shuōdeqīngchu shuōbuqingchu?   Zhème jiǎndān de wèntí, tā shuōdeqingchu.

3a. Nǐ bǐ nǐ gēge pǎo de kuài ma?   Wǒ bǐ tā pǎo de kuài.

b. Nǐ pǎodekuài pǎobukuài?   Rúguó qiántou yǒu hǎo-chī de dōngxi, wǒ dāngrán pǎodekuài.

4a. Zhèi ge zì tā xiě de bú duì.

b. Zhèi ge zì tā xiě-le shí cì le, kěshi háishi xiěbuduì.

5a. Tā hē de bù duō, zhǐ hē-le yì bēi.

b. Tā hēbuduō, yì bēi jiu gòu le.

6 'Gěi' used as a verb complement

Pattern: V*gei* Ind O   Dir O
            Tà jìgei wǒ   yì běn shū.

1. Kuài chī ba, zhè shi mā tèbié zuògei nǐ chī de.
2. Zhè shi tāde máoyī, zuótiān wàngzai zhèr le, máfan nín dàigei tā hǎo ma?
3. Nǐ nèi fēng xìn shi xiěgei shéi de?
4. Nèi jiàn shì nǐ néng bu néng shuōgei wǒmen tīngting?   Kǒngpa wǒ shuō sān tiān yě shuōbuwán.
5. Wǒ bù zhīdào nǐ yào mǎi jiù chē, wǒ yǐjing màigei biéren le.
6. Tā de nèi fú Zhōngguó huàr yǐjing sònggei dàxué túshūguǎn le.
7. Bào-shang de zì tài xiǎo, wǒ kànbuqīngchu, qǐng nǐ niàngei wo tīngting.
8. Tā xiǎng kànkan wǒ gāng mǎi de nèi běn jiù shū, qǐng nǐ nágei tā.
9. Tā jiègei wǒ de nèi běn xiǎoshuō méi shénme yìsi, xiě de hěn yìbān.
10. Tīngshuō nǐ rènshi nèi wèi Zhāng xiáojie, néng bu néng jiè-shàogei wǒ dìdi?

7 Coverb 'gěi' and complement 'gěi' contrasted

1a. Nèi běn shū wǒ shàng xīngqī jiu jìgei tā le, wèishenme tā hái méi jiēdào?

b. Nèi běn shū wǒ shàng xīngqī jiu gěi tā jìqu le, wèishenme tā hái méi jiēdào? (= a)

  c. Nèi běn shū wǒ shàng xīngqī jiu gěi tā jì le, wèishenme nèi ge
      rén hái méi jiēdào? (= tì tā)

2a. Nèi liàng chē nǐ màigei tā le ma?

  b. Nèi liàng chē nǐ gěi tā mài le ma? (= tì tā)

3a. Zhè shì tā xiěgei wǒ de lìngwài yì fēng xìn.

  b. Zhè shì tā gěi wǒ xiě de lìngwài yì fēng xìn. (1. = a; 2. = tā
     tì wǒ xiě de)

4a. Zhèi fènr shi tā de, qǐng nǐ nágei tā.

  b. Tā méi lái, qǐng nǐ gěi tā ná yí fènr. (= tì tā)

5a. Zhèi běn shū jiègei wǒ kànkan, xíng bu xíng?

  b. Qǐng nǐ gěi wǒ jiè běn shū kànkan, xíng bu xíng? (= tì wǒ)

8 'Yī . . . jiù . . .'

1. Liǎng diǎn zhōng yí dào, lǎoshī jiu jìnlai le.

2. Lǎoshī yí jìnlai, wǒmen jiu dōu zhànqilai le.

3. Wǒmen yí zhànqilai, lǎoshī jiu shuō: 'Qǐng zuò, qǐng zuò'.

4. Lǎoshī yì shuō 'Qǐng zuò', wǒmen jiu dōu zuòxia le.

5. Wǒmen yí zuòxia, lǎoshī jiu kāishǐ shuō Zhōngguó huà le.

6. Lǎoshī yì kāishǐ shuō Zhōngguó huà, wǒmen jiu hútu le.

7. Wǒmen yì hútu, lǎoshī jiu bù gāoxìng le.

8. Lǎoshī yí bù gāoxìng, jiu bù xiǎng jiāo le.

9. Lǎoshī yí bù xiǎng jiāo, wǒmen jiu xuébuhǎo le.

10. Tā yí kànjian Zhōngguó zì jiu xiǎng shuìjiào.

11. Wǒ yí kànjian Zhōngguó rén jiu shuōbuchū huà lai le.

12. Tā yì chī Zhōngguó cài, jiu juéde bù shūfu.

13. Tā yì yǒu qián jiu xiǎng shàng jiǔguǎnr.

14. Tā yì hē jiǔ jiu yào shuō wàiguo huà.

15. Tā àiren yì tīngjiàn tā shuō wàiguó huà jiu xiǎng dǎ tā.

VII EXERCISES

1 Answer these questions on the basis of the Presentation and
  Dialogue:

1. Qiántiān zhōngwǔ wǒ jiēdào yì fēng shénme yàng de xìn?

2. Wèishenme wǒ xiǎngbuchū zhèi fēng xìn shi shéi jìgei wǒ de?

3. Wǒ shénme shíhou cái fāxiàn zhèi fēng xìn shi lǎo Gāo xiělai
   de?

4. Lǎo Gāo shi shénme xuéyuàn bì-yè de? Tā xiànzai zuò shénme gōngzuò?
5. Lǎo Gāo huà-huàr de shíhou zěnmeyàng?
6. Lǎo Gāo jìn mén yǐhòu wǒmen mǎshàng jiu chī-fàn le ma?
7. Tā nèi fú gǔ huàr shì shénme shíhou mǎi de? Zài nǎr mǎi de?
8. Kàn huàr yǐqián, lǎo Gāo wèishenme jiào wǒ guānshang chuānghu, lāshang chuāngliánr?
9. Wǒ juéde nèi fú huàr zěnmeyàng?
10. Wǒ gēn lǎo Gāo shuō wǒ kànbuchūlái nèi fú zhúzi hǎozai nǎli, tā shuō shénme?

2 Put complements in the blanks:

1. Nǐ jiē( ) tā de xìn le ma?
2. Wǒ kànbu( ) nǐ zài nǎr; qǐng nǐ kāi( ) dēng, hǎo ba?
3. Zhème xiǎo de qìchē zuòde( ) liù ge rén ma?
4. Tā méi liàn-guo zì, xiěbu( ) zhème hǎo de zì.
5. Xièxie nín, wǒ yǐjing chī-le wǔ wǎn fàn le, zhēnde chī( ) le, shízài chību( ) le.
6. Zhuōzi wèishenme zài wàitou? Mén tài xiǎo, zhuōzi tài dà, bānbu( )( ).
7. Tā yǐjing qù shuì-jiào le, búguò yěxǔ hái méi shuì( ) ne.
8. Zhèige míngzi tài cháng le, wǒ jiǎnzhí jìbu( ), qǐng nǐ gěi wǒ xiě( )( ), kěyǐ ma?
9. Tā dìdi fēicháng yònggōng, yídìng kǎode( ) dàxué.
10. Lián zhème jiǎndān dē wèntí wǒ dōu gǎo( ) le, zhēn bù-hǎoyìsi.
11. Bǎihuò shāngdiàn xīn lái de máoyī duō de bùdéliǎo, yídìng mǎide( ), bú bì zháojí.
12. Míngtiān kǎoshì, nǐ yùbèi( ) le méiyou?
13. Chī( ) fàn le ma? Zǎojiu chī( ) le.
14. Zuótiān wǒ pèng( ) lǎo Wáng le, tā shuō hěn jiǔ méi kàn( ) nǐ le, hěn xiǎng nǐ.
15. Nǐmen yǐjing niàn( ) dìjǐ kè le? Zhèi běn shū kuài niàn( ) le ba?

3 Change these sentences into sentences with potential complements:

e.g. Mén néng kāikai ma? → Mén kāidekāi ma?

1. Nǐ néng mǎidào nǐ yào mǎi de dōngxi ma?
2. Zhōngguó rén shuō-huà nǐ néng tīngdǒng ma?
3. Tā yì tiān néng xiě wǔqiān ge zì.
4. Zhèi fú huàr kěyǐ mài duōshao qián?
5. Tā de zì lóng-fēi fèng-wǔ, nǐ néng kàndǒng ma?
6. Tā yídìng néng xiǎngchu bànfǎ lai.
7. Wǒmen dōu méi fázi zhǎodào tā.
8. Zhèi zhǒng fēijī néng zuò wǔbǎi duō rén.

4 Give both affirmative and negative answers to these questions:

1. Tā de zì xiě de hǎo bu hǎo?
2. Nǐmen wánr de gāoxìng bu gāoxìng?
3. Nǐ kàndedǒng kànbudǒng zhèi fú huàr?
4. Zhèi ge wèntí tā jiěshì de qīngchu bu qīngchu?
5. Tā bǐ nǐ shuō de líulì ma?
6. Nǐ bǐ tāmen dōu chī de duō ma?
7. Lóu zhème gāo, nǐ zǒudeshàngqu ma?
8. Nǐ yí ge rén nádeliǎo zhème duō shū ma?

5 Translate into Chinese:

1. He told me that he ran into old Wang in the street yesterday.
2. Have you finished with that dictionary? Yes, I have. You can take it to old Lee now.
3. We listened but could hear nothing.
4. The book you ask for is sold out.
5. Will you open out the map, please?
6. They arrived at the station very early but got into a wrong train.
7. I like the picture you have just finished. Will you sell it to me?
8. They moved out on Friday and we moved in on Saturday.
9. He started as soon as he received the letter.
10. You have guessed right. He is an artist.
11. Please take it down and show it to me.
12. Here is a letter from Mr Wang. Shall I read it out?
13. He failed to pass the university entrance examinations, clever as he was.
14. I can't quite make out the meaning of the last sentence, so would you please explain it in Chinese.
15. You can't carry all those things by yourself, can you?

LESSON FIFTEEN

■ I PRESENTATION

Zhōngguó cài shi shìjiè wénmíng de, yīnwei Zhōngguó rén yánjiū chī de yìshù yǐjing yǒu hěn cháng de lìshǐ le.

Chinese food is world famous, because the study of the art of eating among the Chinese already has a long history.

Zuìjìn yī-èrshi nián Zhōngguó cài zài Yīngguó yuè lai yuè shòu huānyíng, Zhōngguó fànguǎnr yě yuè lai yuè duō.

In the last 10 or 20 years Chinese food has in England become more and more popular, and Chinese restaurants have become more and more numerous.

Suīrán zhè xiē guǎnzi de cài dōu bú-cuò, dànshi hěn shǎo yǒu wǒ péngyou Huáng Yīngbái zuò de nàme hǎo de.

Although the food in these restaurants is pretty good, it is rarely cooked as well as my friend Huang Yingbai's.

Lǎo Huáng shi wèi huàxué zhuānjiā, lái Yīngguó kuài sìshí nián le; suīrán sīxiǎng hé kànfǎ dōu yǐjing xiāngdāng xīhuà, kěshi xīcān háishi chībulái de.

Huang is a chemist, and has been in England nearly 40 years; though his thought and outlook are already quite Westernized, he still can't take to Western food.

Měi tiān búlùn duō máng, tā yě yào hǎohāorde zuò liǎng ge cài, shūshūfúfúde chī dùn Zhōngguó fàn, yàoburán wǎnshang lián jiào dōu shuìbuhǎo.

Every day no matter how busy he is, he still has to cook a couple of dishes in a proper manner, and eat a Chinese meal in comfort, otherwise he can't even get a good sleep.

Tā bǎ zuò-cài dàngzuò yì
zhǒng yìshù lai yánjiū, cóng
báiqiējī dào hóngshāoròu,
cóng Běijīng kǎoyā dào
Guǎngdōng diǎnxin, tā zěnme
zuò zěnme hǎo-chī.

Tā néng bǎ niúròu chǎo de
gēn dòufu yíyàng nèn, yě
néng bǎ dòufu shāo de xiàng
yú yíyàng xiāng.

Gèng nán-dé de shi hái néng
bǎ měi ge cài de láilì
qīngqīngchǔchǔde shuōchulai.

Wèile bǎ chī de yìshù
jièshàogei xīfāng rén, qùnián
tā huā-le wǔ ge yuè de
gōngfu, bǎ tā duōnián de
zuò-cài xīndé yǒu-tiáo-yǒu-
lǐde xiěchéng-le yì běn shípǔ.

Méi xiǎngdào yí ge yuè jiu
mài-le liǎngwàn běn.

Zhōngguó cài dǎjìn-le
Yīngguó chúfáng, lǎo Huáng
yě yìwàide chū-le yí zhèn
fēngtou.

Yǒu yì tiān tā qǐng-le jǐ wèi
péngyou qu chī Zhōngguó
guǎnzi . . .

He regards cooking as an art
to research into; from 'white
cut chicken' to 'red-cooked
pork', from Peking roast
duck to Cantonense titbits,
whatever way he cooks it is
tasty in that way.

He can fry beef as soft as
beancurd, and can stew
beancurd as sweet-smelling as
fish.

Even rarer is that he can
actually give you a clear
account of the history of each
dish.

In order to introduce the art
of eating to Westerners, last
year he spent five months to
compile very methodically a
cookery-book out of what he
had learned in cooking over
many years.

Surprisingly it sold 20,000
copies in a month.

Chinese food broke into
English kitchens, and Huang
also unexpectedly made a
splash.

One day he invited a few
friends to eat at a Chinese
restaurant . . .

■ II DIALOGUE

A: Nín lái le, jǐ wèi a? Qǐng zhèi biānr zuò. Nín bǎ dàyī dōu gěi wǒ ba.

Good day, how many are you? Please sit over here. Give me your overcoats, would you?

B: Wǒmen yígòng liù ge rén, yǒu mei yǒu dà yìdiǎnr de zhuōzi?

We are six altogether; have you a bigger table?

A: Duìbuqǐ, dà zhuōzi méi yǒu le. Nín zǎo yìdiǎnr lái jiu hǎo le. Zhè yàng ba, wǒ bǎ zhè liǎng zhāng xiǎo zhuōzi gěi nín pīnqilai zěnmeyàng?

I'm sorry, we have no big tables left. It would have been all right had you come earlier. I'll tell you what, I'll put these two small tables together for you, how's that?

B: Hǎo ba, liù ge rén zuòdexià jiu xíng. Máfan nǐ xiān bǎ càidānr nálai gěi wǒmen kànkan.

All right, as long as you can seat six. May we trouble you to bring the menu first for us to look at?

A: Hǎo, mǎshàng jiu lái. Nín dōu qǐng zuò, xiān hē bēi chá.

Very well, coming right up. Please be seated, and have some tea to go on with.

B: Zhè càidānr-shang de cài zhēn bù shǎo. Wǒ yuè kàn yuè bù zhīdào diǎn shénme hǎo. Háishi máfan nǐ jièshào jǐ yàng nǐmen de náshǒu cài ba!

There are really a lot of dishes on this menu. The more I look at it the less I know what to choose. Perhaps I could bother you instead to suggest some of your specialities!

A: Wǒmen zhèr de jiāxiāngjī, huíguōròu shi zuì náshǒu de, jīntiān hái yǒu gāng dào de huángyú, lái ge tángcù huángyú zěnmeyàng?

Our country chicken and twice-cooked pork are what we do best; we've also got some yellow croaker just in: what about a sweet and sour yellow croaker?

B: Hǎo a, zhè sān ge cài dōu yào, búguò huíguōròu bù néng tài là, yě bù néng tài xián, zuò dàn yìdiǎnr hǎo ba? Shǎo fàng diǎnr jiàngyóu. Ȇ, wǒ jìde nǐmen zhèr de hóngshāo dòufu tèbié hǎo-chī, lái ge hóngshāo dòufu, zài yào ge sùcài – nǎiyóu càihuār yǒu ba?

Fine, we'll have all three, but the twice-cooked pork mustn't be too hot, nor too salty, could you make it rather bland? Put a bit less soya sauce in. Ah, I remember the red-cooked beancurd here is particularly tasty, let's have red-cooked beancurd, plus a vegetable dish – you've got creamed cauliflower?

A: Yǒu yǒu yǒu. Nín jǐ wèi hē bu hē jiǔ? Yào bu yào xiān lái ge pīnpánr?

Yes, of course. Will you gentlefolk be drinking? Would you like a cold platter to start?

B: Wǒmen xiǎng hē diǎnr jiǔ, hǎo, xiān lái gē pīnpánr, zuìhòu zài gěi wǒmen lái ge báicài niúròu tāng ba, wǒmen dōu chī mǐfàn.

We shall be indulging; very well, we'll start with a cold platter, and to end with we'll have a beef and cabbage soup. Rice for all of us.

A: Hǎo, hǎo. Nín zhè jǐ wèi wàiguó péngyou shi yòng kuàizi háishi yòng dāo-chā?

Certainly. Will these foreign friends of yours be using chopsticks or knife and fork?

B: Tāmen jǐ wèi kuàizi yòng de bǐ wǒ hái hǎo. Dāo-chā shi yòngbuzháo de. Qǐng nǐ kuài diǎnr shàng cài ba. Ō, hái you, máfan nǐ bǎ chuānghu guān xiǎo diǎnr hǎo ma? Fēng tài dà le.

They use chopsticks even better than I. Knife and fork will be unnecessary. Please hurry and serve the food. Oh, another thing, would you mind closing the window a little (smaller). The wind is too strong.

A: Pīnpánr lái le!

The cold platter is served!

B: Lái lái lái, wǒ xiān jìng dàjiā yì bēi. Gān-bēi a! Qǐng qǐng qǐng, chī-cài, chī-cài, bié kèqi, duō chī diǎnr!

Come on, let me first offer a toast to all. Down the hatch! Let's start, eat up, eat up, don't be polite, tuck in!

(Fúwùyuán zuìhòu bǎ tāng náshanglai yǐhòu, lǎo Huáng wèn tā:)

B: Qíguài a, jīntiān de tángcùyú zěnme yòu bù tián yòu bù suān? Hóngshāo dòufu yě méi yǒu yǐqián nàme xiāng le. Nǐmen chúfáng shì bu shi huàn-le xīnshǒu?

A: Méiyou a! Búguò wǒmen chúfáng mǎi-le yì běn xīn chū de shípǔ, jīntiān de tángcùyú hé hóngshāo dòufu wánquán shi zhào nèige shípǔ zuò de. Tīngshuō xiě nèi běn shípǔ de shi wèi huàxué zhuānjiā, jiào Huáng shénme Bái, bù zhīdào nín rèn bu rèn . . .

B: Bú rènshi! Bú rènshi! Bú rènshi!

(After the waiter has served the soup to finish, Huang asks him:)

Strange, how come today's sweet and sour fish was neither sweet nor sour? The red-cooked beancurd was not as appetizing (fragrant) as before, either. Have you exchanged your cook for a novice?

Certainly not! But our kitchen has bought a cookbook that's just out; today's sweet and sour fish and red-cooked beancurd were done entirely according to that cookbook. I understand the chap who wrote the cookbook is a chemistry expert, called Huang Something-bai, I wonder if you know. . . .

Never heard of him!

III SKETCHES

1

A: Ēi, Lǐ dàjiě, shénme fēng bǎ nǐ chuīlai-le? Zhēn shi nán-dé!

B: Zǎojiu xiǎng lái kàn nǐmen, zǒngshi méi gōngfu, nǐmen dōu hǎo ba?

Ah, 'Big Sister' Li, what breeze blew you here? This is really a rare privilege!

I've long intended to come and see you, but I've never had the time. You're all well?

A: Hái nà yàngr. Qǐng zuò,
qǐng zuò! Bǎ dàyī fàngzai
zhèr ba. Zuìjìn máng
shénme a?

B: Wǒmen chǎng yùbèi bǎ
shēngchǎn lāshangqu,
dàjiā dōu bǐ yǐqián máng
duōle.

A: Wǒmen gōngsī yě méi
yǐqián nàme shūfu le,
wèile yào bǎ fúwù gǎo de
gèng hǎo, yí ge rén
chángcháng děi zuò liǎng
ge rén de shì. Háizimen
dōu hǎo ba?

B: Xiànzài dōu dà le,
zhěngtiān wàng wài pǎo,
xuéxí dōu hěn chà. Wǒ
zhēn bù zhīdào nǐ zěnme
néng bǎ háizi jiāo de
nàme hǎo.

A: Bié shuō le, dōu yíyàng.
Xiànzài de háizi jiǎnzhí
bù bǎ fùmǔ de huà dàng
yì huí shì. Ê, è le ba, wǒ
qǐng nǐ qu chī guōtiēr
zěnmeyàng?

B: Nǐ zěnme bǎ wǒ dàng
kèren le, jiu zài lóuxià
shítáng chī wǎn miàn bù
hǎo ma?

A: Nǐ zhème jiǔ bù lái,
dāngrán shi kèren le.
Néng bu néng děng wǒ jǐ
fēn zhōng? Wǒ děi xiān
bǎ zhèi jiàn gōngshì nágei
lǎo Wáng kànkan.

Still the same old way. Have
a seat! Put your coat down
here. What have you been
busy with lately?
Our factory is preparing to
pull up production; everyone
is a lot busier than before.

Our company isn't as cushy
as before either. In order to
improve the service, one
person often has to do the
work of two. The children
are all OK?

They're all grown now, and
are out on the loose all day.
Their schoolwork is very
poor. I really don't know
how you've managed to train
your children so well.
We'd better not go into that,
they're all the same. Children
of today simply don't take
what their parents say
seriously. Oh, you must be
hungry; I'll treat you to some
guotie, how about that?
How come you're treating me
as a guest? What's wrong
with having a bowl of noodles
just in the canteen
downstairs?
It's so long since you were
here, of course you're a guest
now. Can you wait a few
minutes for me? I have to
show this paperwork to old
Wang first.

B: Méi wèntí, nǐ bǎ yīnggāi
bàn de shì dōu bànwán,
wǒ duō è yìhuǐr méi
guānxi, dào-le fànguǎnr
kěyǐ duō chī yìdiǎnr.

No problem, you finish
tending to all the things you
have to tend to; it doesn't
matter if I stay hungry a
while longer, when we get to
the restaurant I can eat a bit
more.

2

A: Nín zěnme chī zhème
shǎo? Qǐng zài duō chī
diǎnr cài!

How is it you're eating so
little? Have some more food!

B: Xièxie nín, wǒ zhēn de
chībǎo le, yǐjing bǐ
píngcháng duō chī-le yì
wǎn fàn. Cài tài hǎo le!

Thank you, I'm really full,
I've already had one bowl of
rice more than usual. The
food is just too nice!

A: Nín tài kèqi le, jīntiān de
cài zuò de dōu hěn chà.
Wǒ mánghútu le,
hóngshāojī tài xián,
huíguōròu tài là, tāng-li
yě wàng-le fàng yán.

You're too polite, all the
food today was very off. I got
in a tizzy: my red-cooked
chicken was too salty, my
twice-cooked pork too hot,
and I forgot to put salt in the
soup.

B: Nín bié kèqi le, wǒ juéde
yàngyàngr dōu hǎo, tèbié
shi zhèi ge tángcùyú,
guǎnzi-li de dōu méi
zhème hǎo-chī.

You are too modest, I found
every course good, especially
this sweet and sour fish; none
of the ones you get in
restaurants are as tasty as
this.

A: Yàoshi zài zuò tián
yìdiǎnr jiu hǎo le. . .
Wǒmen nèibianr zuò ba.
Nín hē kāfēi háishi hē
chá?

If it was made a bit sweeter it
would have been all
right. . . . Let's sit over
there. Will you have coffee
or tea?

B: Gěi wǒ yì bēi kāfēi ba.
Wǒ fàn chīduō le, jiǔ yě
hēduō le.

Let me have a cup of coffee.
I've had too much to eat and
too much to drink.

A: Nín yào bu yào niúnǎi?
Fàng jǐ kuài táng?

Do you want milk? How
many lumps of sugar shall I
put in?

B: Niúnǎi bú yào, nín gěi wǒ
fàng liǎng kuài táng
ba. . . . Zhè kāfēi zhēn
xiāng. . . Ō, yǐjing shí
diǎn yí kè le, wǒ děi zǒu
le.

No milk, and two sugars. . . .
This coffee has a fine
aroma. . . . Oh, it's already a
quarter past ten, I have to be
off.

A: Nín bù duō zuò yìhuǐr le
ma? Zài hē bēi kāfēi ba.

Won't you stay a while
longer? Have another cup of
coffee.

B: Bù le, wǒ děi zǎo diǎnr
huíqu, míngtiān hái yào
shàng bān, xièxie nín a.
Jīntiān zhēnshi bǎ nín
lèihuài le.

No, I have to get back rather
early; I still have to go to
work tomorrow, thanks. You
really must be worn out
today.

A: Nǎlǐ, nǎlǐ. Yǐhòu yǒu
gōngfu cháng lái wánr a!
Nín màn zǒu, bú sòng le.
Zàijiàn!

Not at all. Do drop in
whenever you have the time.
Mind how you go; I won't
see you off any further.
Goodbye!

B: Zàijiàn! Zàijiàn! Qǐng
huí! Qǐng huí!

Goodbye! Please go back in!

IV VOCABULARY

wénmíng (SV)	renowned (N.B. of restricted use)
shìjiè wénmíng	world-famous
yánjiū (V/N)	research, study, investigate
yuè . . . yuè . . . (C)	the more . . . the more . . .
yuè lai yuè . . . (A)	more and more . . .
shòu-huānyíng (SV)	be popular (receive welcome)
dànshi (C)	but, yet
huáng (SV)	yellow (a surname)
huàxué (N)	chemistry
zhuānjiā (N)	expert
sīxiǎng (N)	thought, thinking

kànfǎ (N)	outlook, view
xīhuà (V/SV)	Westernize(d)
-huà (suffix)	-ize, -ify
xīcān (N)	Western food
cān (N)	food, meal, cuisine
(M)	for meals
chībulái (V)	unable to take to (foods)
-lái (V comp)	(potential complement) able to, manage to
búlùn (MA)	no matter how, regardless
duō(me) (A)	how, to what extent
hǎohāor(de) (A)	properly, thoroughly
-de (K)	adverbial marker
yàoburán (C)	otherwise
bǎ (CV)	(governing object disposed of before verb)[n.6]
(M)	for chairs, knives, etc.
dàng(zuò) (V)	treat as, regard as
báiqiējī (N)	white/plain cut chicken
hóngshāoròu (N)	red-cooked (pork) meat
kǎoyā (N)	roast duck
diǎnxin (N)	various pastries and snacks
niúròu (N)	beef
chǎo (V)	stir-fry
dòufu (N)	beancurd
nèn (SV)	tender, soft
shāo (V)	burn; cook, stew, bake
xiāng (SV)	fragrant
(N)	perfume, incense
nán-dé (SV)	hard to get, rare
láilì (N)	history, antecedents, origin
wèile (CV)	for (the sake of), in order to
huā (V)	spend (time, money)
gōngfu (N)	time and effort; leisure time
xīndé (N)	knowledge gained
yǒu-tiáo-yǒu-lǐde (A)	methodically, systematically
xiěchéng (V)	compile (fashion through writing)
-chéng (V comp)	so as to be, become
shípǔ (N)	cookery book

wàn (NU)	ten thousand
dǎjìn (V)	breach, invade
chúfáng (N)	kitchen
yìwài(de) (A)	in an unforeseen manner
zhèn (M)	wave, spate, burst, spell
chū fēngtou (VO)	create a stir, enjoy the limelight
dàyī (N)	overcoat
pīnqilai (V)	put together
càidān (N)	menu
diǎn (cài) (VO)	choose, order (dishes on menu)
náshǒu (SV)	expert in, good at
náshǒu cài (N)	speciality (dish)
jiāxiāngjī (N)	'home town chicken'
huíguōròu (N)	'returned to the pot meat' – twice-cooked pork
huángyú (N)	yellow croaker (fish)
lái (V)	bring (esp. food)
tángcù (AT)	sweet-and-sour (lit: sugar-vinegar)
là (SV)	hot (of spices)
xián (SV)	salty, savoury
dàn (SV)	bland, mild
fàng (V)	put; put in; let go
jiàngyóu (N)	soya sauce
jìde (V)	remember, recall
sùcài (N)	vegetable dish
nǎiyóu càihuā (N)	creamed cauliflower
nǎiyóu (N)	cream
pīnpán(r) (N)	cold platter
báicài niúròu tāng (N)	cabbage and beef soup
mǐfàn (N)	cooked rice
kuàizi (N)	chopsticks
dāo-chā (N)	knife and fork
jìng (V)	salute, toast
gān-bēi (IE)	drain glass, Cheers!
fúwù (V/N)	serve; service
fúwùyuán (N)	attendant
tián (SV)	sweet
suān (SV)	sour
xīnshǒu (N)	new hand, novice

zhào (CV)	according to, in conformity with
bú dàng yì huí shì (IE)	not regard as a matter (of any importance)
guōtiēr (N)	a kind of lightly fried pasty
miàn (N)	noodles
gōngshì (N)	official business; paperwork
yán (N)	salt
niúnǎi (N)	milk
táng (N)	sugar, sweets
nǎlǐ! (IE)	Not at all (often reduplicated) = *nǎr de huà*

V GRAMMAR

1 'yuè . . . yuè . . .': 'the more . . . the more . . .' (Speech Patterns 8)

This is a construction for describing progression in one process that is related to another process, e.g. *Huǒchē yuè kuài yuè hǎo*, '(As to) the train more fast more good' – 'The faster the train the better'; *Tā yuè shuō wǒ yuè hútu*, 'The more he speaks the more I get confused'. When only one thing is mentioned as steadily augmenting (or diminishing), *lai* fills in the first part of the formula, e.g. *Fēng yuè lai yuè dà*, '(As to) the wind, more "carry on" more big' – 'The wind gets stronger and stronger'.

2 The sentence particle 'de': 'the way things are' (Speech Patterns 3)

We have mentioned before that when the *shi . . . de* construction is used, descriptively, in preference to a purely verbal construction, the effect of this nominalization is to attach to the description an aspect of permanency: it is inveterate to the thing described. In these simple cases the *shi . . . de* construction could be classed as modifying, as an appropriate noun can be supplied, though somewhat ponderously: *Zhōngguó cài shi shìjiè wénmíng de (cài)*, 'Chinese food is (a food) famed the world over'. A final, sentence particle *de*, with or without a preceding *shi*, gives to a statement a similar air of solidity, conveying that this is the fact of the matter.

Such a *de* is extra to the basic statement, and cannot be ascribed to a modifying role. For instance, *Xīcān tā háishi chībulái de*, 'Western food he still can't take to' could well do without the *de*; what it implies is that the statement is not to be gainsaid.

3 On a par with and falling short of (Speech Patterns 2)

The formula for equal comparisons is straightforward: A *gēn/ xiàng* B *yíyàng* + quality to be compared: 'A and/like B equally + quality'; for example: *Zhèi kuài niúròu gēn dòufu yíyàng nèn*, 'This piece of beef is as tender as beancurd'.

When one thing is inferior in comparison with another, the construction is:

A méi (yǒu) B (nàme) + quality

e.g. *Déguó diànyǐng méi yǒu Fǎguó diànyǐng nàme shòu huānyíng*, 'German films are not as popular as French films'. *Méi yǒu* has a variant in *hěn shǎo yǒu*, 'very rarely': *Déguó diànyǐng hěn shǎo yǒu Fǎguó diànyǐng nàme shòu huānyíng*, 'German films are rarely as popular as French films'.

4 Reduplication of stative verbs (Speech Patterns 5)

There are a number of tone permutations possible when SVs are reduplicated, but two common phenomena are (1) that in the case of monosyllabic SVs the tone of the reduplicate changes to first, as in *zǎozāor, kuàikuāir* — though this change does not take place without the *-r* suffix; and (2) with bisyllabic SVs the tone of the second syllable, where neutral, is restored, e.g. *qīngchu* becomes *qīngqīngchǔchǔ*. Reduplicated SVs very often feature as adverbials, with the addition of the adverbial marker *de: hǎohāorde zuò liǎng ge cài*, 'do two dishes properly'.

The lively effect of reduplication obviates the need for further modification (by means of adverbs of degree).

5 The adverbial marker '-de' (Speech Patterns 4–5)

Adverbials that describe the manner in which something is done may be unmarked (*tāmen zhěngtiān chàng-gē*); monosyllabic adverbs are always unmarked. But the specific marker -*de* is usually attracted to reduplicated SVs (*shūshūfúfúde* 'comfortably') and to phrases (*yǒu-tiáo-yǒu-lǐde*) when these are employed as adverbials. Beyond that, most polysyllabic words can admit the -*de* suffix in the right circumstances (like *yìwàide* 'unanticipatedly'); and those that are 'borrowed' to serve as adverbials tend to require the -*de* suffix.

6 The 'bǎ' construction (Speech Patterns 1)

The use of *bǎ* as a verb, meaning 'grasp, handle, take hold of', is limited in its scope. As a coverb it loses concrete meaning and becomes simply a means of displacing the object to before the verb: *Qǐng nǐ bǎ huà shuōduǎn yìdiǎnr*, 'Please *bǎ* your words say shorter a little' – 'Please keep your speech fairly short'; *huà* is clearly not something one can actually get hold of. Nevertheless, the actor should still be able to 'dispose of' the object in some way, indeed the purpose of using *bǎ* may be to emphasize the aspect of disposal. Otherwise the object should be shifted to before the function verb by means of *bǎ* only if the effect is to simplify the syntax. Generally the justification is to clear the way for some other part of speech to follow directly on the verb; this may be a complement, an indirect object, or a cognate object. It is in fact a rule that to combine with *bǎ* the verb must be other than in its plain form if it is monosyllabic (disyllabic verbs rarely occur in their plain form either). The verb must at least have a suffix, or be reduplicated.

As with other coverbs, it is *bǎ* that is negated and not the function verb. *Bǎ* does not combine with potential verbs.

The object which *bǎ* governs must have definite reference (i.e. 'the', not 'a' or 'some').

7 Verb complements and adverbs showing comparative degree (Speech Patterns 7(a))

To recapitulate, complements may (1) compound with the verb, completing its process (like *tīngdǒng, chībǎo*), or (2) be linked to the verb by *de*, when they constitute a comment on the level of performance (like *shuō de hěn míngbai*), or (3) show whether an end is capable of realization, by means of the infixes -de- and -bu- (like *shuōbumíngbai*). The first kind of complement may, where it consists of a SV, admit of a degree of comparison, in practice by expansion with *yìdiǎnr*. This applies to imperative and optative sentences, like *Qǐng nǐ shuōmíngbai yìdiǎnr*, 'Please speak a little more intelligibly'. The second type of complement, since it functions as a free predicate, can also take *yìdiǎnr* where appropriate, e.g. *Nèi wèi lǎoshī shuō de míngbai yìdiǎnr*, 'That teacher explains rather more clearly'. Adverbs may be expanded with *yìdiǎnr* too; indeed, sometimes the adverb and the complement may be alternatives between which there is little to choose. This is especially so in the case of the very common pairs *kuài* and *màn*, 'fast' and 'slow', and *zǎo* and *wǎn*, 'early' and 'late'. *Qǐng nǐ shuōmàn yìdiǎnr* and *Qǐng nǐ màn yìdiǎnr shuō*, for instance, have the same purport, 'Please speak a little slower'; the difference is one of approach, the first looking to a process, which is to result in slowness, and the second concentrating on manner, which is to be slower. An added complication with *kuài yìdiǎnr* and *màn yìdiǎnr* is that they can also mean 'hurry up and . . .' and 'take your time and . . .' respectively.

8 Some more or less (Speech Patterns 7(c))

As we have seen, when comparison of a quality involves degrees, the difference in degree is stated after the quality: *Tā bǐ tā mèimei dà sān suì*, 'He compared with his sister is old by three years'. The degree to which performance of an action differs from another, or from the norm, is expressed according to the pattern:

Duō/shǎo Verb Degree (Object)

e.g. *duō kàn diǎnr shū*, 'read a little more'; *shǎo huā jǐ kuài qián*, 'spend a few dollars less'. The antonyms *zǎo* and *wǎn* fit into the same pattern.

9 The causative verb (Speech Patterns 9)

The use of a verb in a causative sense ('to make to –') is very common in Classical Chinese. This potential can be called on with only a few verbs in the language of today, e.g. *lái* 'to make to come' – 'bring, let's have'; *shàng* 'make to come up' – 'serve'; *chū* 'make to come out' – 'produce'.

VI SPEECH PATTERNS

1 The 'ba' construction

Pattern: S   A (neg) *bǎ*   O   V + other element
         Tā   bǎ   wǒ de bǐ   názǒu le.

1. Shéi bǎ wǒ de chá hē le?
2. Jīntiān tài máng le, wǒ bǎ zhèi jiàn shì wàng le, zhēn duìbuqǐ.
3. Qǐng nǐmen xiān bǎ zhèi ge wèntí yánjiu yánjiu, bú bì mǎshàng zuò juédìng.
4. Nǐ néng bu néng bǎ zhèi cì qù Zhōngguó de jīngguò gēn wǒmen tántan?
5. Tāmen bǎ máfan dōu gěi wǒ le, wǒ bǎ máfan gěi shéi ne?
6. Nǐ kě bu kěyǐ bǎ nǐ jiāo Yīngwén de xīndé gàosu wǒ?
7. Bié bǎ bǐ fàngzai zuǐ-li, kuài náchulai!
8. Tā xiǎng bǎ nà yíwàn běn jiù shū sònggei túshūguǎn.
9. Wǒ yǐjing bǎ kuàizi, wǎn, dōu nádao chúfáng qu le.
10. Wǒmen yào gǎo 'sì huà', bú shi yào gǎo 'xīhuà', nǐ zěnme bǎ 'sì' zì kànchéng 'xī' zì le?
11. Tā zhēn nénggàn, zhǐ huā-le bàn ge xiǎoshi de gōngfu jiu bǎ shí ge rén de fàncài yùbèihǎo le.
12. Máfan nǐ ná dāo bǎ zhèi kuài ròu tì wǒ qiēqie. (*qiē*, 'to cut')
13. Wǒ méi bǎ tā dàng lǎoshī, tā yě méi bǎ wǒ dàng xuésheng.
14. Tā bǎ cài zuò de tài xián le, wǒmen yìbiānr chī, yìbiānr hē shuǐ.
15. Qǐng nǐ bǎ zhèi ge zì de yòngfǎ zài gěi wǒmen jiěshì yí cì.
16. Yíhuìr zhè yàng, yíhuìr nà yàng, zhèi ge 'bǎ' zì jiǎnzhí bǎ wǒ gǎohútu le.
17a. Zhèr zhuōzi tài duō, qǐng nǐ bān liǎng zhāng chūqu. (indefinite reference)
  b. Zhèr zhuōzi tài duō, qǐng nǐ bǎ zhèi liǎng zhāng bānchuqu. (definite reference)
18a. Zhèi xiē zì wǒmen dōu xiěcuò le.
  b. Wǒmen bǎ zhèi xiē zì dōu xiěcuò le.
  c. Wǒmen dōu bǎ zhèi xiē zì xiěcuò le.
19a. Tā bǎ qián náchulai le. ~Tā náchu qián lai le.

b. Wǒ yǐjing bǎ zhèi jù huà de yìsi kàndǒng le. ~Wǒ yǐjing
kàndǒng-le zhèi jù huà de yìsi.

c. Tā bǎ yánjiū lìshǐ de xīndé xiěchéng-le yì běn shū.

20a. Tā chī shénme le? Tā chī tángcùyú le.

b. Zhuōzi-shang de cài tā dōu chī-le ma? Tángcùyú tā chī-le,
hóngshāoròu tā méi chī.

c. Tángcùyú ne? Shéi bǎ tángcùyú chī le? Bú shi wǒ.

2 Similarities

(a) Equivalent or not

Patterns: a. A gēn B yíyàng/bù yíyàng
Nǐ de biǎo gēn wǒ de yíyàng.

b. A gēn/xiàng B yíyàng SV/MV+V
Hóngshāoròu gēn tángcùyú yíyàng hǎo-chī.

1. Zhōngguó huàr gēn Yīngguó huàr hěn bù yíyàng.
2. 'Sīxiǎng jiěfàng' gēn 'jiěfàng sīxiǎng' wánquán yíyàng ma?
3. Xīcān de zuòfǎ gēn Zhōngcān bù yíyàng ba?
4. Jīntiān de tiānqi gēn zuótiān yíyàng hǎo.
5. Zhèr de fēngjǐng xiàng Huángshān yíyàng piàoliang.
6. Tā gēn wǒ yíyàng ài hē jiǔ, wǒ gēn tā yíyàng xǐhuan chī là de.
7. Nǐ de kànfǎ gēn tā yíyàng yǒu-dàoli.
8. Wǒmen yīnggāi xiàng tā yíyàng bǎ Zhōngwén xuéhǎo.
9. Tā cài zuò de gēn tā mǔqin yíyàng yǒu-míng.
10. Tā pǔtōnghuà shuō de kuài xiàng Zhōngguó rén yíyàng liúlì le,
jìnbù zhēn kuài.

(b) On a par with or not

Patterns: a. A (méi) yǒu B nàme/zhème SV/MV+V
Wǒ méi (yǒu) nǐ nàme cōngming.

a. A (bú) xiàng B nàme/zhème SV/MV+V
Tā bú xiàng wǒ zhème bèn.

1. Nǐ dìdi yǒu nǐ zhème gāo ma? Wǒmen liǎ chàbuduō yìbān
gāo.
2. Tā de xìngqing bú xiàng nǐ zhème jí.
3. Tā méi yǒu tā mèimei nàme huópo, yě bú xiàng tā jiějie nàme
ài chū fēngtou.

4. Tā yídìng jìde zhèi jiàn shì. Tā méi yǒu wǒ zhème hútu.
5. Shéi gǎn shuō zhèr de fúwù méi yǒu nèr hǎo?
6. Zhōngguó rén bú xiàng Yīngguó rén zhème xǐhuan hē niúnǎi.
7. Hóngshāoròu méi yǒu kǎoyā nàme shòu huānyíng.
8. Wǒ cài méi tā chǎo de nàme hǎo, kěshi tā ròu qiē de méi yǒu wǒ zhème kuài.
9. Tā jiǔ diǎn bàn jiu shuì le, bú xiàng wǒmen shuì de zhème wǎn.
10. Tā xiě Hànzì bú xiàng nǐ zhème lóng-fēi fèng-wǔ.

3 Situational 'de'

1. Běijīng wǒ méi qù-guo, kěshi Běijīng kǎoyā wǒ dàoshi chī-guo de.
2. Tā cóng xiǎo chī mǐfàn zhǎngdà de, sānmíngzhì shi chībulái de.
3. Suīrán tā shuō-huà yǒu diǎnr hútu, kěshi bàn shì háishi yǒutiáo-yǒu-lǐ de.
4. Tā duì huàxué yě shi fēicháng yǒu xìngqu de.
5. Jiǎndān de cài wǒ huì chǎo liǎng yàng, Guǎngdōng diǎnxin wǒ shi zuòbulái de.
6. Tā tài xǐhuan zhèi zhāng huàr le, búlùn duō guì, tā yě yào mǎi de.
7. Zhèi ge rén bù zhuānxīn, búlùn zuò shénme, tā zǒngshi gǎobuhǎo de.
8. Tā yǐjing kuài èrshi le, nǐ bǎ tā dàngzuò xiǎo háizi shi bù xíng de.
9. Tā lái xìn xīwàng wǒ bié qù, kěshi wǒ háishi yào qù de.
10. Rúguǒ nǐ bú yònggōng, Zhōngwén shi xuébuhǎo de!

4 Adverbials marked with 'de'

1. Tā zhěngtiān(de) zhànzai jiē-shang, shénme shì yě bú zuò.
2. Tā zhěngtiān lóu-shàng-lóu-xiàde pǎo, lèi de bùdéliǎo.
3. Xiǎo péngyou hěn huópode pǎochulai huānyíng wǒmen.
   (cf. Xiǎo péngyou hěn huópo, pǎochulai huānyíng wǒmen.)
4. Tā láiwǎn le, hěn bù-hǎoyìside gēn lǎoshī shuō: 'Duìbuqǐ . . . .' (cf. Tā zhīdao lǎoshī shuōcuò le, kěshi bù-hǎoyìsi gēn lǎoshī shuō.)

5. Zhèi jiàn gōngshì tā dàgàide kàn-le kan, jiu shuō méi wèntí.
   (cf. Zhèi jiàn gōngshì tā dàgài yǐjing kàn-guo le, nǐ názǒu ba.)
6. Tā hěn qīngchude bǎ zhèi ge rén de láilì dōu gàosu wǒ le.
7. Wǒmen hěn jiǎndānde yùbèi-le liǎng yàng cài, xiǎng qǐng tā lái chī dùn fàn.
8. Tīngjiàn wàitou yǒu rén shuō Zhōngguó huà, tā hàoqíde zǒuchuqu kàn-le kan.
9. Tā fēicháng kèqide wèn wǒ, néng bu néng bǎ wǒ de náshǒu cài jiāogei tā.
10. Yí kànjiàn wǒ shǒu-shang de táng, háizimen dōu gāoxìngde pǎoguolai le.
11. Tā mǎi-le yí kuài xīn biǎo, bǎ jiù de hěn piányide màigei tā péngyou le.
12. Tā kànjiàn wǒmen, gāoxìngde shuō: 'Huānyíng, huānyíng! Qǐng jìn, qǐng jìn!' (cf. Tā kànjiàn wǒmen, gāoxìng de shuōbuchū huà lai le.)

5 Reduplicated stative verbs as adverbials

(a) Monosyllabic SVs

1. Wèile zhèi ge wèntí wǒ zhěngzhěngde máng-le sān tiān, háishi méi gǎohǎo.
2. Nǐ děi hǎohāorde xuéxí, yàoburán kǎoshì kǎobuhǎo.
3. Qǐng nǐ kuàikuāirde bǎ zhèi xiē guōtiēr náhui chúfáng qu.
4. Bān jiā de shì děi mànmānrde yánjiū, zháojí yě méi-yòng.
5. Nǐ de zì xiě de tài nán-kàn le, yǐhòu yào duōduō(de) liànxí.
6. Zuò zhèi ge cài jiàngyóu bù néng tài duō, shǎoshāorde fàng yìdiǎnr jiu gòu le.
7. Tā wǎnshang xiǎng qù kàn xì, zǎozāorde jiu bǎ wǎnfàn chī le.
8. Tā xīn xiě de nèi běn xiǎoshuō zài Yīngguó hěn shòu huānyíng, sháng ge yuè tā lái Lúndūn, dàdàde chū-le yí zhèn fēngtou.
9. Nǐ yīnggāi hǎohāorde xiángxiang shi qù háishi bú qù.
10. Tā lěnglěngde shuō-le yí jù 'Zhuānjiā yě děi hǎohāorde gàn!' jiu zǒu-le.
11. Tā bǎ gōngsī de lǎo rén mànmànde dōu huànchéng-le tā zìjǐ de rén le.

(b) Disyllabic SVs

1. Chīguo wǔfàn, háizimen dōu gāogāoxìngxìngde shàng gōngyuánr wánr qu le.
2. Wǒ zuótiān qīngqīngchǔchǔde tīngjiàn tā shuō, nèi jiàn shì shi tā gàn de.
3. Bié chǎo cài le, jiǎnjiǎndāndānde chī wǎn miàn jiu xíng le.
4. Jīntiān wǎnshang shūshūfúfúde shuì yí jiào, míngtiān jiu yǒu jīngshen le.
5. Dàjiā kèkèqìqìde zài yìqǐ gōngzuò, bù hǎo ma?
6. Xīwàng nǐ néng yǒu-tiáo-yǒu-lǐde bǎ zhèi jiàn shì de jīngguò xiěchulai.
7. Nǐ zuì hǎo shíshízàizàide gàosu wǒmen, nǐ shi lái gànmá de?
8. Zhème lěng de tiānqi, shéi bù xiǎng shūshūfúfúde zài jiā-li xiūxi?
9. Tā xìn-shang míngmíngbáibáide shuō yào gěi wǒ yíwàn kuài qián, zěnme hái bú jìlai ne?
10. Wǒmen yīnggāi shíshízàizàide wèi rénmín fúwù!

6 Adverbials and predicative complements contrasted

1a. Qǐng nǐ hǎohāorde xiě liǎng ge máobǐ zì.
 b. Nǐ zhè liǎng ge máobǐ zì xiě de zhēn hǎo.
2a. Tā mànmānrde bǎ shìqing dōu zuòwán le.
 b. Tā zuò-shì zuò de hěn màn.
3a. Nèi ge shōuyīnjī tāmen hěn piányide màigei wǒ le.
 b. Nèi ge shōuyīnjī tāmen mài de hěn piányi.
4a. Tāmen hěn gāoxìngde zài húbiānr wánr-le yí xiàwǔ.
 b. Nèi tiān xiàwǔ tāmen zài húbiānr wánr de hěn gāoxìng.
5a. Tā qīngqīngchǔchǔde bǎ zhèi ge wèntí jiěshì-le yí cì.
 b. Zhèi ge wèntí tā jiěshì de fēicháng qīngchu.

7 Verb constructions that show comparative degree

(a) Complements: V SV yìdiǎnr

1. Qǐng nǐ zhànjìn yìdiǎnr, kànqīngchu yìdiǎnr, nà bú shi Lúndūn dìtú!
2. Duìbuqǐ, nín shuō de tài kuài le, qǐng nín shuōmàn yìdiǎnr hǎo ma?

3. Nǐ de zì tài xiǎo le, wǒ kànbuqīngchu, qǐng nǐ xiědà yìdiǎnr.
4. Shàng kè de shíjiān kuài dào le, zǒukuài yìdiǎnr ba. (Wǒmen zǒu de bú gòu kuài.)
5. Zhèi zhāng huà de wánquán bú xiàng, qǐng nǐ huàhǎo yìdiǎnr.
6. Jīntiān chūqu lǚxíng, wǒmen děi chībǎo yìdiǎnr.
7. Zhème rè, qǐng nǐ bǎ chuānghu kāidà diǎnr.
8. Nǐ zuò de cài dōu tài dàn le, xià cì néng bu néng qǐng nǐ zuòxián yìdiǎnr.
9. Yí ge yuè bú gòu, wǒ xīwàng néng zài Zhōngguó zhùjiǔ yìdiǎnr.
10. Qǐng nǐ bǎ zhèi ge dōngxi fànggāo diǎnr, zhǎo ge háizi nábudào de dìfang.

(b) Adverbials: SV yìdiǎnr V (SVs being kuài, màn, zǎo, wǎn)

1. Yào xià yǔ le, kuài diǎnr pǎo ba! (a. mǎshàng kāishǐ pǎo b. = pǎokuài diǎnr ba)
2. Nǐ màn diǎnr gěi qián, xiān kànkan dōngxi hǎo bù hǎo.
3. Miàn yǐjing lěng le, kuài diǎnr chī ba. (a. mǎshàng kāishǐ chī b.=chīkuài diǎnr ba)
4. Kuài diǎnr chūqu kànkan shéi lái le.
5. Míngtiān qǐng nǐ zǎo yìdiǎnr lái. (=láizǎo yìdiǎnr)
6. Wǒ děi xiān qù yīyuàn kàn ge péngyou, wǎn yí kè zhōng dào, xíng bu xíng?
7. Zǎo diǎnr kāishǐ kěyǐ zǎo diǎnr zuòwán.
8. Zhào tā de shuōfǎ, háishi wǎn diǎnr jié-hūn hǎo. (=jié-hūn wǎn diǎnr hǎo)

(c) SV V yìdiǎnr/NU-M N (SVs: duō, shǎo, zǎo, wǎn)

1. Méi shénme hǎo cài, kěshi qǐng nín duō chī diǎnr.
2. Sì kuài qián shì shǎo yìdiǎnr, duō gěi tā yí kuài ba.
3. Nǐ hái yǒu nàme duō shì méi zuòwán ne, shǎo kàn diǎnr diànshì ba.
4. Wǒ zhīdao nǐ yǒu-dàoli, búguò háishi qǐng nǐ shǎo shuō liǎng jù.
5. Dàifu shuō wǒ yīnggāi duō chī diǎnr sùcài, shǎo chī diǎnr ròu.
6. Wǒ tài pàng le, kāfēi-li děi shǎo fàng diǎnr táng. (or: shǎo fàng yí kuài táng)

7. Wǒ jìng nǐ, duō hē diǎnr a! Nǐ kàn, wǒ yǐjing gān-le sān bēi le, nǐ háishi nà yì bēi.
8. Jīntiān de niúròu wǒ duō chǎo-le liǎng fēn zhōng, bú gòu nèn le.
9. Míngtiān qǐng nǐmen zǎo lái wǔ fēn zhōng, kěyǐ ma?
10. Wǒmen de chē wǎn dào-le yí kè zhōng.

8 Correlative clauses

Patterns: a. *yuè . . . yuè . . .*
Tā yuè shuō yuè kuài; yuè kuài wǒ yuè tīngbudǒng.
b. *yuè lai yuè . . .*
Tā yuè lai yuè hútu le.
c. *Búlùn* QW *yě/dōu/háishi . . .*
Búlùn duō lěng tā dōu bù mǎi dàyī.

1. Zhōngwén yuè xué yuè yǒu-yìsi, yuè yǒu-yìsi wǒ jiu yuè xiǎng xué.
2. Diǎn cài zhēn bù róngyì, zhèi ge càidān wǒ yuè kàn yuè hútu.
3. Qián shi yuè duō yuè hǎo, gōngzuò shi yuè shǎo yuè hǎo.
4. Xīnshǒu dōu yíyàng, yuè pà gǎocuò, yuè róngyì cuò.
5. Fángzi yuè zhù yuè xiǎo, qìchē yuè zuò yuè dà.
6. Dōngxi yuè lai yuè guì, gōngzuò yuè lai yuè nán zhǎo.
7. Diànnǎo yuè lai yuè jìnbù, rén de nǎozi yě jiu yuè lai yuè méi-yòng.
8. Fēng yuè lai yuè dà, jiē-shang de rén yě yuè lai yuè shǎo, wǒ xīn-li yě jiu yuè lai yuè zháojí.
9. Hē kāfēi de rén yuè lai yuè duō, hē chá de rén yuè lai yuè shǎo.
10. Búlùn nǐ duō máng, jīntiān yě děi bǎ zhèi jiàn gōngshì bànwán.
11. Búlùn nǐ gěi tā duōshao qián, tā yě bú gàn zhèi zhǒng shì.
12. Búlùn tā shuō de duō hǎo-tīng, wǒ háishi bù xiǎng gēn tā qù.
13. Búlùn nǐ xǐ bu xǐhuan, dōu děi zhào tā de fázi bàn shì.
14. Búlùn nǐ shi shéi, wǎnshang shí diǎn yǐhòu wǒ shi bú jiàn kèren de.
15. Búlùn huàn shénme rén lai jiāo tā, tā yě xuébuhǎo.

9 Causative verbs

1. Kèren dōu dào le, kěyǐ shàng cài le.
2. Jīntiān guǎnzi rén duō, shàng cài shàng de zhēn màn.
3. Zhōngguó nánfāng chū mǐ, suǒyǐ nánfāng rén dōu chī mǐfàn.
4. Tā xīwàng měi nián néng chū yì běn shū.
5. Shuō-huà de rén hěn duō, kěshi chū qián de rén hěn shǎo.
6. Gěi wǒmen lái sìshí ge guōtiēr, yí dà wǎn suānlàtāng.
7. Máfan nǐ, zài lái diǎnr chá!
8. Zhème duō rén, wǒ děi xià duōshao jīn miàn a? (*xià miàn*, 'cook (lit. 'lower') noodles')

VII EXERCISES

1 Answer these questions on the basis of the Presentation and Dialogue:

1. Zhōngguó cài wèishenme néng shìjiè wénmíng?
2. Zhōngguó cài zài Yīngguó shòu bu shòu huānyíng?
3. Lǎo Huáng de sīxiǎng hé kànfǎ hái gēn Zhōngguó rén yíyàng ma? Tā chīdelái xīcān ma?
4. Lǎo Huáng niúròu chǎo de zěnmeyàng? Dòufu shāo de zěnmeyàng?
5. Tā wèishenme yào xiě shípǔ? Nèi běn shípǔ tā huā-le duōshao shíjiān cái xiěwán? Mǎi de rén duō ma?
6. Nèi tiān lǎo Huáng qǐng péngyou shàng guǎnzi, tā shì bu shi zhào càidān diǎn de cài?
7. Nèi jiā fànguǎnr de náshǒu cài dōu shi shénme, nǐ hái jìde ma?
8. Lǎo Huáng qǐng de nèi jǐ wèi péngyou kuàizi yòng de zěnmeyàng?
9. Zhōngguó rén jìng jiǔ de shíhou cháng shuō shénme?
10. Lǎo Huáng juéde nèi jiā guǎnzi de cài méi yǒu yǐqián hǎo le, nǐ zhīdao wèishenme ma?

2 Rewrite these sentences using the *bǎ* construction:

e.g. Shéi chī-le wǒde diǎnxin? → Shéi bǎ wǒde diǎnxin chī-le?

1. Shéi hē-le wǒde niúnǎi?
2. Qǐng nǐ hǎohāorde kànkan zhèi běn shū.

3. Nèi běn shū nǐ fàngzai nǎr le?
4. Mǎi jiàngyóu de shì nǐ bié wàng-le!
5. Qǐng nǐ jiǎndānde jiěshì jiěshi zhèi ge wèntí.
6. Nǐ bú yào de nèi xiē dōngxi wǒ dōu sònggei tā le.
7. Zhè xiē wǎn-kuài qǐng nǐ nádao chúfáng qu ba.
   (wǎn-kuài, 'bowls and chopsticks')
8. Wǒmen zhǐ děng-le èrshi fēn zhōng, tā hěn kuài jiu yùbèihǎo-le fàncài.
9. Dōngxi tā názǒu le, kěshi qián hái méi nálai ne.
10. Tài lěng le, qǐng nǐ guānshang chuānghù hǎo ma?

3 Answers these questions using the A *méi yǒu* B (*nàme/zhème*) SV/MV+V pattern:

e.g. Tā bǐ wǒ gāo ma?→Tā méi yǒu nǐ zhème gāo.

1. Nǐ bǐ tā yònggōng ma?
2. Tā bǐ wǒ hē de duō ma?
3. Lǎo Huáng bǐ lǎo Lǐ huì zuò-cài ma?
4. Tā shuō de bǐ lǎo Zhāng liúlì ma?
5. Xiǎo Gāo bǐ tā jiějie ài chū fēngtou ma?
6. Zuótiān gēn jīntiān yíyàng lěng ma?
7. Báiqiējī gēn hóngshāoròu yíyàng hǎo-chī ma?
8. Nǐ gēn lǎo Wáng yíyàng xǐhuan chī chǎomiàn ma?
   (chǎomiàn, 'chow mien')
9. Nǐ zì xiě de gēn tā yíyàng piàoliang ma?
10. Tā duì huà-huàr gēn xiě-zì yíyàng yǒu xìngqu ma?

4 What would you say? Use V SV *yìdiǎnr*, SV V *yìdiǎnr* (NU-M) or SV *yìdiǎnr* (NU-M) V in your sentences:

e.g. Nǐ gēn nǐ péngyou yíkuàir zài lù-shang zǒu, tā zǒu de tài màn le, nǐ gēn tā shuō shénme?
   → Wǒ shuō, 'Qǐng nǐ zǒukuài yìdiǎnr'.

1. Nǐ péngyou bǎ chuānghu kāi de tài dà le, nǐ juéde yǒu diǎnr lěng, nǐ gēn tā shuō shénme?
2. Nǐ àiren zuò-cài zǒngshi zuò de tài xián le, nǐ gēn tā shuō shénme?
3. Nǐ péngyou zuò guōtiēr zuò de tài xiǎo le, nǐ gēn tā shuō shénme?

4. Nǐ de xuésheng xiě zì xiě de tài nán-kàn le, nǐ gēn tā shuō shénme?
5. Nǐ qǐng péngyou chī-fàn, tā chī de tài shǎo le, nǐ gēn tā shuō shénme?
6. Nǐ de xuésheng tiāntiān hěn wǎn cái lái, nǐ gēn tā shuō shénme?
7. Nǐ péngyou shuō wǎnshang qī diǎn bàn qù kàn nǐ, nǐ xīwàng tā qī diǎn sān kè dào, nǐ gēn tā shuō shénme?
8. Nǐ péngyou yīnggāi gěi nǐ shí kuài qián, kěshi tā zhǐ gěi-le nǐ jiǔ zhāng yí-kuài de, tā wèn nǐ qián duì bu duì, nǐ shuō shénme?
9. Nǐ de háizi chī yú chī de tài kuài, nǐ gēn tā shuō shénme?
10. Nǐ péngyou kàn-shū kàn de tài duō le, yǎnjing chángcháng bù shūfu, nǐ gēn tā shuō shénme?

5 Make sentences with:

1. yī . . . jiù . . .
2. lián . . . yě/dōu . . .
3. yìbiānr . . . yìbiānr . . .
4. chúle . . . yǐwài . . .
5. yòu . . . yòu . . .
6. búlùn . . . yě/dōu/háishi . . .
7. yuè . . . yuè . . .
8. yuè lai yuè . . .

6 Translate into Chinese:

1. My Chinese is not as good as she says, so will you speak a little slower?
2. She doesn't listen to music as much as I do.
3. I am not as keen on going abroad as you are.
4. She likes to talk just as much as you do.
5. They have moved the television set into the kitchen.
6. Please take this letter back to Mr Wang and ask him to phrase it more clearly.
7. Where did you put my coat? I couldn't find it anywhere.
8a. He walks very slowly.
  b. He walked to the door very slowly.
9. How stupid of me, I got all your names wrong!

10. If you're going to do this job, do it properly — otherwise I won't pay you a penny.
11. How do you find his new book? The more I read it the more confused I become.
12. Eating in a Chinese restaurant is getting more and more expensive.
13. Why don't you practise writing characters more? The more I write the worse they get.
14. No matter what he says, it makes no difference to me.
15. There isn't much time left, we must finish this lesson quickly.
16. You were half an hour late this morning; will you please come earlier tomorrow.
17. This 'sweet and sour fish' isn't at all bad; do have some more.
18. I'm sorry I mistook you for your younger brother.

LESSON SIXTEEN

■ I PRESENTATION

Zhè shi yì jiān xiāngdāng dà
de bàngōngshì.

This is a fairly big office.

Yí jìn mén zuǒbianr fàngzhe
yí tào shāfā, yòubianr lìzhe yì
pái shūjià, sì miàn qiáng-shang
guàzhe hǎo jǐ fú Zhōngguó
shānshuǐ.

As you go in the door (you
see) on the left is placed a
three-piece suite, on the right
there stands a row of
bookshelves, on all four walls
there hang quite a few
Chinese landscapes.

Lí chuānghu bù yuǎn yǒu yì
zhāng bàngōngzhuō,
shàngtou chúle liǎng ge yánsè
bù-tóng de diànhuà yǐwài,
zhǐ bǎizhe yí ge lǜsè de
dà yānhuīgāng.

Not far from the window
there is a desk;
on top of it, apart from two
different coloured telephones,
there is only placed a green
big ashtray.

Zhuōzi hòutou zuòzhe yí wèi
tóufa huībái, dàizhe yǎnjìngr,
chuānzhe xīfú de zhōngnián
rén, tā jiùshi zhèi jiā huáqiáo
màoyì gōngsī de Qián
zǒngjīnglǐ.

Behind the desk sits a
middle-aged man with grey
hair, wearing glasses, and a
Western suit; he is general-
manager Qian of this
overseas Chinese trading
company.

Zhè shíhou tā yìbiānr
chōuzhe yān, yìbiānr kànzhe
duìmian qiáng-shang de yuèlì,
bù zhīdào tā shi zài suàn rìzi,
háishi zài kàn yuèlì-shang de
nèi fú Wànlǐ Chángchéng.

At this time he is smoking
and looking at the calendar
on the wall opposite;
one can't tell if he is
reckoning the days or looking
at the painting of the Great
Wall on the calendar.

Chuāng-wài zhèng xiàzhe
máomáoyǔ, tiān jiànjiànde
hēixialai le. Qián zǒngjīnglǐ
chōuwán yān, zhànqilai bǎ
dēng kāikai yǐhòu, jiu dīzhe
tóu zài wūzi-li láihuí-láiqùde
zǒuqilai le.

Outside the window it is
drizzling, and the sky is
gradually getting dark.
General manager Qian, after
he has finished his cigarette,
stood up and turned the
lights on, with bowed head
starts walking up and down in
the room.

Kěshi měigé liǎng-sān fēn
zhōng, tā de yǎnjing jiu yào
kànkan zhuōr-shang de
diànhuà: duì-le, tā zhèngzài
děng yí ge fēicháng yàojǐn de
diànhuà.

But every two or three
minutes his eyes will look at
the telephone on the desk:
that's right, he is waiting for
an extremely important
phone call.

Zìcóng gōngsī de xiǎo Wàn
qù Zhōngguó yǐhòu, tā
tiāntian dōu zài zháojí, bù
zhīdào zhèi wèi píngcháng ài
wánr de niánqīng rén
dānqiāng-pǐmǎ néng bu néng
bǎ shìqing bànhǎo.

Ever since young Wan from
the company went to China,
he has been anxious every
day, wondering if this young
man who normally likes to
enjoy himself could
singlehandedly bring off the
deal.

Zuótiān jiēdao tā de diànbào
shuō yì-liǎng tiān jiu huì dǎ
diànhuà huílai, bàogào yíqiè.

Yesterday he had received his
telegram saying he would
phone back in one or two
days to make a full report.

Suǒyǐ jīntiān cóng zǎochen qǐ
Qián zǒngjīnglǐ jiu yìzhí zài
jǐnzhāngde děngzhe . . .

So today beginning in the
morning general manager
Qian has been (throughout)
waiting tensely . . .

Hūrán diànhuàlíng xiǎng le,
tā gǎnjǐn pǎoguoqu jiē,
guǒrán shi xiǎo Wàn lái de
chángtú diànhuà.

Suddenly the telephone bell
rings, he hurries over to take
(the call), indeed it is the
long-distance call from Wan.

Xiàn jiētōng-le yǐhòu:

After the line is connected:

■ II DIALOGUE

Wan: Wéi! Zǒngjīnglǐ ma? Wǒ shi Wàn Tōng a!

Hello, is that the general manager? This is Wan Tong!

Qian: Wéi! Xiǎo Wàn ma? Wǒ zhèngzài děng nǐ de diànhuà ne! Běijīng zěnmeyàng a?

Hello, is that Wan? I was just waiting for your call! What are things like in Peking?

Wan: Lěng de bùdéliǎo, xiànzài zhèngzài xià dà xuě ne. Língxià shí'èr dù!

Hellishly cold, it's snowing heavily right now. Twelve degrees below zero!

Qian: Yíqiè dōu méi wèntí ba?

Everything going smoothly, I take it?

Wan: Méi wèntí! Lěng shi lěng, fēngjǐng kěshi zhēn piàoliang. Gùgōng, Běihǎi lí wǒ zhù de lǚguǎn dōu bù yuǎn, wǒ yǐjing qù-guo hǎo jǐ cì le, zhēn shi bú dào Běijīng bù zhīdào Zhōngguó de wěidà!

Everything's fine! It may be cold, but the sights are really splendid. The Palace Museum and Beihai Park are both quite near my hotel; I've already been there a good few times. It's really true, if you haven't been to Peking you don't realize China's greatness!

Qian: Wǒ shi wèn nǐ gōngsī de shìqing yǒu mei yǒu wèntí, nǐ zěnme tánqi fēngjǐng lai le?

I was asking you if the company's business was going smoothly or not, what do you want to start talking about the sights for?

Wan: Ò! Gōngsī de shìqing a? Hái zài jìnxíng ne. Gè fāngmiàn dōu liánxì de chàbuduō le, yǒu-guān dānwèi dōu hěn bāngmáng, kànqilai shi bú huì yǒu shénme wèntí de.

Oh! You mean the company's business? It's still in progress. I've just about finished contacting all the parties, and the relevant units have all been very helpful; by the look of it there won't be any problems.

Qian: Nà jiu hǎo! Wèi, xiǎo
Wàn, zài Běijīng shèlì
bànshìchù de shì yǒu
xīwàng ma?

Wan: Yǒu shi yǒu, búguò
xiànzài Běijīng fángzi
xiāngdāng jǐnzhāng,
zhǎoqilai hěn bù róngyì,
kǒngpà hái děi duō děng
xiē shíhou.

Qian: Kěshi yìzhí děngxiaqu yě
bú shi bànfǎ a! Wèi, nǐ
dǎsuàn shénme shíhou qù
Shànghǎi?

Wan: Wǒ zhèngzài bàn shǒuxù
ne, zhèr de shì yì wán,
mǎshàng jiu fēi Shànghǎi.
Ō, duì-le, zǒngjīnglǐ, yǒu
yí jiàn shì děi qǐng nín
bāng-máng.

Qian: Shénme shì a? Nǐ shuō ba!

Wan: Wǒ de lǚfèi chàbuduō
kuài yòngwán le, gōngsī
néng bu néng xiān jiègei
wǒ wǔbǎi bàng?

Qian: Wéi, nǐ shuō shénme? Wǒ
tīngbuqīngchu a!

Wan: Wǒ shuō wǒ de lǚfèi
kuài yòngwán le, xiǎng
gēn gōngsī jiè wǔbǎi bàng.

That's all right then! I say,
Wan, about us setting up
an office in Peking, is
there a prospect?
There is, but
accommodation in Peking
is pretty tight at present,
it's very hard to find. I'm
afraid we'll have to wait
some time yet.
But to go on waiting for
ever isn't the answer! Hey,
when are you planning to
go to Shanghai?
I'm just arranging the
formalities; once the
business here is finished
I'll fly to Shanghai straight
away. Oh, that's right,
general manager, there's
one thing I have to ask
you to help me with.
What thing? Go ahead!
My travel expenses are
about used up, can the
company let me have an
advance of five hundred
pounds?
Hello, what did you say? I
couldn't catch it!
I said my travel expenses
were nearly used up, I
wanted to borrow five
hundred pounds from the
company.

Qian: Wéi, wéi, nǐ shuō shénme? Wǒ yí jù dōu tīngbuqīngchu, dàgài shi xiàn chū máobìng le. Xiǎo Wàn, xià cì zài tán ba!	Hello, hello, what did you say? I can't make out a word, probably it's the line that's developed a fault. We'll talk about it next time, Wan!

III SKETCHES

1

A: Wéi, Jǐngshān Gōngsī ma?	Hello, is that the Jingshan Company?
B: Zhǎo shéi a?	Who do you want?
A: Xiǎo Huáng zài ma?	Is young Huang there?
B: Wǒ jiù shì, nǐ něi wèi?	Speaking; who is that?
A: Tīngbuchūlai a? Nǐ cāicai ba!	You can't tell? Have a guess!
B: Ě, wǒ zhèng mángzhe ne, méi gōngfu gēn nǐ cāizhe wánr, zhǎo wǒ yǒu shénme shì ma?	I say, I'm just in the middle of something, I haven't time to play guessing games with you. Was there something you wanted me for?
A: Méi shì jiu bù néng zhǎo nǐ le? Hǎo, gēn nǐ shuō ba. Wǒ shàngwǔ pái le bàntiān duì cái gǎodào liǎng zhāng piào, míngtiān wǎnshang xiǎng bu xiǎng kàn diànyǐngr?	Can't I get on to you unless there's something on? All right, I'll tell you. I queued for ages this morning before I got hold of a couple of tickets: do you feel like seeing a film tomorrow evening?
B: Hǎo a, wǒ míngtiān wǎnshang zhèng hǎo méi shìr, zài nǎr a?	OK, I've nothing on tomorrow evening as it happens; where is it?
A: Jiù zài lí wǒmen chǎng bù yuǎn de nèi ge diànyǐngyuàn. Qī diǎn zhōng lǎo dìfang jiàn ba.	Just at that cinema not far from our factory. I'll see you at seven o'clock at the usual place.

B: Wèi wèi, děng-yi-děng, wǒ hái méi gǎoqīngchu nǐ shi shéi ne.

Hey, wait a minute, I still haven't figured out who you are.

A: Shénme? Nǐ zhēn bù zhīdào wǒ shi shéi a? Xiǎo Huáng, nǐ zài xiǎngxiang, shàng xīngqītiān. . .

What? You really don't know who I am? Have another think, young Huang: last Sunday. . . .

B: Xiǎo Huáng? Wǒ bú shi xiǎo Huáng, wǒ xìng Wáng, wǒmen zhèr lián bàn ge xìng Huáng de dōu méi yǒu.

Young Huang? I'm not Huang, my name is Wang. We haven't even a trace (lit: half) of anybody called Huang here.

A: Nǐmen bú shi Jīngshān Gōngsī ma?

Aren't you the Jingshan Company?

B: Bú shi, wǒmen zhèr shi Qīngshān Gōngsī, nǐ dǎcuò le!

No, we're the Qingshan Company here, you got the wrong number!

A: Dǎcuò le?! Nà . . . nǐ wèishenme yào jiē ne?

Got the wrong number? Then. . . what did you want to answer for?

2

Lí xiànzài yǐjing yǒu liǎng qiān duō nián le, yǒu yì tiān zài Zhōngguó běifāng lí hǎibiānr bù yuǎn de yì tiáo lùshang, yǒu rén tīngjiàn liǎng ge xiǎoháir zhèngzài tán yǒuguān tàiyáng de wèntí:

Over 2,000 years ago, one day on a road not far from the seashore in the north of China, someone heard two children discussing a question concerning the sun:

A: É, wǒ hūrán xiǎngqi yí ge wèntí lai: nǐ shuō tàiyáng shénme shíhou lí wǒmen zuì jìn?

Hey, I've suddenly thought of a question: when would you say the sun is nearest to us?

B: Dāngrán zǎochen lí wǒmen zuì jìn.

It's nearest to us in the morning of course.

A: Wèishenme ne?

Why is that, then?

B: Nǐ kàn zǎochen tàiyáng gāng chūlai de shíhou duōme dà, mànmānrde yuè lai yuè xiǎo, dào-le zhōngwǔ zhǐ yǒu pánzi nàme dà le. Dōngxi lí wǒmen yuè yuǎn, kànqilai jiu yuè xiǎo, zhè bú shi hěn jiǎndān ma?

Look how big the sun is when it's just come out in the morning, then it gets gradually smaller and smaller, until at noon it's only as big as a plate. The further things are from us, the smaller they are to look at; isn't this a very simple matter?

A: Wǒ kàn bù wánquán duì ba.

As I see it that's not altogether right.

B: Wèishenme ne?

Why is that, then?

A: Nǐ kàn zǎochen tàiyáng chūlai de shíhou, wǒmen yìdiǎnr yě bù juéde rè, kěshi dào-le zhōngwǔ jiu rèqilai le. Píngcháng bú shi lí huǒ yuè jìn yuè juéde rè ma? Suǒyǐ wǒ shuō wǒmen zhōngwǔ lí tàiyáng zuì jìn!

You see, when the sun is just out in the morning, we don't feel in the least hot, but by noon it has got hot. Isn't it usually the case that the nearer the fire the hotter we feel? Therefore I say we are nearest the sun at noon!

IV VOCABULARY

jiān (M)	for rooms
bàngōngshì (N)	office
-zhe (V suffix)	(durative suffix)[n.1]
tào (M)	set, suit, suite
shāfā (N)	sofa; easy chair
lì (V)	stand; set up, establish
pái (M)	a row of
(V)	form a row
shūjià (N)	bookshelf
miàn (N)	face, surface, side
(M)	for walls
qiáng (N)	wall
guà (V)	hang
hǎo jǐ (A-NU)	a good few —
shānshuǐ(huàr) (N)	landscape (paintings)

lí (CV)	separated from
yuǎn (SV)	far, distant
bàngōngzhuō (N)	(office) desk
yánsè (N)	colour
diànhuà (N)	telephone
bǎi (V)	place, lay out, display
lǜ(sè) (SV)	green (coloured)
yānhuīgāng (N)	ashtray
tóufa (N)	hair (on head)
huībái (SV)	grey-white
yǎnjìngr (N)	spectacles
chuān (V)	wear, put on (of garments)
xīfú (N)	Western clothes; suit
zhōngnián rén (N)	middle-aged person
màoyì (N)	trade
zǒngjīnglǐ (N)	general manager
zǒng (AT)	general, chief, head; overall
duìmian (PW)	opposite
yuèlì (N)	monthly calendar
zài (CV)	engaged in, in the process of
suàn rìzi (VO)	reckon up the days; work out what day it is
rìzi (N)	day, date, special day
Wànlǐ Chángchéng (PW)	The Great Wall
lǐ (M)	1 *lǐ*=½ km (*gōnglǐ*, 'km'; *yīnglǐ*, 'mile')
zhèng (A)	just then, just at that point
máomáoyǔ (N)	drizzle
jiànjiàn(de) (A)	gradually
hēi (SV)	black, dark
-xialai (V/SV comp)	down, to a halt, increasingly, etc.
dī (SV)	low
(V)	droop
wūzi (N)	room
láihuí làiqù(de) (A)	backwards and forwards
-qilai (V/SV comp)	begin, come to, etc.
měigé (CV)	at intervals of; every (so often)
gé (V)	isolate, separate, cut off

zhèngzài (A)	just — ing
yàojǐn (SV)	important, urgent
zìcóng (CV)	ever since
niánqīng rén (N)	young person
dānqiāng-pǐmǎ (set phrase)	'single spear one horse': singlehanded
qiāng (N)	spear; gun
diànbào (N)	telegram
huì (MV)	would, be sure to; be likely to
bàogào (V/N)	report
yíqiè (N)	everything; all, every
cóng . . . qǐ	starting from . . .
jǐnzhāng (SV)	tense, tight, nervous; in short supply
líng (N)	bell (small)
xiǎng (V)	sound
(SV)	loud
gǎnjǐn (A)	hurriedly
chángtú (AT)	long-distance
xiàn (N)	line, wire, thread
jiētōng (V)	connect, put through
wéi/wèi (I)	hello! hey!
xuě (N)	snow
xià-xuě (V-O)	to snow
língxià (PW)	below zero
dù (M)	degree
Gùgōng (PW)	(former palace) Palace Museum
lǚguǎn (N)	hotel
wěidà (SV)	great, imposing, mighty
jìnxíng (V)	go on, be under way; carry on, carry out
fāngmiàn (N)	aspect, respect, side, quarter
liánxì (V/N)	get in contact with; contact, link
yǒu-guān (SV)	relevant, (the one) concerned
bāng-máng (V-O)	help
shèlì (V)	set up, establish
bànshìchù (N)	bureau
-xiaqu (V/SV comp)	continue, carry on
shǒuxù (N)	procedures, formalities
lǚfèi (N)	travel expenses

bàng (M)	pound (sterling)
máobìng (N)	fault, defect, shortcomings
bìng (N)	illness
chū máobìng (VO)	develop a fault
pái-duì (V-O)	line up, queue up
diànyǐngyuàn (PW)	cinema
pánzi (N)	plate, tray

V GRAMMAR

1 Duration and progression (Speech Patterns 1, 2)

The suffix -*zhe* is attached to verbs to show that the action is prolonged. By their nature, verbs denoting activities that necessarily last for some time are likely to attract -*zhe* – like those for sitting, standing, waiting, and other relatively static (or sedentary) occupations. Descriptions of scenes also frequently employ -*zhe* to tell what is going on, particularly when several things are going on simultaneously. On the whole such uses are extra touches, and are not required grammatically. -*zhe* is however obligatory as an indicator of a settled state brought about by the action of the verb, as in *mén guānzhe*, 'the door is closed' and *qiáng-shang guàzhe yì fú huàr*, 'on the wall hangs a picture'. In these cases neither the door nor the painting can originate the action, but there is a settled state aspect to motivated action too: *Shāfā-shang zuòzhe liǎng ge rén . . .*, 'On the sofa *were seated* two people. . . .' (as opposed to *Tāmen zài shāfa-shang zuòzhe ne*, 'They are sitting on the sofa'). -*zhe* is also a necessary adjunct to a verb denoting an action that continues while another action is performed, such as *zhànzhe tán-huà*, 'converse while standing', or a state attending an action, such as *mángzhe bàn shǒuxù*, 'in a state of being busy (i.e. busily) attend to formalities'; it can be seen that the effect is to form adverbial constructions.

The suffix -*zhe* cannot intrude between a stem verb and its complement, hence one cannot say, e.g. **Tāmen zuòzhe zài shāfā-shang*.

Typically (some exceptions are noted above) -*zhe* verbs occur in the context of interaction of interdependence, not in isolation. They do not in themselves stand for progression – where an action is described as currently in progress. That is indicated by the sentence particle *ne*, which in this use is opposite in feeling to *le*, showing that the action has not been completed; or, more emphatically, by *zài*, 'engaged in, occupied in, in the process of' – similar to the archaic or rustic English prefix 'a–', as in 'I was a-thinking'. An alternative to *zài* is *zhèng*, 'just now, just then'. The two may be combined as *zhèngzài*, 'just in the process/middle of'. However, since progression implies duration, *-zhe* is compatible with these progressive markers.

To illustrate the generally subordinative function of *-zhe*, *Wàitou xiàzhe xuě* would be felt to be unfinished, unless it were linked with a consideration like *kěshi yìdiǎnr yě bù lěng*, 'It is snowing outside, but it isn't in the least cold'. To be valid as an independent observation on what is currently happening ('It is snowing outside.') it would have to be phrased *Wàitou xiàzhe xuě ne*, or *Wàitou (zhèng)zài xià(zhe) xuě (ne)*.

A less certain marker for the progressive aspect is *zài nàr* (lit. 'there'). In the appropriate context this less genuinely indicates where people are at than they are simply 'at' something.

-zhe may act specifically as an imperative suffix, though not for verbs that have no measurable duration. For instance, *Bié lǎo zuòzhe!*, 'Don't sit there all the time!'

The negative of the aspects of both duration and progression is formed with *méi(you)*, e.g. *tā dàizhe yǎnjìngr* – *tā méi dàizhe yǎnjìngr; tā zài kàn bào* – *tā méi zài kàn bào*.

2 Proximity and remoteness (Speech Patterns 3)

In framing statements about distance from a given point, the key word is the coverb *lí*, 'separated from, removed from'. The basic formula is simple:

A *lí* B + distance (figures in *lǐ* 'miles' are often followed by *lù* 'road, distance')

e.g. *Huǒchēzhàn lí zhèr hěn jìn*, 'The station is very near here'; *Huǒchēzhàn lí zhèr (yǒu) yì lǐ lù*, 'The station is one mile from here'. If a figure is put on the distance *yǒu*, 'there is' may 'announce' it, but is not required unless an adverb is present, e.g. *lí zhèr zhǐ yǒu yì lǐ lù*. Further embellishments, all of which we have similarly met before, are illustrated in Speech Patterns 3.

Distance in time as well as space is expressed by means of *lí*.

3 Extended use of directional complements (Speech Patterns 4)

So far we have met directional complements only in their physical sense. But many have abstract or figurative uses as well. Here we note some of the commonest ones:

–qilai	1. 'start to', e.g. *chàngqilai*, 'start to sing'
	2. (with SVs) 'become', e.g. *rèqilai*, 'become hot'
	3. 'put into operation' or 'become effective', e.g. *bànqilai*, 'put on, set up'; *xiǎngqilai*, 'recall'
	4. 'when one comes to', e.g. *shuōqilai*, 'come to mention it'
	5. forming a verbal topic, e.g. *zhǎoqilai hěn bù róngyì*, 'finding (it) is very hard'
–xiaqu	'continue, carry on', e.g. *kànxiaqu*, 'carry on reading'
–xialai	1. 'down' (i.e. progressively), e.g. *mànxialai*, 'slow down'
	2. 'to a halt', e.g. *tíngxialai*, 'come to a stop'
	3. 'over' (to oneself), e.g. *jiēxialai*, 'take over'
–chulai	1. 'detect', 'make out', e.g. *tīngchulai*, 'make out (by listening')'
	2. 'produce', e.g. *xiǎngchulai*, 'think up'

4 Making concessions (Speech Patterns 5)

In Lesson 6 we saw that *shì* can be used to mean 'granted that', if given stress: *shōuyīnjī shì hěn guì*, 'radios are, granted, very dear'. A similar effect is achieved by repeating the formula you concede: *shōuyīnjī guì shi guì*: this interprets as 'as to radios being dear, they are dear'. In the process *shì* is relieved of stress. Naturally, a 'but' clause usually follows. The 'repeat' can be elaborated, e.g. *qù shi qù-guo*, 'as to going, I have been', and so on.

5 The modal verb 'huì' (Speech Patterns 6)

Huì, the modal verb that stands for learned ability, also expresses confident predictions. It enables one to state that something will, would or could happen in the sense that one judges it to be 'on the cards': *Bú huì yǒu shénme wèntí*, 'There won't be any problem'.

VI SPEECH PATTERNS

1 The progressive aspect

(a) Sentence particle ne

1. Tā zài wūzi-li gànmá ne?   Dǎ diànhuà ne.
2. Nǐ dìdi ne?   Zài lóu-shang shuì-jiào ne.
3. Tāmen liǎ zuò shénme ne?   Kàn xiǎoshuō ne.
4. Lǎo Lǐ zěnme hái méi lái?   Tā zài jiē-shang mǎi dōngxi ne.

(b) Zhèng . . . (ne)

1. Wǒmen zhèng shuō tā ne, tā jiù lái le.
2. Tāmen zhèng chī-fàn ne, wǒmen zài wàitou děng yìhuǐr ba.
3. Wǒ jìn mén de shíhou, qiáng-shang de zhōng zhèng dǎ shí'èr diǎn ne.
4. Yǔ zhèng dà ne, chī-le fàn zài zǒu ba.
5. Jīntiān zǎochen wǒ zhèng zǒuguò wénhuàgōng ménkǒu de shíhou, tīngjiàn hòutou yǒu rén jiào wo . . .
   (*wénhuàgōng*, 'culture palace', a kind of recreation centre)
6. Wǒ zhèng jí de bù zhīdào zěnme bàn de shíhou, diànhuàlíng xiǎng le.
7. Lǎo Lǐ ne?   Kuài qù, kuài qù, tā zhèng zài bàngōngshì děng nǐ ne!
8. Nèi xiē xuésheng zhèng zài nàr tán tiān shuō dì ne! ('talk of heaven, speak of earth' – have a good old chin-wag)

(c) Zài . . . (ne)

1. Zuìjìn hěn duō rén dōu zài tán niánqīng rén chōu-yān de wèntí.
2. Wǒ zài gēn nǐ shuō-huà, nǐ tīngjiàn le méiyou?   Shénme? Nǐ shuō shénme?

3. Tā zhè xiē nián yìzhí zài yánjiū wèishenme chī Zhōngguó cài bù róngyì pàng.
4. Fēng zài chuī, yǔ zài xià, wǒ shénme shíhou cái néng huí jiā?
5. Wǒ gāngcái hái zài shuō bú yào hóng de, nǐ zěnme yòu gěi-le wǒ yí ge hóng de?
6. Nǐ zài máng shénme? Wǒ tiāntian dōu zài zuò bàogào, yí ge wán le, yòu lái yí ge.
7. Tā měi tiān dōu zài wèi sān dùn fàn zháojí, zǒngshi zài dǎsuàn zěnme gēn rén jiè qián.
8. Tā méi(you) zài xuéxí, tā zài kàn diànshì ne.
9. Tā bú shi zài xiě-zì, shi zài huà-huàr.

(d) Zhèngzài . . . (ne)

1. Wǒmen jìn bàngōngshì de shíhou, tā zhèngzài dǎ diànhuà ne.
2. Qù Zhōngguó jiāo-shū de shì yǒu xīwàng ma? Zhèngzài jìnxíng ne.
3. Nǐ zhèngzài gànmá ne? Néng bu néng lái bāngbang máng? Wǒ zhèngzài xiě yì fēng hěn yàojǐn de xìn, xiěwán-le jiu lái.
4. Wéi, zǒngjī ('exchange'), jiētōng le méiyou? Nín bié zháojí, zhèngzài gěi nín jiē ne.
5. Zhè liǎng tiān tā zěnme zhème yònggōng? Tā zhèngzài yùbèi kǎoshì ne.
6. Tā shì bu shi zhèngzài bàn-gōng ne? Méiyou, tā zhèngzài gēn péngyou dǎ pái ne.
7. Nǐ zhèngzài máng ma? Méiyou, zhèngzài xiūxi ne.
8. Wǒ jìnlai de shíhou nǐ zhèngzài gēn shéi shuō-huà? Wǒ méi gēn shéi shuō-huà, wǒ zhèngzài liànxí dìshíliù kè de duìhuà ne. (*duìhuà*, 'dialogue')

2 The continuous aspect

(a) Main verb with -zhe

1. Lǎo Wáng gànmá ne? Tā zài shāfā-shang zuòzhe ne.
2. Tā shǒu-shang názhe shénme ne? Wǒ yě kànbuqīngchu, hǎoxiàng shi yì bǎ shǒuqiāng. (*shǒuqiāng*, 'hand gun')
3. Yào bu yào wǒ gēn nǐ yíkuàir jìnqu? Bú bì le, nǐ jiu zài zhèr děngzhe wǒ ba.

4. Nǐ péngyou zhǎozháo fángzi le ma? Hái méi ne, hái zài lǚguǎn zhùzhe ne.
5. Bié lǎo dīzhe tóu! Kànzhe wǒ!
6. Bié zhànzhe, kuài zuòxialai, hòutou de rén yào shuō-huà le.
7. Lǐtou shuōzhe huà ne, nǐ zài wàitou děng jǐ fēn zhōng ba.
8. Nǐ bié lǎo zuòzhe, měigé bàn xiǎoshí yīnggāi zhànqilai zǒuzou.
9. Tā xīn-li yìzhí zài xiǎngzhe qián de wèntí.
10. Nǐ yí ge rén qù děi dàizhe qiāng ba!

(b) V-zhe indicating a settled state that results from the original action of the verb

1. Shāfā-shang zuòzhe liǎng ge rén, yí pàng yí shòu, dōu dàizhe yǎnjìngr.
2. Bàngōngzhuō-shang fàngzhe bù shǎo dōngxi, jiùshi méi yǒu yānhuīgāng.
3. Nǐ kuài chūqu kànkan, mén wàitou zhànzhe yí ge zhōngnián rén, shuō shi yào zhǎo nǐ.
4. Zhè jiǎnzhí bú xiàng yì jiān bàngōngshì, chuānghu-shang tiēzhe jiù bào, qiáng-shang guàzhe qiánnián de yuèlì.
5. Zhuōzi zhōngjiān fàngzhe yí ge dà wǎn, wǎn-shang huàzhe yì tiáo cháng lóng.
6. Zhèi jiān wūzi-li yígòng zhùzhe duōshao rén?
7. Zhème lěng, kuài bǎ chuānghu guānshang ba! Chuānghu běnlái jiùshi guānzhe de, méi kāizhe.
8. Nǐ kàn lǚguǎn ménkǒu de dì-shang xiězhe sì ge dà bái zì, 'Bù zhǔn——shénme?'

(c) V/SV-zhe used in a subordinate role

1. Nǐ shuō zěnme qù? Lù bù yuǎn, zǒuzhe qù ba.
2. Zhèi jiàn shì wǒ yí ge rén zuòbuliǎo, nǐ děi bāngzhe wǒ zuò. Hǎo, méi wèntí.
3. Tā zhèngzài zuò-fàn ba? Méiyou, nǐ kàn tā zài nàr zuòzhe kàn bào ne.
4. Nǐ chīwán zài shuō ba, chīzhe dōngxi shuō-huà, bú tài hǎo-kàn.
5. Jiē-shang qìchē zhème duō, nǐ bù néng dīzhe tóu zǒu-lù.
6. Mǎ shuō bù zhǔn chīzhe fàn kàn-shū, nǐ bù zhīdào ma? Wǒ

méiyou chīzhe fàn kàn-shū, wǒ kànzhe shū chī-fàn yě bù xíng ma?

7. Nǐ zěnme yí ge rén guānzhe mén hē jiǔ, péngyou dōu bú yào le?

8. Máng shénme ne? Wǒ zhèng mángzhe gēn gè fāngmiàn liánxì ne.

9. Tā zěnme zhǐ chī-le yì kǒu fàn jiu pǎo le? Tā jízhe yào dào huǒchēzhàn qu jiē péngyou.

10. Tā yì fāxiàn shuōcuò-le huà, mǎshàng jiu hóngzhe liǎn pǎochuqu le.

11. Mǔqin lāzhe háizi de shǒu shuō: 'Bié pà, nǐ yídìng kěyǐ zuòhǎo de!'

12. Wǒmen jǐ ge rén yìbiānr zǒuzhe, yìbiānr shuōzhe, hěn kuài jiu dào le.

13. Chōuzhe yān, hēzhe jiǔ, dàjiā gāoxìng jíle.

14. Tā yìbiānr pǎozhe, yìbiānr jiàozhe, jiē-shang de rén dōu zài kàn tā.

15. Tā yìbiānr gēn wǒ shuōzhe huà, yìbiānr jiu bǎ cài chǎohǎo le.

3 Distance

Patterns: a.   A   *lí*   B   *yuǎn/jìn*
                Tā jiā lí gōngsī yuǎn bu yuǎn?
           b.   A   *lí*   B   (*yǒu*) NU M   (*lù/dì*)
                Lúndūn lí Běijīng yǒu jǐqiān gōnglǐ?
           c.   A   *lí*   B   *yǒu* NU M N
                Xiànzài lí shàng bān shíjiān hái yǒu sān fēn zhōng.

1. Bàngōngshì lí jiā yuǎn ma? Hěn jìn, wǒ jiu zhùzai bàngōngshì de lóushàng.

2. Gùgōng lí zhèr yǒu duō yuǎn? Bù yuǎn, cóng zhèr wàng dōng yìzhí zǒu, shí fēn zhōng jiu dào.

3. Nǐ zhù de lǚguǎn zài nǎr? Zài chéng-wài, lí zhèr zuì shǎo yǒu bā gōnglǐ.

4. Tā jiā lí chēzhàn bǐ wǒ jiā lí chēzhàn dàgài yuǎn bàn yīnglǐ.

5. Tā zhù de dìfang lí Běihǎi Gōngyuán zhǐ yǒu jǐ fēn zhōng de lù.

6. Wǒmen gōngshè lí Nánjīng dàgài yǒu sānbǎi lǐ dì.

7. Nèi jiàn shì lí xiànzài yǒu duō jiǔ le? Yǐjing yǒu qī-bā nián le ba. Méi rén jìde le.

8. Kuài xià-kè le ba? Xià-kè? Xiànzài cái shí diǎn bàn, lí xià-kè hái yǒu èrshi fēn zhōng ne.

4 Extended use of directional complements

Patterns: a. Wǒmen zhèngzài lù-shang de shíhou, hūrán xià*qi* xuě *lai* le. (start to)

b. Tāmen gōngchǎng de bànshìchù yǐjing bàn*qilai* le. (in operation)

c. Zhèi ge wèntí yánjiū*qilai* fēicháng yǒu-yìsi. (when you come to)

d. Zhōngwén yuè lai yuè nán, wǒ shízài xuébu*xiàqu* le. (carry on)

e. Zhè shi shéi chàng de gēr, nǐ tīng*chulai* le ma? (detect)

f. Huǒchē kuài dào zhàn le, nǐ kàn yǐjing màn*xialai* le. (progressive)

1. Qíguài, jīntiān yòu lěngqilai le, duōshao dù a?

2. Kuài kǎoshì le, xuésheng dōu jǐnzhāngqilai le.

3. Wǒmen yì shuō tā zhèngzài gǎo duìxiàng, tā de liǎn mǎshàng jiu hóngqilai le.

4. Xiàn hái méi jiētōng, tā jiu shuōqi huà lai le.

5. Biéren hái méi chīwán fàn, tā jiu chōuqi yān lai le.

6. Tā zhēn nénggàn, yí ge rén jiu bǎ bànshìchù gǎoqilai le.

7. Wàng-le zìjǐ de diànhuà duōshao hào?! Nǐ zài xiǎngxiang! À, wǒ xiǎngqilai le, sì-sì qī-sān-èr-liù.

8. Tāmen bǎ nèi ge dìfang géqilai le, bù zhǔn rén jìnqu. (*géqilai*, 'set apart, cordon off')

9. Zhèi jiàn shì a, shuōqilai róngyì, zuòqilai nán.

10. Tā dìdi kànqilai hěn cōngming, kěshi niànqi shū lai bèn de gēn niú yíyàng.

11. Suànqilai wǒ yǐjing yǒu sān nián méi chī-guo Zhōngguó fàn le.

12. Bǐqi tāmen lai wǒ chà yuǎn le. Nǐ bié kèqi le!

13. Kànqilai tiānqì hái yào lěngxiaqu.

14. Zǒu ba, bié tīng le! Zài tīngxiaqu wǒ jiu yào shuìzháo le. Wǒ yǐjing shuì-le yí jiào le.

15. Tā yí kànjiàn lǎoshī lái le, jǐnzhāng de shuōbuxiàqu le.

16. Xìn jìbudào, diànhuà dǎbutōng, shéi néng xiǎngchu bànfǎ lai?
17. Tā chuānzhe xīfú, dàizhe tàiyáng yǎnjìngr, wǒ méi rènchu tā lai.
18. Wǒ huā-le sān tiān de gōngfu cái bǎ zhèi ge bàogào xiěchulai.
19. Tiān jiànjiàn hēixialai le, lù-shang de chē yě yuè lai yuè shǎo le.
20. Tā yǐjing bǎ jīnglǐ de gōngzuò jiēxialai le.

5 The concessive form of 'X shi X'

Pattern: Zhèi zhāng shānshuǐhuàr bú-cuò ba? *Bú-cuò shi bú-cuò*, jiùshi tài guì le.

1. Nǐ dānqiāng-pǐmǎ yí ge rén qù, bú pà ma? Pà shi pà, kěshi bú qù bù xíng.
2. Zhèi zhǒng diànshìjī tài guì le! Guì shi guì yìdiǎnr, kěshi dōngxi shízài hǎo.
3. Nǐ hái xué bu xué? Xué shi xué, búguò xiǎng huàn ge dìfang.
4. Nǐ xiǎng dào Zhōngguó qù lǚxíng ma? Xiǎng shi xiǎng, kěshi méi rén gěi wǒ chū lǚfèi.
5. Nǐ bù mǎi le ma? Wǒ mǎi háishi yào mǎi, búguò bù mǎi zhèi zhǒng yánsè de.
6. Nǐ gěi tā dǎ diànhuà le ma? Dǎ shi dǎ le, búguò méi dǎtōng.
7. Tā qù-guo Shànghǎi ma? Qù shi qù-guo, búguò nà shíhou tā cái sān ge yuè, shénme dōu bù zhīdào.
8. Nǐ méi dàizhe qiāng ma? Dài shi dàizhe ne, kěshi bù zhīdào zěnme yòng.

6 The modal verb 'huì'

1. Nǐ kàn jīntiān huì bu huì xià-yǔ? Dàgài bú huì ba.
2. Zhèi jiàn shì yídìng shi tā gàn de! Bú huì de, tā nàme cōngming de rén, bú huì gàn zhèi zhǒng bèn shì.
3. Wǒ zhēn bù míngbai, tā zěnme huì lián Běijīng de 'jīng' zì dōu bú huì xiě!
4. Kànqilai xuě bú huì hěn kuài jiu tíng de.
5. Rúguǒ nǐ bú zhàozhe wǒ de huà zuò, jiu yídìng huì chū máobìng.
6. Tā bù gāoxìng, bú huì shi yīnwei wǒ méi jiè qián gěi tā ba.

VIII EXERCISES

1 Answer these questions on the basis of the Presentation and Dialogue:

1. Nèi jiān bàngōngshì de qiáng-shang guàzhe shénme?
2. Nèi zhāng bàngōngzhuō-shang dōu fàngzhe xiē shénme dōngxi?
3. Qǐng nǐ shuō-yi-shuo Qián zǒngjīnglǐ de yàngzi.
4. Nèi tiān tiānqi zěnmeyàng? Qián zǒngjīnglǐ děng diànhuà děng-le duō jiǔ?
5. Xiǎo Wàn juéde Běijīng zěnmeyàng? Tā qù-le xiē shénme dìfang?
6. Gōngsī jiào xiǎo Wàn bàn de shì, tā bàn de zěnmeyàng le?
7. Xiǎo Wàn shuō wèishenme zài Běijīng shèlì bànshìchù bu róngyì?
8. Zài Běijīng bànwán shì yǐhòu, xiǎo Wàn hái yào dào nǎr qù? Tā dǎsuàn zěnme qù?
9. Xiǎo Wàn qǐng Qián zǒngjīnglǐ bāng shénme máng?
10. Qián zǒngjīnglǐ shuō diànhuàxiàn chū máobìng le, shi zhēn de ma? Wèishenme?

2 Put *zhèng* or *zài* or *zhèngzài* in the blank spaces:

1. Wǒ _____ náqi diànhuà de shíhou, tā jìnlai-le.
2. Wǒ _____ dǎ diànhuà de shíhou, ménlíng xiǎng-le.
3. Tā tiāntiān dōu _____ xiǎng zěnme néng zǎo yìdiǎnr dào Zhōngguó qù.
4. Tā dàxué bì-yè yǐhòu, yìzhí dōu _____ gǎo zhèi zhǒng gōngzuò.
5. Tā méi _____ chī-fàn, tā _____ kàn diànshì ne.
6. Tā gāngcái hái _____ shuō chōu-yān bù hǎo, xiànzài yòu chōuqilai le.

3 Use verb *-zhe* to replace *yǒu* in these sentences:

e.g. Dàmén-wài yǒu sān ge xiǎo háizi.→Dàmén-wài zhànzhe sān ge xiǎo háizi.

1. Zhuōzi-shang zhǐ yǒu yí ge dà yānhuīgāng.

2. Qiáng-shang yǒu yì fú Zhōngguó shānshuǐ huàr.
3. Xìnfēng-shang yǒu wǔ ge dà hēi zì.
4. Chuānghu zuǒbianr yǒu yí ge xiǎo shūjià.
5. Wūzi zhōngjiànr yǒu yí tào lǜsè de shāfā.
6. Chē-shang yǒu bù shǎo wàiguó xuésheng.

4 Use *V/SVqi (O) lai* to replace *kāishǐ V(O)/SV* in these sentences:

e.g. Tiānqi zhēn bù hǎo, nǐ kàn yòu kāishǐ xià-yǔ le.→Nǐ kàn yòu xiàqi yǔ lai le.

1. Tā zhǐ hē-le bàn bēi jiǔ, liǎn jiu kāishǐ hóng le.
2. Tāmen xiūxi-le wǔ fēn zhōng yǐhòu, yòu kāishǐ gōngzuò le.
3. Tā yì tīngshuō yào kǎoshì le, jiu kāishǐ jǐnzhāng le.
4. Lǎoshī hái méi shuō xià-kè, tā jiu kāishǐ chōu-yān le.
5. Tā bá suì de shíhou jiu kāishǐ xué Zhōngwén le.

5 Answer these questions with the concessive form *X shi X*, followed by a 'but' clause of your own devising:

e.g. Zhèi wèi huàjiā de huàr hěn yǒu-míng ma?→Yǒu-míng shi yǒu-míng, kěshi wǒ kànbudǒng.

1. Nǐ bú dài yǎnjìngr kàndejiàn ma?
2. Nǐ huì kāi-chē ma?
3. Tā jiā lí zhèr yuǎn ma?
4. Diànhuà dǎtōng le ma?
5. Nǐ xué-guo màoyì ma?
6. Nǐ qù Zhōngguó de shǒuxù dōu bànhǎo le ma?

6 Translate into Chinese:

1. Hey! What are you doing here? I'm waiting for the bus.
2. I was reading the evening paper when he came into the room.
3. While she was getting off the train she heard someone calling her name.
4. He took another apple when you were not looking.

5. While I was cooking the dinner they were watching television.
6. She is standing outside the pub, reading a book.
7. When I saw her, she was drinking and smoking at the same time.
8. He's busy getting ready for his journey to China.
9. There were two beautiful paintings hanging on the wall.
10. On the first floor, there are three large windows hung with red curtains.
11. She was wearing a green dress and a yellow coat.
12. How far are the shops from here? They are only a few minutes' walk away.
13. It began to rain as we were walking to the station.
14. He began to speak before we had started recording.
15. If he goes on talking like this, no one will listen to him.
16. Who first thought of this idea?
17. She's not terribly intelligent, admitted, but she's very studious.
18. Chinese food is very tasty, all right, but it's quite difficult to prepare.
19. It's too late, he won't come now.
20. You are sure to find some things strange abroad.
21. If my watch hadn't been slow, I wouldn't have been late.
22. Who would have thought to see you here!

LESSON SEVENTEEN

■ I PRESENTATION

Tiān liàng le!
Lièchē bēnguò-le hēiyè, yě
bēnguò-le Huánghé!

Cóng chēchuāng wàngchuqu,
nánfāng de qīngshān lǜshuǐ
yǐjing kànbujiàn le, yǎn-qián
shi yí wàng wújì de Huáběi
Píngyuán.

Lánsè de tiānkōng xiàng bèi
shuǐ xǐ-guo yíyàng de
míngjìng; zuówǎn de mēnrè
yě ràng liángshuǎng de
qiūfēng chuī de wúyǐng
wúzōng.

Nèi jǐ ge yào dào Běijīng
Yǔyán Xuéyuàn qu xuéxí de
Yīngguó xuésheng
zuótiān yì tiān mángzhe gēn
tóngchē de lǚkè tán-tiānr, yè-
li yòu méi shuìhǎo;

Day has dawned.
The train has sped through
the night, and sped across the
Yellow River!

Looking out from the train
window, the 'verdant hills
and green waters' of the
south can no longer be seen,
before the eyes is the
boundless North China Plain.

The blue sky is bright and
clear as if washed by water;
the sultriness of yesterday
evening has also been blown
away by the bracing autumn
wind till not a trace remains.

The handful of English
students going to the Peking
Languages Institute to study
were busy chatting with
fellow passengers the whole
day yesterday and didn't get
a good sleep at night either;

qīngzǎo bèi chē-shang de
guǎngbō jiàoxǐng yǐhòu,
běnlái hái xiǎng zài shuì
yìhuǐr, dànshi yí kàn chuāng-
wài, lìkè jiu ràng zhè kāikuò
de jǐngsè xīyǐnzhù le.

after being woken first thing
by the train broadcast, at first
they still wanted to sleep a
while longer, but as soon as
they looked out of the
window they were
immediately held by this
open landscape.

Ài zhào xiàng de gèngshi
náchu zhàoxiàngjī, bùtíngde
xúnzhǎo jìngtou;

Those keen on taking photos
furthermore took out their
cameras, and endlessly
looked for shots;

dì-li de nóngzuòwù, lù-shang
de luó-mǎ dàchē, zhèngzài
láodòng de gōngshè shèyuán,
dōu bèi tāmen zhàoxialai le.

the farm crops in the fields,
the mule and horse carts on
the road, the commune
members at their labour,
were all taken by them.

Zhè jǐ ge niánqīng rén yǐjing
zài Lúndūn Dàxué niànguò-le
yì nián Zhōngwén, xiànzài
suǒ kàndào de duì tāmen lái
shuō shi nàme xīnqí, yòushi
nàme qīnqiè.

These young people had
already studied at London
University a year's Chinese,
now what they saw was,
(speaking) in regard to them,
so novel, and again so
familiar.

Tāmen lái liúxué, yì fāngmiàn
shi yào tígāo zìjǐ de Hànyǔ
shuǐpíng, yì fāngmiàn yě shi
xiǎng liǎojiě yí xià Zhōngguó
gè dì de fēngtǔ rénqíng, shíjì
tǐyàn yí xià shíyì rén de
rìcháng shēnghuó.

Their coming to study abroad
is on the one hand to raise
their own standard of
Chinese, on the other hand
to get an understanding of
the conditions and customs of
various places in China, and
actually gain some personal
experience of the daily life of
a thousand million people.

Huǒchē-shang zhè sānshí duō
xiǎoshí yǐjing gěi tāmen
shàng-le nán-wàng de yí kè.

These thirty-odd hours on the
train had already put on for
them a memorable lesson.

Lièchē jiànjiànde mànxialai le, tiělù liǎng páng de fángwū yuè lai yuè duō, zhōngyú Běijīngzhàn dào le.

The train gradually slowed down, the houses on either side of the railway became more and more, finally Peking Station was reached.

Zhè jǐ ge Yīngguó tóngxué gāng xià chē, zhàntái nèibianr jiu zǒuguolai yí wèi dài yǎnjìngr de zhōngnián rén bǎ tāmen lánzhù le:

These English students had just alighted, when from the other side of the platform there walked over a middle-aged man wearing glasses who stopped them:

■ II DIALOGUE

Wang: Nǐmen jǐ wèi shi Yīngguó lái de tóngxué ba? Wǒ xìng Wáng, dàibiǎo Běijīng Yǔyán Xuéyuàn lai huānyíng nǐmen!

You would be the students from England? My name is Wang, I have come to welcome you on behalf of the Peking Languages Institute!

Li: Zhēn bù gǎn dāng! Wáng lǎoshī, nín hǎo! Xièxie nín lai jiē wǒmen.

You really do us too much honour! How do you do, teacher Wang. Thank you for meeting us.

Wang: Bú kèqi! Nǐmen dàjiā hǎo! Zěnmeyàng, zuò-le liǎng yè yì tiān de huǒchē, gòu lèi le ba?

Think nothing of it! Greetings to you all! Well now, I expect you're tired enough after two nights and one day on the train?

Li: Wǒmen yěxǔ shi tài xīngfèn le, yìdiǎnr yě bù juéde lèi. Běijīng tiānqi zhēn hǎo, bǐ nánfāng liángkuai duōle, qiántiān zài Guǎngzhōu cóng zǎo dào wǎn dōu shi yì shēn hàn, nǎozi dōu gěi rèhútu le.

Perhaps we are too excited, we don't feel in the least tired. The weather in Peking is really nice, a lot cooler than the south; in Canton the day before yesterday we were all bathed in sweat from morn till night, our brains were all-befuddled from the heat.

Wang: Běijīng yǐjing règuò le, xiànzài zhèng shi qiū-gāo qì-shuǎng de hǎo shíhou. Éi, nǐmen yígòng bú shi jiǔ ge rén ma? Hái yǒu liǎng wèi ne?[n.11]

Peking has already had its heat, now it's just the fine season of 'autumn (sky) high and air brisk'. I say, aren't there nine of you altogether? What's happened to the other two?

Li: Shuōchulai nín yěxǔ bú xìn, wǒmen nèi liǎng ge tóngxué, yí ge zài Xiānggǎng zuò gōnggòng qìchē, hùzhào, qiánbāo dōu jiào rén gěi tōuzǒu le, xiànzài hái zài zhǎo ne; lìngwài yí ge zài Guǎngzhōu Chēzhàn, kāi chē yǐqián pǎoqu shàng cèsuǒ, jiéguǒ wù-le zhèi bān chē.

When I come out with it you might not believe me: one of those two fellow students of ours had his passport and wallet stolen on a bus in Hong Kong, and they're still looking for them; the other one rushed off to go to the lavatory at Canton Station before the train left, and as a result missed this train.

Wang: Ài, zhēnshi! Xīwàng tāmen míng-hòutiān néng dào. Děng huǐr wǒ zai[n.4] gēn Guǎngzhōu liánxì yí xiàr. Nǐmen xíngli dōu náxialai le ma? Yǒu tuōyùn de méi yǒu?

Oh, bad show! I hope they can get here tomorrow or the day after. I'll get on to Canton in a minute. Have you got all your luggage off? Is there any booked through?

Li: Wǒmen liù ge rén de xíngli quán dōu zài zhèr. Bái Hǎilún chúle zhè sān ge dà shǒutíbāo yǐwài, hái yǒu jǐ jiàn tuōyùn de.

The luggage of us six is all here complete. Helen White, besides these three big bags, has some other pieces booked through.

Wang: Nǐmen liù ge rén dōu shi yí ge xiǎo xiāngzi a? Dōngtiān de yīfu dài le ma?

You six all have one small case? Have you brought winter clothes?

Li: Wǒmen xiǎng shíjì tǐyàn yí xiàr Zhōngguó de shēnghuó, juédìng yī-shí-zhù-xíng dōu yào gēn Zhōngguó tóngxué yíyàng. Méi yǒu de dōngxi dào shíhòu zai mǎi, suǒyǐ xíngli hěn shǎo.

We want to actually experience Chinese life for ourselves, and have decided that our clothing, food, housing and getting about should all be the same as our Chinese fellow students. The things we haven't got we'll buy when the time comes. So our luggage is very little.

Wang: Nà tài hǎo le! Bái tóngxué yǒu jǐ jiàn tuōyùn de xíngli a?

That's splendid! How many pieces of consigned luggage has Miss Bai got?

Bai: Wǒ . . .

I . . .

Li: Tā dàgài bù-hǎoyìsi
        shuō, yígòng liù dà jiàn,
        nín méi xiǎngdào ba!
        Cóng zìxíngchē dào
        dǎzìjī, cóng kǒuxiāngtáng
        dào wèishēngzhǐ, yào
        shénme yǒu shénme!

        She's probably too
        embarrassed to say: six
        big pieces in all, fancy
        that! There's everything
        you could ever desire,
        from bicycle to
        typewriter, from chewing
        gum to toilet paper!

Bai: Déle, déle, xiǎo Lǐ, wǒ
        dài shénme yòngbuzháo
        nǐ tì wǒ guǎngbō. Nǐ xiān
        ràng Wáng lǎoshī kànkan
        nǐ de xiāngzi zai shuō
        biéren ba!

        Put a sock in it, young
        Lee, there's no need for
        you to broadcast what
        I've brought. First let
        teacher Wang look at
        your case, before you
        criticize other people!

Li: Wǒ jiù zhème yí ge xiǎo
        xiāngzi, yǒu shénme hǎo
        kàn de?

        I've only got this one
        small case, what is there
        worth looking at in that?

Bai: Wàitou shì méi shénme
        hǎo kàn, kěshi lǐtou ne?
        Zhěngzhěng liǎng dá
        kāfēi! Nǐ yào tǐyàn
        Zhōngguó shēnghuó dài
        kāfēi lai gànmá?

        There's nothing worth
        looking at about the
        outside, but what about
        the inside? All of two
        dozen (jars of) coffee –
        what's the point of
        bringing coffee if you
        want to experience
        Chinese life?

Li: Wǒ . . . wǒ měi tiān
        zǎochen bù hē kāfēi
        xǐngbuliǎo, yàoshi
        xǐngbuliǎo zěnme néng
        qù tǐyàn shēnghuó ne?!

        I . . . if I don't have
        coffee of a morning I
        can't wake up, and if I
        can't wake up how can I
        experience life?

III SKETCHES

1

A: Xuěhuá, Xuěhuá, nǐ lái yí
    xiàr hǎo ma?

    Xuehua, Xuehua, could you
    come here a minute?

B: Shénme shì a? Wǒ
zhèngzài chǎo cài ne!
Zhèi huí yòushi shénme
dōngxi zhǎobuzháo le?

What is it? I'm in the middle
of frying! What is it you can't
find again this time?

A: Nǐ kànjiàn wǒ nèi zhāng
dìtú méiyou? Běnlái
fàngzai zhuōzi-shang, bù
zhīdào jiào shéi gěi názǒu
le?

Have you seen that map of
mine? It was on the table
before, I wonder who it was
taken away by?

B: Zuótiān wǎnshang nǐ gēn
lǎo Huáng kànzhe dìtú
tán lǚxíng, shì bu shi ràng
tā jièqu le?

Yesterday evening you were
looking at the map while
talking about travelling with
Huang, was it borrowed by
him?

A: Méiyou, méiyou, lǎo
Huáng dìtú duō de hěn,
wǒ nèi zhāng jiùshi tā
sòng de.

No, no, Huang has got bags
of maps – that one of mine
was a present from him.

B: Huì bu huì jiào Xiǎomíng
náqu wánr le? Nǐ wènwen
tā.

Might it have been taken by
Xiaoming to play with? Ask
him.

A: Zhè háizi shàng cì wánr
wǒ de xiǎo jìsuànjī, bú
shi jiào wǒ hǎohāorde dǎ-
le yí dùn ma? Wǒ xiǎng
tā bù gǎn zài dòng wǒ de
dōngxi le ba. Nǐ zài bāng
wǒ xiǎngxiang.

Last time when that child
played with my little
calculator, wasn't he given a
proper hiding by me? I don't
think he would dare touch
my things again. Any other
suggestions? (lit: help me
again to think)

B: Nǐ kàn fēng zhème dà,
chuānghu yòu méi guān,
yěxǔ ràng fēng gěi
chuīpǎo le.

Look, the wind is so strong,
and the window isn't closed
either, perhaps it was blown
away by the wind.

A: Zhuōzi-shang nàme duō
zhǐ dōu méiyou chuīzǒu,
dìtú gèng chuībuzǒu le.

(If) All that paper on the
table hasn't been blown
away, the map is less able to
have been blown away.

B: Nǐ zǎoshang méi dàidao
xuéxiào qu ma?

Didn't you take it to college
this morning?

A: Ò! Xuéxiào? Duìle! Wǒ
xiǎngqilai le, wǒ yǐjing bǎ
dìtú guàzai bàngōngshì de
qiáng-shang le. Zhēnshi,
zhè tiānqi! Wǒ dōu gěi
rèhútu le!

B: Nǐ de nǎozi něi tiān
qīngchu a?

Oh! The college? That's
right! I remember now, I've
already hung it on the office
wall. Dear me, this weather!
The heat has actually made
me muddled!
When (which day) has your
brain been clear?

2

A: Shíjiān guò de zhēn kuài,
méi xiǎngdào wǒmen
yǐjing xué-le bàn nián de
Zhōngwén le.

Time has really passed
quickly, it comes as a surprise
that we've already been
studying Chinese for half a
year.

B: Shì a! Zhèi běn shū
mǎshàng jiu yào xuéwán
le.

Yes indeed! We'll very
shortly have finished this
book.

A: Nǐ juéde zhèi běn shū
zěnmeyàng?

What do you think of this
book?

B: Wǒ juéde xiāngdāng bú-
cuò, búguò yǒu yì diǎn
wǒ bù míngbai:
wèishenme bù duō bù
shǎo shíqī kè?

I think it's quite all right, but
there's one point I don't
understand: why should there
be seventeen lessons, no
more, no less?

A: Shíqī kè bù xíng ma?

Isn't seventeen lessons
allowed?

B: Xíng dāngrán xíng! Búguò
píngcháng bú shi shíliù,
shíbā jiùshi èrshí, èrshisì;
dōu shi shuāngshù. Hěn
shǎo yǒu dānshù de.

Of course it's allowed! But
usually if it's not sixteen or
eighteen then it's twenty or
twenty-four; all even
numbers. You hardly ever
find ones with odd numbers.

A: Běnlái wǒ yě qíguài zhèi
jiàn shì. Hòulai kàndào yì
zhāng Yíhéyuán de
zhàopiàn cái míngbai.

I too thought this strange at
first. I only understood later
when I saw a photograph of
the Summer Palace.

B: Yíhéyuán? Zhèi běn shū gēn Yíhéyuán yǒu shénme guānxi?

The Summer Palace? What has this book to do with the Summer Palace?

A: Nǐ wàng-le: Yíhéyuán bú shi yǒu yí zuò hěn piàoliang de qiáo ma?

You have forgotten: hasn't the Summer Palace a very pretty bridge?

B: Nǐ shi shuō nèi zuò wénmíng shìjiè de Shíqī Kǒng Qiáo?

You're referring to the world-famous Seventeen Arch Bridge?

A: Duìle! Jiùshi Shíqī Kǒng Qiáo! Xiě zhèi běn shū de rén dàgài shi jièyòng zhèi ge yìsi, xīwàng zhè shíqī kè shū néng xiàng yí zuò qiáo yíyàng bǎ bèi yǔyán gékāi de wàiguó rénmín hé Zhōngguó rénmín liánzai yìqǐ!

Right! The Seventeen Arch Bridge, precisely. The people who wrote this book probably have taken up that idea, in the hope that these seventeen lessons can, like a bridge, join together foreign peoples and the Chinese people, who are separated by language!

IV VOCABULARY

tiānliàng (S-Predicate)	daybreak (lit: sky bright)
lièchē (N)	train (railway term)
bēn (V)	rush, speed
(hēi)yè (N)	(dark) night
Huánghé (PR)	Yellow River
chēchuāng (N)	carriage window
wàng (V)	look into the distance, look across at
nánfāng (PW)	the south
qīngshān lǜshuǐ (set phrase)	verdant hills and green waters
yǎnqián (PW)	before the eyes
yí wàng wújì (set phrase)	'look afar no bound' – as far as the eye can see
Huáběi Píngyuán (PW)	North China Plain
lán(sè) (SV)	blue (coloured)
tiānkōng (N)	sky
bèi (CV)	by (in passive constructions)
xǐ (V)	wash

míngjìng (SV)	bright and clean, luminous
mēnrè (SV/N)	sultry; sultriness
ràng (CV)	by (in passive constructions)
liángshuǎng (SV)	cool and refreshing
qiūfēng (N)	autumn wind (= qiūtiān de fēng)
wúyǐng wúzōng (set phrase)	without shadow without trace
Běijīng Yǔyán Xuéyuàn (PR)	Peking Languages Institute
tóngchē (N)	'same car': fellow (of travellers)
lǚkè (N)	traveller, passenger
qīngzǎo (TW)	early morning
guǎngbō (N/V)	broadcast
xǐng (V)	awake(n)
jiàoxǐng (V)	'call awake': wake up
lìkè (A)	immediately
kāikuò (SV)	wide, open (of spaces)
jǐngsè (N)	landscape, scenery, scene
xīyǐn (V)	attract, draw
zhào xiàng (VO)	take photograph
zhàoxiàngjī (N)	camera (M:jià)
gèngshi (A)	further, on top of that
bùtíngde (A)	unceasingly
xúnzhǎo (V)	seek, look for
jìngtou (N)	shot (photography); camera lens
dì-li (PW)	in the fields
nóngzuòwù (N)	farm crops
luó-mǎ dàchē (adjunct+N)	mule and horse carts
láodòng (V/N)	labour (physical)
shèyuán (N)	member of a shè (society, association, commune)
zhàoxialai (V)	get on film
suǒ (A)	'which' (see Grammar)
duì (tāmen) lai shuō (PH)	'come to speak regarding (them)' – as far as (they) are concerned
xīnqí (SV)	novel
qīnqiè (SV)	close and dear, familiar
liúxué (V)	study abroad

liú (V)	remain
tígāo (V)	raise, heighten, improve
liǎojiě (V)	understand
xià (M)	a 'go' (see Grammar: Verbal measures)
fēngtǔ rénqíng (set phrase)	local conditions (human and environmental)
shíjì (SV/A)	real(ly), actual(ly), concrete(ly)
tǐyàn (V)	experience for oneself
yì (NU)	hundred million
rìcháng (SV)	everyday, routine
nán-wàng (SV)	memorable
shàng kè (VO)	give a lesson
tiělù (N)	railway
fángwū (collective N)	houses, buildings
zhōngyú (A)	finally, at last
zhàntái (N)	railway platform
lánzhù (V)	stop, bar the way
dàibiǎo (V)	represent
(CV)	on behalf of
(N)	representative
bù gǎn dāng (IE)	unworthy of the honour; be flattered; would not presume
jiē (V)	meet (on arrival)
xīngfèn (SV)	excited
liángkuai (SV)	pleasantly cool
hàn (N)	sweat
yì shēn hàn (NU-M-N)	sweating all over
qiū-gāo qì-shuǎng (set phrase)	autumn (sky) high and air bracing — clear and refreshing autumn weather
xìn (V)	believe
Xiānggǎng (PW)	Hong Kong
hùzhào (N)	passport
qiánbāo (N)	purse, wallet
jiào (CV)	'by' in passive constructions
tōu (V)	steal
-zǒu (V comp)	away
cèsuǒ (N)	lavatory
shàng cèsuǒ (VO)	go to lavatory

jiéguǒ (N)	result, outcome
(MA)	as a result, consequently
wù (V)	miss (train, bus, etc.)
bān (M)	for scheduled journeys by public transport
zhēnshi! (I)	well really! the idea! bad show!
xíngli (N)	luggage
tuōyùn (V)	book/check through (baggage)
quán (A)	entirely, completely (=wánquán)
(SV)	complete, whole, entire
shǒutíbāo (N)	hand baggage, bag
xiāngzi (N)	suitcase, trunk, box
dōngtiān (TW)	winter
yīfu (N)	clothing, clothes
dào shíhou (PH)	when the time comes
dǎzìjī (N)	typewriter
kǒuxiāngtáng (N)	chewing gum
wèishēngzhǐ (N)	toilet paper
zhǐ (N)	paper
déle (IE)	that's enough, pack it in
ràng (MV)	let, allow
(CV)	'by' in passive constructions
shuō (V)	reprove, criticize
dá (M)	dozen
dùn (M)	for beating
dòng (V)	move, touch
shuāngshù (N)	even number
dānshù (N)	odd number
zhàopiàn (N)	photograph
Yíhéyuán (PW)	Summer Place (outside Peking)
zuò (M)	for bridges, mountains, etc.
qiáo (N)	bridge
Shíqī Kǒng Qiáo (PR)	Seventeen Arch (lit: aperture) Bridge (in the Yíhéyuán)
jièyòng (V)	borrow for use, turn to some purpose, take up
yí kè shū (NU-M-N)	a written lesson
gékāi (V)	separate
lián (V)	join, connect

V GRAMMAR

1 Passive (Speech Patterns 1)

As we noted previously, Chinese verbs are indeterminate as to
voice. We have treated them as active in most cases simply because
it has been clear who has been doing the action. When who is doing
the action is not stated we have in English to resort to the passive,
as in the sentence from the Presentation, *Nánfāng de qīngshān
lùshuǐ yǐjing kànbujiàn le*, 'The verdant hills and green waters
of the south can (already) no longer *be seen*'. Speech Pattern 1(a)
gives more examples of sentences that have to to be rendered into the
passive in English, although the notion of suffering action is absent
in the original.

Sometimes, however, one does want to convey the idea that
someone or something is subjected to some kind of treatment,
whether or not one specifies by whom or what. Where there is a
will, there is a way. If the agent is specified, it is introduced by
bèi, jiào, ràng, or *gěi,* which all translate as 'by', e.g. *Háizi bèi/
jiào/ràng/gěi fùqin dǎ-le yí dùn,* 'The child was given a hiding
by the father'. In addition to these markers for the agent, the
'passive' quality of the verb is strengthened by putting *gěi* directly
before it (except that *gěi* – agent – *gěi* – verb is avoided); this *gěi*
has no definable meaning, but it conveys the feeling that the action
is unlooked for, and that the matter is regrettable. *Háizi jiào
fùqin gěi dǎ-le yí dùn* is therefore appropriate, from the child's
point of view. When no agent is mentioned, *gěi* can serve on its
own (*Háizi gěi dǎ le,* 'The child was beaten'; *Nǎozi gěi rèhútu
le,* 'Brains were heated-till-muddled'). More common in this role,
because more neutral in attitude to the action received, is *bèi:
Xīn shū dōu bèi jièzǒu le,* 'The new books have all been taken
out'. *Jiào* and *ràng* are not used without an agent; for this reason
rén, 'someone' is commonly supplied as a 'dummy' agent: *Tā de
hùzhào jiào rén tōuzǒu le,* 'His passport was stolen by
someone'.

These signs that the subject/topic is acted upon all require that
the verb carries a suffix or complement, in the same way as *bǎ.*

2 Verbal measures (Speech Patterns 4)

By 'verbal measures' is meant the ways by which the limited expense of energy is measured. You have already met one such word, namely *cì*, 'occasion' (*Wǒ qu kàn-guo tā liǎng cì*). A new measure in this lesson, *xià*, is met with very frequently. It has a dual function: it records occasions, like *cì* and *huí* (*dǎ sān xià*, 'hit three times'); and it denotes brevity or limited scope of action, when the effect is similar to reduplication of the verb, e.g. *xiǎng yí xià* = *xiǎng-yi-xiǎng*, 'have a think'. *Xià* in this second usage is especially common with bisyllabic verbs.

Apart from these general verbal measures there are many others that are tied to particular activities, such as *dùn* (same word as for 'meal') for beating, haranguing, etc; and *yǎn*, 'eye' for glances (*kàn yi yǎn*).

3 Appearances and disappearance (Speech Patterns 3)

In a sentence that tells of the appearance in or disappearance from a place of people or things, the word order is fixed, viz.:

Place word – verb – noun

e.g. *Zhàntái nèibianr zǒuguolai yí wèi zhōngnián rén*, 'A middle-aged man came across from that (i.e. the other) side of the platform'. Note that there is no word for 'from'. This construction is not used when the noun has definite reference ('the –', 'my –', 'Mr –' etc.); these occupy the head position in the sentence, as usual.

4 Delayed action with 'zai' (Speech Patterns 6)

Zài, 'again, further' has a particular use in relation to taking up business deferred, as opposed to resuming business already begun. *Méi yǒu de dōngxi dào shíhou zai mǎi*, for instance, expresses the intention of getting round at a later date to buying the things lacking, not to rebuying them. Similarly. *Děng huǐr wǒ zai gēn Guǎngzhōu liánxì yí xià* means in the context of the dialogue seeing to contacting Canton after a while, not contacting again. In another context, though, it could mean the latter, in which case *zai* would receive stress. *Zai* in the first sense can be understood as 'then' or 'only then' (as in *xiān . . . zài . . .*); it should not be confused with *cái*, 'only then', which always carries the connotation of tardiness, or enforced delay.

5 Wholeness (Speech Patterns 5)

Used in conjunction with nouns that are borrowed as measure words, *yī*, 'one' has the meaning of *quán:* 'entire, whole', or where appropriate 'covered in': *yì shēn hàn*, 'a whole bodyful of sweat' – 'covered in sweat'. So *yì jiā rén* means 'the whole family (of people)'; *zuótiān yì tiān* means 'yesterday the whole day'. *De* usually links these whóle amounts to the nouns they modify, especially in less common collocations, such as *yì wūzi de píngguǒ*, 'the whole roomful of apples', *yì zhuōzi de zhǐ*, 'the whole tableful of paper'. You will notice that when *wūzi* and *zhuōzi*, to take them as examples, are borrowed as measure words, they lose their own classifiers, so not *yì jiān wūzi de — or **yì zhāng zhuōzi de* — .

6 'Suǒ' (Speech Patterns 7)

Suǒ, to put it briefly, announces that what follows the verb is going to be an object. Take the sentence *Tāmen yánjiū de wèntí hěn yǒu-yìsi*, 'The questions they are looking into is very interesting'. In the topic phrase, *tāmen yánjiū de wèntí, suǒ* can be inserted before the verb, making *tāmen suǒ yánjiū de wèntí*: what it does is to alert the listener that an object is going to follow the verb, and that one is dealing with a topic on which comment is to be expected. The force of adding *suǒ* is similar to that of adding 'which' in English ('the question which they are looking into'), although their functions are somewhat different. *Suǒ* is perhaps more frequently employed when the noun is left out: *Tāmen yánjiū de hěn yǒu-yìsi*, 'What they are looking into is very interesting' becoming *Tāmen suǒ yánjiū de hěn yǒu-yìsi; suǒ* here not only seems to lend body to the noun construction, but also precludes any misinterpretation of the role of *de*.

7 The measure modified (Speech Patterns 8)

It is only logical that container measures should be open to modification. In 'a big cup of coffee', it is the cup(ful) that is big, not the coffee, hence *yí dà bēi kāfēi*. In the case of individual measures, or classifiers, it is also possible, though less logical, to change the order of M – SV – N to SV – M – N, e.g. *yì xiǎo běn shū* rather than *yì běn xiǎo shū*, *liù dà jiàn xíngli* rather than *liù jiàn dà xíngli*. The effect of such displacement is to underscore the descriptive word and to lend extravagance to the phrasing – 'titchy little' and 'whopping great'. In practice the number of SVs liable to be so displaced is very few; *dà* and *xiǎo* are the favourites.

8 Written style

The opening description in the Presentation passage is deliberately composed in a somewhat elevated style in order to give the student a taste of written Chinese. Apart from being salted with set phrases and coloured by choice epithets, the written language is .able to reduce rather wordy constructions to neat compounds, such as *chēchuāng (huǒchē de chuānghu)*, *chiūfēng (chiūtiān de fēng)*, and *zuówǎn (zuótiān wǎnshang)*.

9 Going to extremes with 'dōu'

Dōu 'all' comes into play when things reach such a pitch that something remarkable results, in which case it can be understood as 'as much as', 'all-of', 'actually', etc. The weather, for instance, might be so hot that one is *dōu gěi rèhútu le*, 'actually befuddled'; or one might say *Wǒ pà de dōu jiàochulai le*, 'I was so afraid I actually cried out'. When the subject is plural (*wǒmen dōu gěi rèhutu le*), *dōu* could either refer back to the subject ('we all') or forward to the action as we have been describing; then one relies on intuition.

10 The worthwhile 'hǎo'

Hǎo 'good (to)' may have the special meaning of 'worthwhile' before suitable verbs, typically in the formula *yǒu/méi shénme hǎo V (de)*, e.g. *Yǒu shénme hǎo kàn de?*, 'What is there worthwhile looking at?'

11 What about 'ne' again

As we know, *ne* appended to topics stands for questions it is not worth repeating: *tāmen liǎng wèi ne?*, 'What about those two?' It can also append to what one might call truncated pivotal sentences, where the second half is left out, possibly to avoid enquiring too directly. So in the Dialogue, the question *Hái yǒu liǎng wèi ne?* can been seen as a foreshortening of *Hái yǒu liǎng wèi zài nǎr?*, 'There are another two (students) who are where?'

VI SPEECH PATTERNS

1 Passive constructions

(a) Passive in English, not in Chinese

1. Diànbào shōudào le, xìn hái méi shōudào ne.
2. Wǒ de hùzhào yǐjing nádào le, biéde shǒuxù zhèngzài bàn ne.
3. Zài Zhōngguó liúxué yì nián, tā de Hànyǔ shuǐpíng dàdàde tígāo le.
4. Qìchē xǐguò-le yǐhòu, kànqilai gēn xīn de yíyàng.
5. Jīntiān de tángcùyú zhēn bú-cuò, nǐ kàn, lián yútóu (fish-head) dōu chī le.
6. Xíngli sònglai le ma? Xiāngzi yǐjing sònglai le, shǒutíbāo hái méi ne.
7. Zhèi tiáo xīnwén yǐjing guǎngbōdao quán shìjiè le.
8. Qiūtiān de wǎnshang tā chángcháng zhànzai hǎi-biānr, chuīzhe hǎifēng, xiǎngzhe yǐqián de shì.
9. Lǎo Wáng de zìxíngchē yǐjing zhǎodào le. (Shì shéi zhǎodào de? Bù zhīdào.) cf. Lǎo Wáng yǐjing zhǎodào tā de zìxíngchē le.
10. Dōngxi dōu bānzǒu le ma? cf. Tāmen dōu bānzǒu le ma?

(b) With coverbs of agent bèi, jiào, ràng *and* gěi

Patterns: a.　receiver　　*bèi*　V
　　　　　　Xiǎo Wáng bèi　dǎ le.

b. receiver   CVs of agent   doer (*gěi*) V
   Xiǎo Wáng bèi/jiào/ràng   rén (gěi) dǎ le.

c. receiver   *gěi* doer V
   Xiǎo Wáng gěi rén dǎ le.

1. Tāmen dōu bèi qǐngqù le.
2. Wǒmen dōu bèi liúzai nàr le.
3. Tā yǐjing bèi lāshanglai le.
4. Tā bèi wèn de shuōbuchū huà lai le.
5. Wǒmen bèi guānzai yì jiān hēi wūzi-li, lián cèsuǒ dōu bù zhǔn shàng.
6. Nǐ de zhàoxiàngjī néng bu néng jiè wǒ yòng yì tiān? Duìbuqǐ, yǐjing bèi rén jièzǒu le.
7. Wǒ zuótiān mǎi de kǒuxiāngtáng ne? Dōu jiào háizi gěi chī le.
8. Nǐ de xíngli ne? Zhǎobuzháo le, dàgài bèi rén nácuò le.
9. Wǒ yí xià chē jiu bèi liǎng ge wàiguó rén lánzhù le.
10. Tāmen yì jiā rén zuòzai nàr, quán jiào diànshì gěi xīyǐnzhù le.
11. Wǒ zhèng yào yòng de nèi zhāng zhǐ, ràng fēng gěi chuīdào shù-shang qu le.
12. Zhèi jiàn shì rúguǒ ràng tā zhīdao le, yídìng huì tì nǐ guǎngbōchuqu.
13. Tā de hùzhào, fēijīpiào dōu jiào rén tōuzǒu le ma? Méiyou, zhǐ yǒu qián bèi tōu le.
14. Kuài jìnqu ba, wàitou zhème lěng, bié ràng fēng gěi chuībìng le.
15. Nǐ zhème hútu, kǒngpà gěi rén mài le dōu bù zhīdào.

2 Three types of sentences compared
   a. simply tells what happened;
   b. says what someone/something did with someone/something;
   c. says what happened to someone/something.

1a. Tā hē-le yì bēi chá jiu zǒu le.
  b. Tā bǎ nèi bēi chá hē-le.
  c. Nèi bēi chá jiào tā gěi hē-le.
2a. Tā yí ge rén chī-le yì zhuō cài, zhēn néng chī!
  b. Tā yí ge rén bǎ yì zhuō cài dōu chī-le.
  c. Yì zhuō cài dōu ràng tā yí ge rén gěi chī-le.

3a. Tā dǎ-le Xiǎomíng yí dùn.
 b. Xiǎomíng bù tīng tā de huà, tā bǎ Xiǎomíng dǎ-le yí dùn.
 c. Xiǎomíng bèi tā dǎ-le yí dùn, xīn-li hěn bù gāoxìng.
4a. Yǒu rén tōu-le tā de zhàoxiàngjī.
 b. Yǒu rén bǎ tā de zhàoxiàngjī tōuzǒu le.
 c. Tā de zhàoxiàngjī jiào rén tōuzǒu-le.
5a. Fēng chuī de wǒ hěn bù shūfu.
 b. Fēng bǎ wǒ chuī de hěn bù shūfu.
 c. Wǒ bèi fēng chuī de hěn bù shūfu.
6a. Tā àiren mài-le tā de zìxíngchē, mǎi-le yí ge zhàoxiàngjī.
 b. Yīnwei méi qián mǎi cài, tā àiren bǎ tā de zìxíngchē mài-le.
 c. Tā de zìxíngchē ne? Tā de zìxíngchē jiào tā àiren gěi mài-le.

3 Appearance and disappearance

1. Nǐ kàn, nèibianr fēiguolai yí ge shénme dōngxi?
2. Wǒmen nèi tiáo lù-shang bānzǒu-le yì jiā Měiguó rén, bānlai-le liǎng jiā Déguó rén.
3. Tàibáishān-shang fāxiàn-le hěn duō liǎngqiān nián yǐqián de dōngxi.
4. Wǒmen gōngsī zuìjìn zǒu-le bù shǎo rén.
5. Zuótiān wǒ tīngshuō túshūguǎn-li xīn dào-le wǔqiān běn Zhōngwén shū.
6. Qíguài, wǒ qiánbāo-li zěnme shǎo-le wǔ kuài qián?
7. Wǒmen zhèngzài shuō-huà, hūrán lóu-shang zǒuxialai yí wèi chuān lán yīfu de nǚ xuésheng.
8. Kuài kàn! Nán cèsuǒ-li zǒuchulai yí ge nǚháizi. Nà bú shi nǚháizi, nǐ bié yǐwéi tóufa cháng de dōu shi nǚ-de.

4 Verbal measures

1. Nǐ zài Zhōngguó zuò-guo jǐ cì huǒchē?
2. Zhèr de shì yǐjing gēn tā shuō-le sān huí le, hǎoxiàng tā háishi bú tài liǎojiě.
3. Tā lèi de bùdéliǎo, hěn xiǎng qù shuì yí jiào.
4. Tā zhǐ ài shūfu, bú ài láodòng, yòu ràng tā bàba shuō-le yí dùn.
5. Wǒ wèn tā zhǎo shéi, tā kàn-le wǒ yì yǎn jiu zǒu-le.
6. Bù zhīdào wèishenme, tā hūrán pǎoguolai dǎ-le wǒ sān xiàr.

7. Wǒ xiǎng gēn nǐ liǎojiě yí xiàr zhèr de fēngtǔ rénqíng.
8. Wǒmen dōu yīnggāi tǐyàn yí xiàr láodòng rénmín de shēnghuó.
9. Tā náqi qín lai tán-le jǐ xiàr, hǎo-tīng jíle.
10. Wǒ zhǎobuzháo wǒ dìdi le, néng bu néng máfan nín guǎngbō yí xiàr, tā míngzi jiào. . . .
11. Míngtiān wǒ bù néng qù huānyíng tāmen, qǐng nǐ dàibiǎo yí xiàr, xíng bu xíng?
12. Yī-shí-zhù-xíng de wèntí dōu děi hǎohāorde yánjiū yí xiàr.

5 'Yī' for 'whole'

1. Zhèi yì shǒutíbāo de shū dōu shi tā mǎi de.
2. Tiānqi zhème rè, yì láodòng jiùshi yì shēn hàn.
3. Diànhuà xiǎng le, kuài qù tì wǒ jiē yí xià, wǒ zhèngzài xǐ wǎn, yì shǒu de shuǐ.
4. Nǐ kàn tā yì shēn de xuě, zhēn xiàng ge dà xuěrénr (snowman).
5. Yì fēijī de lǚkè dōu jiào chuāng-wài de jǐngsè xīyǐnzhù le.
6. Shéi zài zhèr xǐ dōngxi le, zěnme gǎo de yí dì dōu shi shuǐ?
7. Yì wūzi de jiǔ dōu jiào ta érzi gěi hē-le.
8. Yì chē de zhàoxiàngjī dōu jiào rén gěi tōu-le.

6 'Zai' for action deferred

1. Jīntiān tài wǎn le, míngtiān zai qù bàn ba!
   (c.f. Jīntiān méi bànhǎo, míngtiān hái yào zài qù bàn.)
2. Zhèi jiàn shì yīnggāi zěnme bàn? Děng tā lái-le zai shuō ba!
3. Wǒ xiǎng mǎi diǎnr wèishēngzhǐ. Jiā-li yǒu nàme duō, yòngwán-le zai mǎi ba.
4. Wǒ děi qù wènwen ta. Tā hái zài shuì-jiào ne, děng tā xǐng-le zai wèn tā ba.
5. Jīng bu jīngguò Xiānggǎng, nǐmen yánjiū yí xiàr zai juédìng ba.
6. Wǒ gēn tāmen liánxì yǐhòu zai dǎ diànhuà gěi nǐ, hǎo bu hǎo?
7. Nǐ xiān dàibiǎo wǒ qù chēzhàn jiē tā. Míngtiān zǎochen wǒ zai dào lǚguǎn qù kàn tā.
8. Nǐ xiān bǎ dǎ-zì xuéhuì-le, zai qù zhǎo gōngzuò jiu róngyì duōle.

7. 'Suǒ'

1. Nǐ suǒ kàndào de dōu shi láodòng rénmín de shíjì shēnghuó.
2. Wǒmen suǒ yánjiū de wèntí gēn diànzǐ jìsuànjī méi shénme guānxi.
3. Tāmen suǒ néng bàndào de zhǐ yǒu zhèi yìdiǎn.
4. Tāmen suǒ yòng de fázi tīngshuō shi zuì tèbié de.
5. Wǒmen dàjiā suǒ xīwàng de jiùshi néng bǎ Zhōngwén xuéhǎo.

8 The measure modified

1a. Tā yígòng dài-le liù dà jiàn xíngli: chī de, chuān de, shénme dōu yǒu.
  b. Tā yígòng dài-le liù jiàn dà xíngli hé liǎng ge xiǎo shǒutíbāo.
2a. Zhème yì xiǎo běn shū jiu yào shí bàng qián. Wǒ bù mǎi.
  b. Zhèi běn xiǎo shū duì wǒ hěn yǒu-yòng.
3a. Tā sònggei wǒmen sān dà bāo mǐ, gòu wǒmen chī yì nián.
  b. Chē-shang yǒu bù shǎo ròu, hái yǒu sān bāo dàmǐ. (*dàmǐ*, '(husked) rice')
4a. Zuò zhèi ge cài děi yòng sān dà wǎn yóu.
  b. Zuò zhèi ge cài děi yòng sān wǎn dàyóu. (*dàyóu*, 'lard')
5a. Yí jìn mén, zuǒbianr lìzhe yì cháng pái shūjià.
  b. Zuǒbianr shi yì pái hěn cháng de shūjià.

VII EXERCISES

1 Answer these questions on the basis of the Presentation and Dialogue:

1. Nǐ zhīdao zhè liè huǒchē shi cóng nǎr dào nǎr qù de ma?
2. Huáběi Píngyuán-shang de jǐngsè zěnmeyàng? Nèi tiān de tiānqi ne?
3. Nèi jǐ ge yào qù Běijīng de Yīngguó xuésheng zǎochen shi zěnme xǐng de? Wèishenme bù xiǎng zài shuì le?
4. Xǐhuan zhàoxiàng de dōu zhàoxia-le shénme jìngtou?
5. Zhè jǐ ge niánqīng de Yīngguó xuésheng xué-guo Zhōngwén ma? Zài nǎr xué de?
6. Tāmen dào Zhōngguó qù liúxué zhǐ shi wèile yào tígāo zìjǐ de Hànyǔ shuǐpíng ma?
7. Tāmen dào-le Běijīng Chēzhàn, shéi qù jiē tāmen le?

8. Tāmen běnlái yígòng jiǔ ge rén, kěshi zhǐ yǒu qí ge rén dào-le Běijīng, hái yǒu liǎng wèi ne?
9. Chúle Bái Hǎilún yǐwài, nèi jǐ ge Yīngguó xuèsheng zhǐ dài-le hěn shǎo de xíngli, wèishenme?
10. Xiǎo Lǐ dài-le yì xiāngzi shénme? Nǐ qù Zhōngguó de shíhou huì bu huì gēn tā yíyàng?

2 Turn these sentences into the passive form (while noting the change in perspective):

e.g. Tā názǒu-le wǒ de bǐ.→ Wǒ de bǐ bèi tā názǒu-le.

1. Shéi hē-le tā de chá?
2. Zuótiān lǎo Wáng qǐng wǒ qù kàn diànyǐng le.
3. Wǒ láiwǎn le, lǎoshī shuō-le wǒ yí dùn.
4. Rén, fēngjǐng tā dōu zhàoxialai le.
5. Yǒu rén nácuò-le wǒ de shǒutíbāo.
6. Tā bǎ wǒ de xiāngzi fàngzai chē hòutou le.
7. Fēng bǎ wǒ de qián chuīdao hé-li qu le.
8. Tā bǎ qiáng-shang nèi zhāng shānshuǐhuàr náxialai le.
9. Qīngzǎo hái bú dào liù diǎn, tā jiu bǎ wǒ jiàoxǐng-le.
10. Yǒu rén bǎ tā de zìxíngchē tōuzǒu le.

3 Fill in the blanks with measures suitable for the verbs:

1. Zuótiān nǐ tīng-le jǐ ——— guǎngbō?
2. Zhèi ge wèntí bú tài jiǎndān, wǒmen děi hǎohāorde yánjiū yi ———.
3. Liǎng diǎn bàn le, wǒ yǐjing shuì-le yi ——— le, tā hái zài niàn-shū ne.
4. Wǒ hěn xiǎng liǎojiě yi ——— Zhōngguó hé Yīngguó de màoyì guānxi.
5. Tā shuō tā huì tán qín, kěshi zhǐ tán-le liǎng ——— jiu tánbuxiàqu le.
6. Wǒ gēn tā shuō-huà, tā dīzhe tóu kàn-shū, lián yi ——— dōu méi kàn wo.
7. Shì tā xiān dǎ wǒ de, tā zài wǒ tóu-shang dǎ-le sān ———.
8. Tā kǎoshì méi kǎohǎo, bèi tā fùqin shuō-le yi ———.

4 Fill in the blanks with the adverbs 'zài', 'zai', 'jiù', or 'cái':

1. Duìbuqǐ, wǒ méi tīngqīngchu, qǐng nín _____ shuō yí cì.
2. Tāmen yì chū Běijīng Chēzhàn _____ bèi rén lánzhù-le.
3. Zhèi jiàn shì děng tā lái le _____ juédìng ba.
4. Tā wù-le yì bān chē, zuì zǎo míngtiān xiàwǔ _____ néng dào.
5. Wǒ zhǎo-le bàntiān hùzhào, yuánlai _____ zài zhèr a!
6. Zěnme zhème máng? Chīwán fàn _____ zǒu, kěyǐ ma?
7. Lù hěn yuǎn, zuò huǒchē qù kǒngpà sān tiān _____ néng dào.
8. Fēijī hěn kuài, liǎng ge xiǎoshí _____ dào-le.
9. Xiànzài bié mǎi tài duō dōngxi, dào-le Zhōngguó _____ mǎi, bù xíng ma?
10. Nǐ děi xiān gěi qián _____ néng jìn cèsuǒ.

5 Fill in the blanks with final particles 'ma', 'a', 'ne', 'ba', 'le' or 'de':

1. Tiānliàng _____, tāmen dōu qǐlai le _____? Dōu qǐlai _____, zhèngzài xǐ liǎn _____.
2. Xiǎo Wáng _____, kuài lái kàn _____, xià xuě _____! Zhēn de _____? Wǒ mǎshàng jiu lái _____. Hē! Zhè jǐngsè tài měi _____!
3. Nín yídìng shi Lǐ xiānsheng _____. Wǒ shi guǎngbō gōngsī de Zhāng Wén. Ō! Yuánlái měi tiān zǎochen guǎngbō de jiùshi nín _____!
4. Wǒmen dōu juéde yīnggāi zhème bàn, nǐ kàn _____? Nǐmen shuō zěnme bàn jiù zěnme bàn _____.
5. Wǒ xiǎng dào wàiguó qù, kěshi hái méi bàn hùzhào _____. Méi yǒu hùzhào, nǐ shi bù néng dào wàiguó qù _____.
6. Zuótiān nǐ qù kàn tā de shíhou, tā zài gànma _____? Tā zhèngzài hé-biān zhànzhe kàn fēngjǐng _____.
7. Tā shi Yīngguó lái de dàibiǎo _____? Bú huì _____? Tā bú shi Yīngguó lái de dàibiǎo, Yīngguó dàibiǎo zǎojiu zǒu _____.
8. Wǒmen dōu xiǎng qu tǐyàn yí xià láodòng rénmín de shēnghuó, nǐ _____? Wǒ yǐjing tǐyànguò _____, bù xiǎng zài qu _____.
9. Nǐ zhīdao dì-li shi shénme nóngzuòwù _____?

Wǒ bù zhīdào, nǐ wèn tā _____. Tā shi xué nóng de, yǐjing
xué-le sānshí duō nián _____.

10. Qiūtiān dào _____, tiānqi jiànjiàn liángqilai _____.
Shì _____! Tiān yě hēi de zǎo _____.

11. Yǒu rén shuō tā xuéhuì tōu dōngxi _____, nǐ xìn _____?
Wǒ bú xìn. Zhème hǎo de háizi yídìng bú huì qu tōu dōngxi
_____.

12. Tā Zhōngwén xué de zhème hǎo, dàgài fēicháng yònggōng
_____.

Dāngrán _____, rúguǒ bú yònggōng, Zhōngwén shi xuébuhǎo
_____!

6 Translate into Chinese:

1. This window has not been opened for the last twenty years.
2. These photographs must not be taken away.
3. His new car was driven into the river by his wife.
4. As it turned out, what I was asked to do had already been
   done by someone else.
5. Her beautiful bike was stolen the second day after she
   bought it.
6. The children were all captivated by the sweets and titbits on
   the table.
7. He was taken ill on the train, and was immediately taken to
   hospital on arrival in Canton.
8. We were all bathed in sweat, it was so hot.
9. His whole family is very keen on photography.
10. It rained heavily all day yesterday.
11. He has been to Hong Kong only once and didn't like the
    place very much.
12. Have we got time to look around before lunch?
13. She shot me a glance, but said nothing.
14. The teacher gave him a dressing down for being late again.
15. What he says is of not the least importance.
16. A man approached from the other side of the bridge while
    we were talking.
17. Let's not leave until the rain stops.
18. This business can keep till next year, don't you think?

ABBREVIATIONS FOR GRAMMATICAL TERMS

		First appeared in lesson
A	adverb	1
AT	attributive	9
BF	bound form	13
C	conjunction	5
CLV	classificatory verb	2
CV	coverb	9
I	interjection	2
IE	idiomatic expression	1
K	marker	5
L	localizer	8
M	measure	4
MA	movable adverb	4
MV	modal verb	3
N	noun	1
NU	number	4
O	object	1
P	particle	1
PH	phrase	13
PN	pronoun	1
PR	proper noun	9
PW	place word	2
QW	question word	2
S	subject	1
SP	specifier	2
SV	stative verb	1
TW	time word	1
V	verb	3
V-O	verb-object construction	3

VOCABULARY

Numbers refer to lessons in which words first appear.

A

a (P) modal particle   1
ài (V) love   3
  (MV) love to, be keen on   3
àiren (N) spouse   2

B

bā (NU) eight   4
bǎ (CV) governing object disposed of before verb   15
  (M) for chairs, knives, etc.   15
bà(ba) (N) pa, dad   11
ba (P) particle of suggestion   2
bái (SV) white, fair   13
  báicài (N) cabbage   15
  báicài niúròu tāng (N) cabbage and beef soup   15
  báiqiējī (N) plain cut chicken   15
bǎi (NU) hundred   9
  bǎihuò shāngdiàn (N) 'hundred goods shop' i.e.
    (department) store   9
bǎi (V) place, lay out, display   16

bān (N) shift, duty, class	12
(M) for shifts, classes (of students), scheduled journeys	
by public transport	17
bān(dào) (V) move (to)	14
bàn (NU) half, half of	5
bàn (V) do, manage, see to	9
bànfǎ (N) way, means, method	12
bàn-gōng (V-O) work (in an office)	16
bàngōngshì (N) office	16
bàngōngzhuō (N) (office) desk	16
bàn shì (VO) see to matters	9
bànshìchù (N) bureau	16
bāng-máng (V-O) help	16
bàng (M) pound (sterling)	16
bāo (M) package of, packet of	5
bǎo (SV) be full, replete	7
bào (N) newspaper	5
(V) to report	5
bàogào (V/N) report	16
bēi (M) cup of, glass of	4
bēizi (N) cup, glass	13
běi (L) north	8
běibian(r) (L/PW) the north	8
běifāng rén (N) northerner	12
Běihǎi Gōngyuán (PW) (north lake) park in Peking	12
Běijīng (PW) Peking	2
Běijīng Yǔyán Xuéyuàn (PR) Peking Languages Institute	17
bèi (CV) by (in passive construction)	17
bēn (V) rush, speed	17
běn (M) for books	4
(SP) this, the present	14
běnlái (MA) originally	7
bèn (SV) stupid, obtuse, clumsy	13
bǐ (N) pen	5
bǐ (V) compare	13
(CV) compared with	13
bǐfang (N) example	13
bǐfang shuō (PH) for example	13
bǐjiào (V) compare	13

(A) comparatively, rather 13
bì (BF) currency 6
bìděi (MV) must, have to 10
bì-yè (V-O) to graduate 11
biān(r) (N/L-suffix) side, edge 8
biǎo (N) watch 12
bié (A) =bú yào   don't (imperative) 9
biéde (SP) other, alternative 7
biéren (N) other people 12
bìng (N) illness 16
  bìngle (SV) be ill 16
bù/bú (A) not 1
  búbì (MV) no need to 10
  bú-cuò (IE) not bad; that's right 9
  bú dàng yì huí shì (IE) not regard as a matter (of any importance) 15
  búguò (C) however, nevertheless 12
  búlùn (MA) no matter how 15
  bùdéliǎo (SV) terrible 13
      (SV complement) awfully 13
  bùgǎndāng (IE) unworthy of the honour, be flattered 17
  bù-hǎoyìsi (IE) embarrassed, ill at ease 14
  bù shūfu (SV) uncomfortable 10
      (IE) not feel well 10
  bùtíng(de) (A) unceasingly 17
  bù-tóng (SV) dissimilar 13
bù (N/L-suffix) part, section 8
  bùshǒu (N) radical 13

C

cāi (V) guess 11
cái (A) only then 11
cài (N) vegetables; dish of food, cuisine 3
  càidān (N) menu 15

cān (N) food, cuisine, meal 15
   (M) for meals 15
cèsuǒ (N) lavatory 17
chá (N) tea 3
  chábēi (N) teacup 13
chà (V) lack, differ by 11
   (SV) not up to the mark 13
  chàbuduō (SV) almost the same 11
       (A) almost, about 11
       (IE) not bad 11
cháng(cháng) (A) often, habitually 3
cháng (SV) long 10
  Chángchéng (PR) the Great Wall 16
  chángtú (AT) long-distance 16
chǎng (N) factory 9
chǎng (M) for performances; spell of 10
chàng-gēr (V-O) sing (a song) 13
chǎo (V) stir-fry 15
chē (N) vehicle, wheeled machine 10
  chēchuāng (N) carriage window 17
  chēzhàn (N) station, bus stop 10
chéng (N) city wall; city 8
  chéng-li (PW) in town, urban 8
chéng (V complement) so as to be, become 15
chī (V) eat 3
  chībulái (V) unable to take to (foods) 15
  chī-fàn (V-O) eat 3
chōu (V) smoke (cigarettes) 5
  chōu-yān (V-O) smoke 5
chū (BF) (go or come) out 11
  chūfā (V) set out 11
  chū fēngtou (VO) create a stir, enjoy the limelight 15
  chū máobìng (VO) develop a fault 16
  chūqu (V) go out 11
chúfáng (N) kitchen 15
chúle . . . (yǐwài) (MA) apart from 11
chuān (V) wear, put on (of garments) 16
chuán (N) boat, ship 12
chuānghu (N) window 13

chuānglián (N) window curtains	14
chuī (V) blow	14
chuībudé (V) may not be blown by	14
cì (M) time, occasion	8
cōngming (SV) intelligent, clever	13
cóng (CV) from	10
cóng . . . kāishǐ (PH) starting from . . .	10
cónglái (MA) (t)hitherto, up till now/then	12
cóng . . . qǐ (PH) starting from . . .	16
cù (N) vinegar	15
cuò (N) mistake	9
(SV) wrong, in error	9

D

dá (M) dozen	17
dǎ (V) hit, fight, play (some ball games)	7
dǎjìn (V) breach, invade	15
dǎkāi (V) open	14
dǎ pái (VO) play mah-jong or cards	11
dǎsuàn (V) reckon on, plan to	10
dǎzìjī (N) typewriter	17
dà (SV) big; grown up; eldest	4
dà bàntiān (TW) greater half of a day; 'ages'	14
dàduì (N) brigade	9
dàgài (MA) probably; in general	12
dàjiā (PN) everyone	7
dàren (N) adult, grown-up	13
dàxué (N) university	9
dàyī (N) overcoat	15
dài (V) bring, take along	10
dài (V) wear, put on (hat, gloves, trappings)	12
dàibiǎo (V) represent	17
(N) representative	17
(CV) on behalf of	17

dàifu (N) medical doctor   12
dān (BF) single, odd, singly   9
  dānqiāng pǐmǎ (set PH) 'single spear one horse':
    singlehanded   16
  dānshù (N) odd number   17
  dānwèi (N) unit, place of work   9
dàn (SV) bland, mild   15
dànshi (C) but   15
dāng (CLV) be (in position of), serve as   9
dāngrán (MA) of course   6
dāngshí (TW) then, at that time   14
dāngzhōng (PW) among, in the middle   14
dàngzuò (V) treat as, regard as   15
dāo-chā (N) = dāozi + chāzi   knife and fork   15
dào (V) arrive, reach   8
  (CV) to   8
  dào shíhou (PH) when the time comes   17
dào(shi) (MA) indeed, actually, as it happens   14
dàolǐ (N) reason, sense   13
Déguó (PW) Germany   3
déle (IE) that's enough, pack it in   17
Déwén (N) German language   3
de (K) marker of subordination   5
  . . . de shíhou (TW) when. . .   11
de (K) complement marker   13
  -de duō (SV complement) (by) a lot, much – er   13
de (K) adverbial marker   15
děi (MV) must; need to   6
dēng (N) lamp, light   14
děng (V) wait (for)   10
  (M) grade, class   10
  děngdào (TW) by the time   14
dī (SV) low   16
  (V) droop   16
dǐxia (L/PW) under; below, beneath   8
dì (N) land; ground; fields   2
  dìfang (N) place   2
  dìlǐ (N) geography   8
  dì-li (PW) in the fields   17

dìmíng (N) place name — 8
dìtiě (N) underground train — 10
dìtú (N) map, atlas — 6
dì (prefix) ordinal prefix — 8
dìyī (prefix-NU) first — 8
dìdi (N) younger brother — 9
diǎn cài (VO) choose/order dishes — 15
diǎnxian (N) various pastries — 15
-diǎn zhōng (M-N) o'clock — 11
diàn (N) electricity — 3
diànbào (N) telegram — 16
diànchē (N) tram — 10
diànhuà (N) telephone — 16
diànnǎo (N) computer — 11
diànshì (N) television — 3
diànyǐng(r) (N) motion picture — 10
diànyǐngyuàn (N) cinema — 16
diànzǐ (N) electron — 11
dōng (L) east — 8
dōngfāng (PW) orient — 12
dōngxi (N) thing (object) — 6
dōngtiān (TW) winter — 17
dǒng (V) understand — 11
dòng (V) move, touch — 17
dōu (A) all, both — 1,10
dòufu (N) beancurd — 15
dù (M) degree — 16
duì (SV) correct, that's right — 5
  (CV) to — 10
duìbuqǐ (IE) sorry, pardon me, excuse me — 5
duì . . . lái shuō (PH) as far as . . . is concerned — 17
duìmiàn (PW) opposite — 16
duì . . . yǒu xìngqù (PH) take an interest in . . . — 10
duìxiàng (N) object (of an action); boy or girl friend — 9
duō (SV) many, much — 4
duō(me) (A) how, to what extent — 15
duōshao (QW) how many — 4
dùn (M) for meals; bout of — 7, 17

E

ễ/ēi/āi (I) hey! oi!   7
è (SV) hungry   7
èr (NU) two   4
érzi (N) son   4

F

fāxiàn (V) discover   14
fázi/fǎzi (N) way, means, method   10
Fǎguó (PW) France   3
Fǎwén (N) French language   3
fàn (N) cooked rice; meal   3
   fànguǎnr (N) restaurant   12
fāngbiàn (SV) convenient   10
fāngmiàn (N) aspect, respect,   16
fāngxiàng (N) direction   8
fángzi (N) house   8
fángwū (N) houses, buildings   17
fàng (V) put, put in; let go   15
fēi (V) fly   12
   fēijī (N) aeroplane   10
fēicháng (A) exceptionally   11
fēn (M) 1/100 of *yuán*, cent; minute (clock time)   6, 11
   -fēn zhōng (M-N) minute (length of time)   11
fēnkāi (V) separate, part   11
fèn (M) copy (of newspaper), portion of   5
fēng (M) for letters   14
fēng (N) wind   14
   fēngjǐng (N) scenery   8
   fēngtǔ rénqíng (set PH) local conditions and customs   17
fūfù (N) husband and wife   13
fūren (N) madam; Mrs   2
fú (M) for paintings   14

fúwù (V) serve 15
    (N) service 15
  fúwùyuán (N) attendant 15
fùjìn (TW) vicinity 12
fùqin (N) father 7
fùmǔ (N) father and mother 4
fùxí (V) revise 12
    (N) revision 12

G

gānbēi (IE) drain glass, cheers! 15
gǎn (MV) dare to 7
gǎnjǐn (A) hurriedly 16
gàn (V) do, work, get on with 11
  gànbù (N) cadre 9
  gànmá (IE) do what; what for, why on earth 10
gāng (A) just 12
  gāngcái (TW) just now, a moment ago 12
gāo (SV) high, tall 9
  gāoxìng (SV) pleased, exhilarated 11
gǎo (V) do, go in for, make, get up to 9
gàosu (V) tell 11
gē(r) (N) song 13
gēge (N) elder brother 9
gé (V) isolate, separate 16
  gékāi (V) separate 17
gè (AT) each, various different 13
  gè zhǒng gè yàng (set PH) all sorts of 13
ge (M) general classifier 4
gěi (V) give 6
    (CV) for, in the interest of; by (in passive construction) 9, 17
  gěi rén jièshào (PH) effect an introduction for somebody 9
gēn (C/CV) along with, and 5
gèng (A) still more, even more 10

gèngshi (A) further, on top of that — 17
gōng (prefix) for metric units; public, official — 7
  gōng'ānjú (N) public security bureau — 9
  gōnggòng qìchē (N) bus — 10
  gōngjīn (M) kilo — 7
  gōngshè (N) commune — 8
  gōngshì (N) office business, paperwork — 15
  gōngsī (N) company — 11
  gōngyúan(r) (N) park — 12
gōng (N) work, labour — 7
  gōngchǎng (N) factory — 9
  gōngfu (N) time, leisure time — 15
  gōngren (N) worker — 9
  gōngzuò (N/V) work — 7
gōngfu (N) 'kung fu' — 12
gòu (SV) enough — 5
gǔ (SV) ancient, old — 14
Gùgōng (PW) (former palace) the Palace Museum — 16
guà (V) hang — 15
guàirén (N) strange person, eccentric — 14
guān (V) close, shut up/in — 14
  guānshang (V) close to — 14
guānxi (N) relation(ship) — 13
      (V) concern, affect — 13
guǎnzi (N) restaurant — 12
guǎngbō (V/N) broadcast — 17
Guǎngzhōu (PW) Canton City — 12
guì (SV) expensive, dear — 5
  guì xìng (IE) what's your (sur)name? — 2
guōtiēr(N) a kind of fried pasty — 15
guójiā (N) state, country — 10
guǒrán (MA) sure enough, just as predicted — 14
guò (V) pass through, cross — 10
      (V-suffix) experiential suffix — 12
      (V complement) through — 14

H

hái(shi) (A) in addition; still, yet 5
háizi (N) child 4
Hàn (N) majority people in China 4
   Hànyǔ (N) Chinese language 13
hàn (N) sweat 17
hǎo (SV) good, fine, all right 1
      be on good terms 11
    (A) good to, easy to 8
   hǎohāor(de) (A) properly 15
   hǎo jǐ (A+NU) a good few 16
   hǎo jiǔ bú jiàn (IE) long time no see 9
   hǎoxiàng (MA) seemingly, as if 9
hào (N) number; day of month 12
hàoqí (SV) curious, inquisitive 13
hē (V) drink 3
hé (C/CV) and, with 14
hēi (SV) black, dark 16
hěn (A) very, quite 1
hóngshāoròu (N) red-cooked pork 15
hòu (L) back, behind 7
  hòulái (MA) afterwards, later on 7
  hòutou (L/PW) behind 8
hūrán (MA) suddenly 12
hú (N) lake 8
hútu (SV) muddled, silly 13
hùzhào (N) passport 17
huā (V) spend (money, time) 15
Huá (N) short for Zhōnghuá (China) 2
  Huáběi Píngyuán (PW) North China Plain 17
  huáqiáo (N) overseas Chinese 2
huà (N) speech, spoken words 3
huà (V) draw, paint 14
  huàr (N) painting, picture 14
  huà-huàr (V-O) draw, paint 14
  huàjiā (N) painter 14
-huà (suffix) -ize, -ify 15

huàxué (N) chemistry 15
huài (SV) bad, out of order 6
huàn (V) change, exchange 10
    huàn-chē (V-O) change (trains, buses) 10
huáng (SV) yellow 15
    Huánghé (PR) the Yellow River 17
    huángyú (N) yellow croaker 15
huībái (SV) grey-white 16
huí (V) return to 11
    (M) for events, occasion 11
    huídá (V/N) answer, reply 13
    huíguōròu (N) 'return to the pot meat' (a pork dish) 15
    huílai (V) come back 11
huì (V) know (languages) 3
    (MV) know how to, can, have capacity for; would,
      be sure to, be likely to 3, 16
huópo (SV) lively 14
huǒ (N) fire 10
    huǒchē (N) train 10

J

jī (N) chicken 5
jīhuì (N) opportunity 9
jīqì (N) machine 11
    jīqìrén (N) robot 11
jí (SV) impatient, anxious, hasty, urgent 13
-jíle (SV complement) extremely 13
jǐ (QW) how many (small number) 4
jìsuànjī (N) calculating machine, computer 11
jì (V) record, memorize 13
    jìde (V) remember, recall 15
jì (V) send by post 14
jiā (N) family, home 5
    (M) for families and business establishments 11

jiāxiāngjī (N) hometown chicken	15
jiān (M) for rooms	16
jiǎndān (SV) simple	11
jiǎnzhí (A) simply	14
jiàn (V) see, meet with, call on	11
jiànbudé (V) may not be seen by	14
jiàn-miàn (V-O) meet, see one another	11
jiàn (M) piece, item	6
jiànjiàn(de) (A) gradually	16
jiānglái (TW) in future	12
jiàngyóu (N) soya sauce	15
jiāo (V) teach	7
jiāo-shū (V-O) teach	7
jiǎo (M) 1/10 *yuán* (written)	6
jiào (CLV) be called	2
(V) call, tell, order	9
(CV) by (in passive construction)	17
jiào mén (VO) call at the door	14
jiào-hǎo (V-O) 'shout well-done'	14
jiàoxǐng (V) 'call awake'	17
jiē (N) street	14
jiē (V) meet, welcome, connect	17
jiēdào (V) receive	14
jiētōng (V) connect, put through	16
jiéguǒ (N) result, outcome	17
(MA) as a result	17
jié-hūn (V-O) marry	11
jiě (BF) untie, undo	9
jiěfàng (V) liberate	9
(N) liberation	9
jiěfàngjūn (N) liberation army, member of same	9
jiěshì (V) explain	11
(N) explanation	11
jiěmèi (N) sisters	9
jiè (V) borrow, lend	12
jièyòng (V) borrow for use	17
jièshào (V) introduce	9
(N) introduction	9
jīn (M) catty (500 gr.)	6

jīnnián (TW) this year 4
jīntiān (TW) today 1
jǐnzhāng (SV) tense, tight, short of supply 16
jìn (SV) near, close 8
jìn (V) enter 2, 11
  jìnbù (V/N) progress 14
  jìnlai (V) come in 12
  jìnrù (V) enter into 14
  jìnxíng (V) be in progress, carry on/out 16
jīngguò (V) pass through 10
  (N) process, course 10
  (CV) by, by way of 10
jīngshen (N) spirit, vitality 7
  (SV) spruce, lively 7
jǐngsè (N) landscape, scenery 17
jìng (V) salute, toast 15
jìngtóu (N) shot (photography) 17
jiǔ (N) wine, spirit 3
  jiǔguǎnr (N) pub 11
jiǔ (NU) nine 4
jiù(shi) (A) (be) precisely, indeed 4
jiù (A) then 6
jiù (SV) old, second hand; former 14
jú (BF) office, bureau 9
jù (M) for sentences, phrases 12
juéde (V) feel, sense 7
juédìng (V) decide 8

K

kāfēi (N) coffee 3
kāi (V) open, start, operate 10
  kāi-chē (V-O) drive 10
  kāikuò (SV) open (of spaces) 17
  kāishǐ (V/N) start 10

kàn (V) look at; read 3
  kàndào (V) see, catch sight of 12
  kànfǎ (N) outlook, view 15
  kàn-shū (V-O) read (books) 3
kǎo (V) give/take an examination 14
  kǎoshàng (V) pass exam for 14
  kǎoshì (VO/N) (have an) exam 14
kǎoyā (N) roast duck 15
kě'ài (SV) lovable, lovely 13
kěshi (MA) but 4
kěyǐ (MV) be permissible, can, may 5
kèqi (SV) polite; modest in manner 14
kèren (N) guest 5
kè (M) quarter (of an hour) 11
kè (N) course, class 12
  (M) lesson 12
kěn (MV) be willing to, agree to 5
kǒng (N) opening, aperture 17
kǒngpà (MA) I'm afraid; perhaps 7
kǒu (N) mouth 5
  (M) for members of family 5
  kǒuxiāngtáng (N) chewing gum 17
kuài (M) unit of currency; piece, lump 6
kuài (SV) fast, quick 8
  (A) quickly, very soon 8
kuàizi (N) chopsticks 15

L

lā (V) pull 14
  lāshang (V) pull to 14
là (SV) hot (spices) 15
lái (V) come, cause to come 10, 15
  (V complement) able to, manage to 15
  láilì (N) origin, antecedents 15

lái xìn (VO) send ('make come') a letter — 12
láihuí láiqù(de) (A) backwards and forwards — 16
lán(sè) (SV) blue (coloured) — 17
lánzhù (V) stop, bar the way — 17
láodòng (V/N) labour — 17
lǎo (SV) old — 2
   lǎoshī (N) teacher — 4
   lǎoxiōng (N) 'old chap' — 14
le (P) modal particle indicating change of state and
   'excessiveness' — 7
   for 'accomplished fact' — 11
le (V suffix) for completed action — 11
lèi (SV) tired, weary — 4
lěng (SV) cold — 1
lí (CV) separated from — 16
Lǐ (PR) a common surname — 5
lǐ (L) in — 8
lǐ (M) = ½ km — 16
lì (V) stand; set up — 16
   lìkè (A) at once — 17
lìshǐ (N) history — 10
liǎ (NU+M) = liǎng ge two — 13
lián . . . (yě/dōu) (CV) even — 13
lián (V) join, connect — 17
liánxì (N) contact, connection — 16
   (V) get in contact with, link, integrate — 16
liǎn (N) face — 13
liàn (V) practise, train (in) — 12
   liànxí (V) practise, drill — 12
      (N) practice, exercise — 12
liángkuai (SV) pleasantly cool — 17
liángshuǎng (SV) cool and refreshing — 17
liǎng (NU) two (used with measures) — 4
   (M) ounce (50 gr) — 6
liàng (M) for vehicles — 12
liǎojiě (V) understand — 17
lièchē (N) train (railway term) — 17
lín (BF) forest, wood — 13
línjū (N) neighbour — 14

líng (NU) zero 6
língqián (N) change, odd coins 6
língxià (PW) below zero 16
líng (N) small bell 16
lìngwài (A) besides, separately 14
  (AT) another 14
liú (V) remain 17
  liúxué (V) study abroad 17
liúlì (SV) fluent 12
liù (NU) six 4
lóng-fēi fèng-wǔ (set PH) 'dragon flies, phoenix dances':
  flamboyant 14
lóu (N) storied building 13
  (M) floor 13
lù (N) road, path, way 8
  lùkǒu(r) (N/PW) intersection 10
lù (V) record 12
  lù-yīn (V-O) record sound 12
lǚ (BF) travel 10
  lǚfèi (N) travel expenses 16
  lǚguǎn (N) hotel 16
  lǚkè (N) passenger, traveller 17
  lǚxíng (V/N) travel 10
lǜ(sè) (SV) green (coloured) 16
Lúndūn (PW) London 10
luó-mǎ dàchē (N) mule and horse carts 17

M

mā (N) mum, mother (familiar) 4
máfan (N) trouble, bother 13
  (SV) troublesome, annoying 13
  (V) put someone to trouble 13
mǎshàng (A) at once 12
ma (P) question particle 1

mǎi (V) buy	5
mài (V) sell	6
màn (SV) slow	13
máng (SV) busy	1
máo (N) fur, hair (of the body)	6
(M) 1/10 of yuan	6
máobǐ (N) writing brush	14
máobìng (N) fault, defect	16
máomáoyǔ (N) drizzle	16
máoyī (N) sweater, woolly	6
màoyì (N) trade	16
méi(you) (A) negator for yǒu	4
méi fázi (IE) have no way of, can't be helped	10
méi guānxi (IE) it doesn't matter, never mind	13
méi xiǎngdào (IE) unexpectedly	11
měi (SV) beautiful	8
Měiguó (PW) America (USA)	2
měi (SP) each, every	7
měigé (CV) at intervals of; every (so often)	16
mèimei (N) younger sister	4
mēnrè (SV) sultry	17
mén (N) door, gate	11
ménkǒur (PW) entrance, doorway	11
ménwàihàn (N) layman	14
mǐfàn (N) cooked rice	15
miàn (N) face, side	14
(M) for walls	16
miànqián (PW) in front of, in face of	14
miàn (N) noodles	15
míngbai (SV) clear; obvious	13
(V) understand	13
míngjìng (SV) bright and clean	17
míngtiān (TW) tomorrow	6
míngzi (N) (full) name, given name	2
mǔqin (N) mother	7
mù (BF) tree, wood	13
mùtou (N) wood (the material)	13

N

ná (V) take in the hand, hold ⋯ 14
  náqilai (V) pick up ⋯ 14
  náshǒu (SV) expert in, good at ⋯ 15
  náshǒucài (N) speciality (dishes) ⋯ 15
nǎ/něi (QW) which ⋯ 2
  nǎli (IE) not at all ⋯ 15
  nǎr (QW) where ⋯ 8
nà (SP) that ⋯ 2
  (C) then, in that case (=nàme) ⋯ 7
  nàme/nème (A) so (that-wise) ⋯ 4
      (IE) in that case ⋯ 5
nǎiyóu (N) cream ⋯ 15
  nǎiyóu càihuā (N) creamed cauliflower ⋯ 15
nàr/nèr (L/PW) there ⋯ 8
nán (SV) difficult ⋯ 6
  nán-dé (SV) hard to get, rare ⋯ 15
  nán-wàng (SV) memorable ⋯ 17
nán (L) south ⋯ 8
  nánbù (PW) southern part, the south ⋯ 8
  nánfāng (PW) the south ⋯ 17
nán (AT) male ⋯ 9
nǎozi (N) brain ⋯ 11
ne (P) question particle ⋯ 1
     for continued state ⋯ 16
nème = nàme ⋯ 4
něi (QW) which ⋯ 2
něibiān(r) (QW) where (which side) ⋯ 8
nèibiān(r) (PW) there (that side) ⋯ 8
nèn (SV) tender, soft ⋯ 15
néng (MV) can, be capable of ⋯ 4
  nénggàn (SV) capable, competent ⋯ 11
nèr (L/PW) there ⋯ 8
nǐ (PN) you ⋯ 1
  nǐ hǎo! (IE) how do you do? how are you? ⋯ 1
  nǐmen (PN) you (plural) ⋯ 1

nián (M) year · 4
  niánqīng rén (N) young person · 16
niàn (V) read (aloud), study · 6
  niàn-shū (V-O) study · 6
  niànwán (V) finish studying · 14
nín (PN) you (polite form) · 1
niú (N) cattle, cow · 11
  niúnǎi (N) milk · 15
  niúròu (N) beef · 15
nóng (N) agriculture · 9
  nóngzuòwù (N) farm crops · 17
nǚ (AT) female · 4
  nǚ-de (N) female · 8
  nǚ'ér (N) daughter · 4

O

ō/ò (I) oh (I see) · 2

P

pà (V) fear, dread, be afraid of · 7
pái (V) form a row · 16
  (M) row of · 16
  pái-duì (V-O) line up, queue up · 16
pánzi (N) plate, tray · 16
pángbiān(r) (L/PW) (by) the side of · 8
pàng (SV) fat (of person) · 7
  pàngzi (N) fat person · 7
pǎo (V) run, hurry to · 11
péngyou (N) friend · 3

pèngjiàn (V) run into, meet 11
piányi (SV) cheap 6
piàn (M) stretch of, expanse of 12
piào (N) ticket, coupon 10
piàoliang (SV) pretty, handsome 11
pīnpán(r) (N) cold platter 15
pīnqǐlai (V) put together 15
píng (M) bottle of, vase of 5
píngcháng (SV) ordinary, common 10
   (A) usually 10
píngguǒ (N) apple 6
pǔtōng (SV) common, ordinary 4
  pǔtōnghuà (N) common language, Mandarin 4

Q

qī (NU) seven 4
qí (V) ride 12
qíguài (SV) strange, odd 13
qǐlai (V) get up 16
  (V complement) begin, come to 16
qìchē (N) motor car 10
qìxiàng (N) meteorology, weather 8
  qìxiàngyuán (N) weatherman 8
qiān (NU) thousand 10
qián (N) money 5
  qiánbāo (N) purse, wallet 17
qián (L/PW) before, ago, in front of 8
  qiánnián (TW) year before last 12
  qiántiān (TW) day before yesterday 14
  qiántou (L/PW) in front 8
qiāng (N) spear, gun 16
qiáng (N) wall 16
qiáo (N) bridge 17
qīng (BF) blue or green 5

qīngcài (N) green vegetables 5
qīngshān lǜshuǐ (set PH) verdant hills and green waters 17
qīng (SV) clear 10
qīngchu (SV) clear 10
qīngzǎo (TW) early morning 17
qíngxing (N) situation, state of affairs 7
qǐng (IE) (will you) please 1
       please (go ahead) 12
   (V) invite 5
qǐng jìn (IE) please enter 2
qǐng-kè (V-O) invite guest; stand treat 10
qǐng wèn (IE) excuse me (followed by a question) 2
qǐng zuò (IE) please sit down 1
qiū (BF) autumn 17
qiūfēng (N) autumn wind 17
qiūgāo qìshuǎng (set PH) autumn (sky) high and air bracing 17
qù (V) go, go to 8
qùnián (TW) last year 6
quán (SV) complete, entire, whole 17
   (A) entirely, completely 17

R

ràng (V) yield, let, allow 17
   (CV) by (in passive construction) 17
rè (SV) hot 1
rén (N) person, people 2
rénmín (N) the people 6
Rénmínbì (N) 'People's Currency' 6
Rénmín Rìbào (PR) People's Daily 9
rènshi (V) recognize, know 7
Rìběn (PW) Japan 10
rìcháng (SV) everyday, routine 17
rìzi (N) day, date, special day 16
róngyì (SV) easy 6
rúguǒ (MA) if (=yàoshi) 14

S

sān (NU) three 4
  sāndiǎnshuǐ (N) 'water' radical 13
  sānmíngzhì (N) sandwich 12
shāfā (N) sofa, easy chair 16
shān (N) mountain, hill 8
  shānshuǐhuàr (N) landscape (painting) 16
shāngdiàn (N) shop, store 9
shàng (L) top, on top of, above 8
    (V) ascend, mount, go to 12
  shàng cèsuǒ (VO) go to lavatory 17
  shàng kè (VO) attend class 12
        give a lesson 17
  shàngwǔ (TW) morning, a.m. 11
  shàng xīngqīwǔ (TW) last Friday 12
  shàng xué (VO) attend school 12
  shàng yuè (TW) last month 12
  Shànghǎi (PW) Shanghai 2
shāo (V) burn; cook, stew 15
shǎo (SV) few, little 4
shèlì (V) set up, establish 16
shèyuán (N) member of a shè (association) 17
shéi/shuí (QW) who(m) 2
shēntǐ (N) body; health 7
shénme (QW) what 2
shēng (V) give birth to, be born 4
  shēngchǎn (V) produce 9
        (N) production 9
  shēngchǎnduì (N) production team 9
  shēnghuó (V) live (N) life 10
  shēngrì (N) birthday 6
shīfu (N) master craftsman 9
shí (NU) ten 4
  Shíqī Kǒng Qiáo (PR) Seventeen-Arch Bridge
    (in the Yíhéyuán) 17
shí (BF) time, hour 6
  shíhou (N) time 11

shíjiān (N) time 6
shí (BF) to eat; food 12
  shítáng (N) refectory, canteen 12
  shípǔ (N) cookery book, recipe 15
shí (BF) solid; true; real 14
  shíjì (SV/A) real(ly), actual(ly) 17
  shízài (A) in reality, honestly 14
shì (CLV) to be; to be so 2
shìjiè (N) world 14
  shìjiè wénmíng (set PH) world-famous 15
shì/shìqing (N) matter 6
shōuyīnjī (N) radio receiver 6
shǒu (N) hand 15
  shǒutíbāo (N) bag, hold-all 17
  shǒuxù (N) procedures, formalities 16
shòu (SV) thin, slim 7
shòu-huānyíng (SV) be popular 15
shòuhuòyuán (N) shop assistant 9
shū (N) book 3
  shūdiàn (N) bookshop 9
  shūjià (N) bookshelf 16
shūshu (N) uncle (father's younger brother) 11
shūfu (SV) comfortable 10
shù (N) tree 8
  shùlínzi (N) wood, copse 12
  shùmù (N) trees 13
shùxué (N) mathematics 11
shuāngshēng (N) twins 13
  shuāngshēng xiōngdì (N) twin brothers 13
shuāngshù (N) even number 17
shuí (QW) who(m) (=shéi) 2
shuǐ (N) water 3
  shuǐguǒ (N) fruit 6
  shuǐlì (N) water conservancy 9
  shuǐpíng (N) level, standard 9
shuì-jiào (V-O) sleep 7
  shuìbuzháo (V) unable to get to sleep 14
shuō (V) speak; reprove, criticize 3, 17
  shuōbudìng (V) can't say for sure, maybe 14

shuō-huà (V-O) speak	3
sīxiǎng (N) thought, thinking	16
sì (NU) four	4
sòng (V) give (as present); send	6
Sūlián (PW) Soviet Union	10
sùcài (N) vegetable dish	15
suān (SV) sour	15
suàn (V) calculate, reckon	10
suàn rìzi (VO) reckon up the days	16
suīrán (MA) although	7
suì (M) year of age	4
sūnzi (N) grandson	4
suǒ(r) (M) for houses and some buildings	8
suǒ (A) actually, 'that which'	17
suǒyǐ (MA) therefore	4

T

tā (PN) he, she; him, her	1
tāmen (PN) they; them	1
tài (A) too, excessively	4
tàijíquán (N) shadow-boxing	7
tàiyáng (N) sun	14
tàitai (N) lady; wife; Mrs	2
tán (V) talk	10
tándelái (V) able to talk to/get on with	14
tán-tiānr (V-O) chat, natter	10
tán qín (VO) play/strum lute	11
tāng (N) soup	5
táng (N) sugar, sweets	15
tángcù (AT) sweet and sour	15
tào (M) set of, suit, suite	16
tèbié (SV/A) special(ly)	14
tígāo (V) raise, improve	17
tǐyàn (V/N) experience for oneself	17

tì (V) to stand in for   9
   (CV) on behalf of, for   9
tiān (M) day   4
   (N) sky, heaven   1
tiānkōng (N) sky   17
tiānliàng (S-Predicate) daybreak   17
tiānqi (N) weather   1
tián (SV) sweet   15
tiáo (M) for fish and various long narrow things   5
tiē (V) stick (on)   14
tiě (N) iron   9
tiělù (N) railway   17
tīng (V) listen   6
tīngshuō (V) hear (it said) that   11
      (N) hearsay   11
tíng (V) stop, halt; park, berth   10
tóng (BF) same, alike   2
tóngchē (N) 'same car' fellow (of travellers)   17
tóngxué (N) fellow student   5
tóngzhì (N) comrade   2
tōu (V) steal   17
tóu (N/L suffix) head   8
tóufa (N) hair (on human head)   16
túshūguǎn (N) library   10
tuōyùn (V) check through (baggage)   17

W

wài (L) outside   8
wàiguó (PW) foreign parts, abroad   3
wàiyǔ (N) foreign language   9
wánquán (SV/A) complete(ly)   7
wánr (V) to play, amuse oneself   8
wǎn (SV) late   9
wǎnshang (TW) evening   3

wǎn (N/M) bowl (of) — 7
wàn (NU) ten thousand — 15
   Wànlǐ Chángchéng (PR) the Great Wall — 16
Wáng (PR) a common surname (N) king — 2
wàng/wǎng (CV) towards — 10
wàng (V) look (across) at — 17
wàng(le) (V) forget — 11
wěidà (SV) great, imposing — 16
wèi (M) for persons (polite) — 4
wèi (CV) because of, for the sake of — 9
   wèile (CV) for (the sake of), in order to — 15
   wèishenme (MA) why (because of what) — 4
wèi/wéi (I) hello, hey! — 16
wèishēng (N/SV) hygiene, hygienic — 17
   wèishēngzhǐ (N) toilet paper — 17
wén (N) writing, written word; language — 3
   wénhuà (N) culture; standard of education — 9
wénmíng (SV) renowned — 15
wèn (V) ask, inquire (a question) — 2
   wèn X hǎo (IE) ask after, give regards to X — 9
   wèntí (N) question, problem — 10
wǒ (PN) I; me — 1
   wǒmen (PN) we; us — 1
wūzi (N) room — 16
wúyǐng wúzōng (set PH) 'without shadow without trace' — 17
wǔ (NU) five — 4
   wǔfàn (N) lunch — 12
wù (V) miss (train, bus, etc.) — 17

X

xī (L) west — 8
   xīcān (N) Western food — 15
   xīfú (N) Western clothes, suit — 16
   xīhuà (V/SV) Westernize(d) — 15

xīwàng (V/N) hope   12
xīyǐn (V) attract, draw   17
xǐ (V) wash   17
xǐhuan (V/MV) like (to)   3
xì (N) drama, play, show   10
xià (L) below; down; under   8
   (V) descend; alight, get off   12
   (M) verbal measure: a 'go'   17
   (AT) next   12
  xià bān (VO) come off duty   12
  xià guǎnzi (VO) go to a restaurant   12
  xiàwǔ (TW) afternoon, p.m.   11
  xià-xuě (V-O) to snow   16
  xià-yǔ (V-O) to rain   13
  xià(ge)yuè (TW) next month   12
  -xiàlai (V complement) down, to a halt, increasingly   16
  -xiàqu (V complement) continue, carry on   16
xiān (A) first, before, in advance   5
  xiānsheng (N) gentleman; husband; Mr   2
xián (SV) salty, savoury   15
xiàn (N) line, wire, thread   16
xiànzài (TW) now   6
xiāng (SV) fragrant   15
  Xiānggǎng (PW) Hong Kong   17
xiāngdāng (A) quite, pretty   14
xiāngxia (PW) countryside   14
xiāngzi (N) suitcase, trunk, box   17
xiǎng (V) think   3
   (MV) want to, plan to, feel like   3
  xiǎngyào (V) desire   4
xiǎng (V) sound (SV) loud   16
xiàng (CV) towards   10
xiàng (V) to resemble (SV) alike   13
xiǎo (SV) small, young   2
  xiǎoháir (N) child   8
  xiáojie (N) young lady, Miss   2
  xiǎoshí (N) hour   11
  xiǎoshuō (N) fiction, novel   10
  xiǎoxué (N) junior school   9

(yì)xiē (NU) some, several 10
xiě (V) write 8
  xiěchéng (V) compile (fashion through writing) 15
xièxie (V) thank (IE) thank you 3
xīn (SV) new 6
  xīnqí (SV) novel 17
  xīnshǒu (N) new hand, novice 15
  xīnwén (N) news 6
xīn (N) heart, mind 12
  xīndé (N) knowledge gained 15
xìn (N) letter 8
  (V) believe 17
  xìnfēng (N) envelope 14
xīngqī (N) week (TW) Sunday 9
  xīngqī-liù (TW) Saturday 9
  xīngqī-rì/-tiān (TW) Sunday 9
  xīngqī-yī (TW) Monday 9
xīngfèn (SV) excited 17
xíng (SV) pass muster, be OK 5
xíngli (N) luggage 17
xíng-yǐng bù lí (set PH) inseparable 13
xǐng (V) awake 17
xìng (N) surname 2
  (CLV) be surnamed 2
xìngqing (N) nature, temperament 13
xìngqù (N) interest 10
xìngzi (N) temper 13
xiōngdì (N) brothers; younger brother 13
xiūxi (V/N) rest, (take a) break 12
xué (V) study, learn 3
  xuésheng (N) student, pupil 12
  xuéxí (V/N) study 10
  xuéxiào (N) school, college 12
  xuéyuàn (N) college 14
xuě (N) snow 16
xúnzhǎo (V) seek, look for 17

Y

yān (N) smoke, cigarette — 5
   yānhuīgāng (N) ashtray — 16
yán (N) salt — 15
yánjiū (V/N) research, study — 15
yánsè (N) colour — 16
yǎn (BF) eye — 13
   yǎnjing (N) eye — 13
   yǎnjìngr (N) spectacles — 16
   yǎnqián (PW) before the eyes — 17
yào (V) want; ask for — 4
   (MV) want to; be about to, will — 4,8
   yàoburán (C) otherwise — 15
   yàojǐn (SV) important, urgent — 16
   yàoshi (MA) if — 6
yě (A) also, too, either, as well — 1
   yěxǔ (MA) perhaps — 14
yè (N/M) night — 17
yī/yí/yì (NU) one — 4
   yī . . . jiù . . . (PH) once/as soon as . . . then . . . — 14
   yídìng (A) definitely, certainly — 4
   yígòng (MA) altogether — 4
   yíkuàir (A) together (=yìqǐ) — 13
   yíqiè (N) everything; all — 16
   yíwàng wújì (set PH) 'look afar no bound', limitless — 17
   yíyàng (SV/A) the same, equal(ly) — 7
   yíyuè (TW) January — 12
   yìbān (SV) general, ordinary — 14
      (A) generally, equally — 14
   yìbiān(r) . . . yìbiān(r) . . . (PH) on the one hand . . . on the other hand . . . — 12
   yìdiǎn(r) (N) a little, some — 3
   yìhuǐr/yíhuìr (TW) a short while — 12
   yìqǐ (A/PW) together — 11
   yì shēn hàn (NU-M-N) sweating all over — 17
   yìzhí (A) straight through, all along — 10
yīfu (N) clothing, clothes — 17

yīyuàn (N) hospital 12
Yíhéyuán (PW) the Summer Palace 17
yǐhòu (TW) after; afterwards; later; from now on 11
yǐjing (A) already 9
yǐqián (TW) before; previously 7
yǐwéi (V) think that, assume 13
yǐzi (N) chair 8
yì (NU) hundred million 17
yìsi (N) meaning, idea 13
yìshù (N/SV) art(istic) 14
yìwàide (A) in a unforeseen manner 15
yīnwei (MA) because 4
yīnyuè (N) music 6
yīnggāi (MV) should, ought to 3
Yīngguó (PW) England, UK 2
Yīngwén (N) English language 3
yòng (V) use 5
    (CV) using, by means of, with 5
yònggōng (SV) diligent (in one's studies) 12
yǒu (V) have; exist; there is/are 4
yǒu-dàolǐ (SV) reasonable, justified 13
yǒude (AT) some 13
yǒu-guān (SV) relevant, (the one) concerned 16
yǒu-lì (SV) forceful 14
yǒu-míng (SV) famous 12
yǒu-tiáo-yǒu-lǐ(de) (SV/A) methodical(ly) 15
yǒu(yì)diǎn(r) (A) somewhat 13
yǒu-yìsi (SV) interesting 13
yǒu-yòng (SV) useful 6
yòu (L) right, to/on the right 8
yòu (A) again, then again 10
    (do something) further 12
yòu . . . yòu . . . (PH) both . . . and . . . 10
yú (N) fish 5
yǔ (N) rain 13
yùbèi (V) prepare, make ready 14
yuán (M) basic unit of currency 6
yuán (N) member of group, trade, profession 8
yuánlái (MA) originally; as a matter of fact 14

yuǎn (SV) far, distant   16
yuè (N) month   12
  yuèlì (N) monthly calendar   16
yuè . . . yuè . . . (PH) the more . . . the more . . .   15
  yuè lai yuè (A) more and more   15
yùnqi (N) luck   12

Z

zài (A) again, further   7
        for action deferred   17
  zàijiàn (IE) goodbye   1
zài (V) be located in/at   8
  (CV) in, at   8
  (A) engaged in, in the process of   16
zǎo (SV) early (IE) good morning   1
  zǎochen (TW) morning   11
  zǎofàn (N) breakfast   11
  zǎojiù (A) long since   10
zème (A) =zhème so (this-wise)   4
zěnme (QW) how, what   6
  zěnmeyàng (IE) what's it like? how's things? what do
    you think? well then. . .   5
  zěnme yì huí shì (IE) what it's all about   11
zhàn (V) to stand (N) station, bus stop   8
  zhàntái (N) railway platform   17
zhāng (PR) a surname   2
       (M) sheet of   6
zhǎng (V) grow   13
  zhǎngde – (grow to) be –   13
-zháo (V complement) get to (indicates attainment
    of objective)   14
zháojí (SV) anxious, worried   9
zhǎo (V) look for; give as change   6
zhào (CV) according to   15

zhào (V) take (photograph) 17
  zhàopiàn (N) photograph 17
  zhàoxiàlai (V) get on film 17
  zhào xiàng (VO) take photograph 17
  zháoxiàngjī (N) camera 17
zhè (SP) this 2
  zhème (A) =zème so (this-wise) 4
zhe (V suffix) durative suffix 16
zhèi (SP) this 2
zhēn (A) truly, really 1
  (shì) zhēn de (SV) be true 9
  zhēnshi! (IE) well really! the idea! bad show! 17
zhèn (M) spell of 15
zhěng(zhěng) (AT/A) full(y), complete(ly) 11
  zhěngtiān (TW) all day long 13
zhèng (A) just, just then, just at that point 12, 16
  zhèngyào (A) just about to 12
  zhèngzài (A) just — ing 16
zhèr (L/PW) here 8
zhī (M) for birds and some animals (among other things) 5
zhī (M) for pens, cigarettes, etc. 5
zhīdao (V) know 4
zhǐ (A) only 3
  zhǐhǎo (A) be forced to, could only 11
  zhǐyào (MA) if only needs; as long as 14
zhǐ (N) paper 17
zhōng (BF/L) middle, centre, short for China 2
  Zhōngguó (PW) China 2
  zhōngjiān (L/PW) between, among, in the middle 8
  zhōngnián rén (N) middle-aged person 16
  Zhōngwén (N) Chinese language 2
  zhōngwǔ (TW) noon 12
  zhōngxué (N) middle school 9
zhōng (N) clock 12
  zhōngtou (N) hour 11
zhōngyú (MA) finally, at last 17
zhǒng (M) kind, sort, type 6
zhúzi (N) bamboo 8
zhù (V) live, stay, reside 12

zhuān (SV) concentrated, specialized — 11
   zhuānjiā (N) expert — 15
   zhuānmén (SV/A) special(ly) — 11
   zhuānxīn (SV) single minded — 14
zhuǎn (V) turn — 10
zhǔn (V) allow, be allowed — 5
zhuōzi (N) table — 8
zì (N) written character — 5
   zìdiǎn (N) dictionary — 4
   X-zìpáng (N) lateral radical X — 13
zìcóng (CV) ever since — 16
zìjǐ (PN) self — 11
zìxíngchē (N) bicycle — 12
zǒng(shi) (A) always — 4
zǒng (AT) general, chief, head — 16
   zǒngjīnglǐ (N) general manager — 16
zǒu (V) walk, leave, go — 8
   -zou (V complement) away — 17
   zǒu-lù (V-O) to walk — 8
zuǐ (N) mouth — 13
zuì (A) most, exceedingly — 8
   zuìhòu (MA) finally, eventually — 11
   zuìjìn (TW) recently, lately — 8
zuótiān (TW) yesterday — 1
zuǒ (L) left, to/on the left — 8
zuò (V) do, make — 3
   (CLV) be, act as, serve as — 9
   zuò-shì (V-O) work — 7
zuò (V) sit — 1
   (CV) travel by — 10
zuò (M) for buildings, bridges, etc. — 17